U0772908

东渡

—— 穿越千年徐福跨海迷雾

王强 著/绘图

群众出版社

请徐福带我们去探秘日本

赵 普

王强先生是我在北京电视台工作时的同事，相识之初只知他颇有才具，未料他著述颇丰。我好书法，因此对别人手迹敏感，观其字，如其人，清癯洒脱，有名士风。

以我自己对电视行业繁忙工作的体认，作者能完成这样一部书，绝不是件轻松的事儿。何况他还以科学的态度、实证的精神把与徐福有关的在日本的遗迹悉数盘点，很难想象他付出了怎样的努力。

书中几十幅勾描细腻的钢笔插图，不免让我联想起"挡住无知和偏执洪水"的房龙。王强先生自己写书、自己画插图，并不依赖摄影照片，至少这让我感受到一种扑面而来的古雅清新。

愿意为本书作序，并非单纯出于我和作者曾是同事，更多是出于我对中日关系和日本史感兴趣的私人理由，出于我从书中看到了有趣有益有价值的发现和观点。至于书中所论是否能被广泛认同，我以为见仁见智，并不重要。重要的是这本书为我们开启了一扇别具一格的思考之门。

徐福的话题争论了两千多年，正如作者独出机杼所撰：

瀚海斯人逝，楼船终不还。

疑窦两千载，纷纭一案悬。

《东渡》从内容到写作方法，体现着作者孜孜探索、不断发现的精神。

东渡

—1—

兵马俑怪异面孔里确乎隐藏着神秘密码，破解密码的钥匙究竟在谁手中？

黄帝来自西亚？百姓原名巴克？竖写的巴比伦，古墓的马影，古老诗歌里真的潜藏着可疑的信息吗？

神异方士和身世不明的童男女究竟葬身鱼腹还是找到了美丽的仙山？

还有，韩国济洲岛上令人费解的坐标、日本西海岸匪夷所思的古尸、蹊跷的神武东征和古老家族丢掉的姓氏……只要你跟着《东渡》

的徐福走上一趟，才出迷雾又钻谜团，解开谜题又见谜面！可谓破译破解破题，解谜解密解颐。

《东渡》以揭示历史真相为切入点，它真实的用意却清楚而严肃：撷取两千多年前秦始皇命徐福率童男女入海求仙药经朝鲜半岛东渡日本的传说，对中、日、韩三国仍流传着的徐福传说和遗迹推考，揭示出公元前二世纪中华文明东传的重大命题。

我一向认为：历史是有温度的，触摸历史的温度就是感知人类的魂灵。通过勾画历史轨迹，就能还原人类的内心世界。无论是秦始皇还是徐福，他们都有人性的弱点：渴望长生、渴望成功，他们斗智斗法、愚弄和被愚弄。战争的胜负取决于成百上千甚或几十万人的浴血奋战，而两个人间的心智较量，也同样足以建立一个王朝（如徐福）和颠覆一个王朝（如赵高）。

我认为文学外衣包裹着的史学内核，是中国史学的优良传统！很多经典作品甚至就是从史书衍化而来，北宋勾栏瓦舍中的"说三分"，就成了后来的《三国演义》的雏形。《东渡》也在史学内核文学外衣方面来破解历史之谜。作者精心设置了秦始皇与徐福、中国与日本、古代与现代同行并进的多条故事线索。通过徐福与秦始皇斗智角逐，让读者触摸到了两千多年前那场有血有肉，有情有智的历史瞬间。

国人读史往往更侧重正史，等而下之才是笔记、小说类的野史，至于民间传说，只能是伴着儿时甜梦的外婆的絮叨了。其实，民间传说的影响往往要比正史深远广泛，民间传说中的人物哪一个不家喻户晓，栩栩如生。

《东渡》中的徐福率童男女出海，看似民间传说，其实在被誉为信史的《史记》中言之凿凿地不止一次记载过！可见，蒿莱坊间流传的传说有些却是从正史殿堂上不经意间流传开来的。

《东渡》的历史视角是宽广的：

华夏人种的起源究竟何在？

著名的北京猿人头骨究竟是迁徙而来的文明人吃剩的猿人骨骸，还是蚩尤族的祖先？

天皇家族究竟从哪儿渡来日本？

这些讨论的本质都关乎文明的起源与流播。"东渡"难道仅仅是指中华文明东渡日本列岛吗？是否还包涵着人类起源和古老的两河流域文明由西向东的蔓延呢？

初看《东渡》中"西风古道""问苍茫大地""古墓马影"等章节，似有稍嫌偏离徐福故事主线之感，但仔细想来，《东渡》正是试图打破狭隘的远古时代国家区域种族概念，从全人类文明流播这一大的概念来阐明文明流播的发展走势，以破译揭密的文学手法寻找勾画出了远古东亚大陆早期文明起源虽显浅显但仍有说服力的那道遗痕。今天的世界是一个地球村，所以我们今天的历史视野应该更广阔，应该关注众多的国度、民族和文明形态。这种历史态度应该就是黄仁宇的"大历史观"吧。

古代的日本曾向往学习中华文明，中国对日本列岛上的列国而言，曾是文明的圣地。中国古代史上记载的著名人物晁衡、阿备仲麻吕、空海、鉴真等于中日交流有着千丝万缕的联系。徐福率童男女入海求仙药和贵妃东渡的种种美好传说本身就映照着中日两国人民真诚而美好的交往史。毋庸置疑，传说本身也反映了一种情感和意愿。遗憾的是，唐朝初年有白江村之战，明代中国沿海倭患不绝，晚近的中国更是备受其辱……

我们可以从情感上抵触日本，但从理智上我们必须细致认真地去了解它。以此为基础，才不会把我们的民族情感导入可悲的、狭隘的深渊。

虽然日本文明史远不如中国悠久璀璨，甚至不如朝鲜，但他们从中国、印度、朝鲜都吸收了大量的文明养分。近代日本学习西方，维新崛起后，成为了亚洲最重要的国家之一，对整个东亚、南亚产生了举足轻重的影响，中国人是应该且必须去了解日本的。戴季陶先生的话言犹在耳："'中国'这个题目，日本人也不晓得放在解剖台上，解剖了几千百次，装在实验管里化验了几千百次。我们中国人却只是一味地排斥反对，再不肯做研究工夫，几乎连日本字都不愿意看，日本话都不愿意听，日本人都不愿意见"。

今天的情形虽有不同，但无论学界和民间，两国对彼此的研究仍严重失衡。本书虽不是纯学术著作，但有学理色彩，又通俗易读。预祝各位和我一样，通过《东渡》开始一段奇异的日本之旅。

于 2009 年初冬雪霁

哪里有长生不老之药?

——我对徐福的认知

河元宏志

2005 年 11 月 2 日,我初次与王强先生见面。那是我和爱人随旅游团到北京的第二天,在我们滞留的饭店里,离开日本前我们就已经约好的一次朋友相聚。"你好,你好。"我有些兴奋,用不标准的中国话表示欢迎。王先生有些惊讶我讲中文,连忙说:"你好,河元先生。"由于我的中文水平有限,接下来我们通过英语聊了很多的话题。没想到王先生忽然问道:"你知道徐福这个人吗? 还有在日本的和歌山县真有以他的名字命名的徐福村吗?"听到这个问题,我心里不由得轻轻驿动了一下,回答说:"我当然知道徐福了,和歌山县也确实有叫徐福的地名。"

大约是在 1993 年,我曾经被另外一位中国男士问到了几乎同样的问题。那时我边工作边在广岛大学读书。有一天我正在西条车站的站台等车,一名中年男子用英文向我确认他将搭乘的电车是否有误。真是巧合,因和我所乘的电车是同一趟,上车后我们就坐在了一起,并用英语和中国语交流。我是专攻日本文学的,也选修过中国语言与中国文学。他跟我谈论各种各样的话题,也是很突然地就提出了上述有关徐福的问题来。"我对徐福非常感兴趣。虽说他只是个传奇人物,但我坚信他的故事是真实存在的,他的确到达过日本。现在我正在做这方面的调查。很遗憾我没去过徐福村。如果您去过和歌山县的徐福村,请一定说给我听听。在中国徐福是非常有名的,很多人都对他感兴趣,大家都很想知道他的真实情况。"他就是这么说的。我至今都能回想起他说这些话时那种兴奋的表情和激动的语调。他在从我笔记本上撕下的纸片上留下了联系方式。真是抱歉,我随手放在了抽屉里,至今仍那么静静地躺着。从抽屉里的一堆纸中我翻找了出来。除了地址,他还很用力地写下了"徐福村"三个大字。时隔 16 年,当我再次展望这张纸片时,从"徐福村"这几个字中我仍能感到他对徐福的钦佩及对他充满好奇的心情。如今的网络很容易通过检索"新宫市徐福公园"就可以得到很多关于日本和歌山县的徐福村的相关信息。16 年前还是不可能的,只能自己亲自到现场。当再次和王先生谈论徐福时我就想告诉他这位先生的事情。我还记得王先生那时就说过要写一本有关徐福的书。只是那时候并没想到今天能成为现实。2009年7月，王先生想委托我在他的这本书中写些日本人对徐福的认识。我之所以有幸为这本书写些文字最主要的原因，就是我很偶然地遇到两位都是关注徐福的中国男士。我认为这是一种缘分，顺缘探索下去一定会走得很顺畅。

在日本，徐福的知名度有多大呢？实际上，一般人几乎都不知道。若问：你知道徐福吗？回答往往是："好像听说过"。大概是这些人联想到了《三国志演义》中出现过徐庶，中国地名有徐州的缘故。我认为知道"徐庶""徐州"的日本人为数不少，可徐福究竟是何时何地怎样的人呢？汉代？唐代？思想家？诗人？不知道。

当然，徐福传说的地域是存在的。徐福传说在日本的一些地方广为流传，导致了实际上也有特了解徐福的人。在徐福传说流传地，居住着幸存下来的徐氏子孙。传说徐福从中国携来五谷种子啦、农耕的技术啦，从那之后，移居到了别的地方，有各种各样的传说，据传说有很多地方。从北方的青森县、秋田县，到南方九州的福冈县、佐贺县、宫崎县、鹿儿岛县，还有太平洋沿岸的三重县、和歌山县，等等。这些地域有传说的徐福墓、徐福冢等，也有徐福神社。可惜却没有留下相关的实证。

在徐福生存过的地方，人们以因徐福的到来引以为荣，甚至在有些地方人们还修建了很大的徐福像，作为招揽游客的一个景点。最有名的就是前边提到的和歌山县新宫市的徐福村。以徐福作为地名仅此地而已。现在已经没有村的行政单位了，成为市的一部分，叫新宫市徐福。最近在这里还修建了"徐福公园"，成了一个很大的观光景点。毫无疑问徐福在中国一带（这里指的是日本的"中国"地区）确实是存在的吧。在公园内，有徐福像徐福墓等很多的纪念碑。

东渡
-5-

即使如此，徐福的知名度在日本全国仍较低，有些人是因偶然访问到徐福传说地，到了这里之后才知道徐福的，这样徐福才开始渐为人知的吧。而因知道了徐福的故事特意前来拜访的人却很少。但是徐福是位冒险家，不仅在中国，其长篇小说式的传奇色彩即使在日本也颇能打动人们的心，很多人被他吸引。有个别的人热衷于研究，不惜到各地进行旅行探访，到徐福在日本登陆地及居住地探找徐福的真正墓地。今后，中国的徐福研究家和日本的徐福爱好者相互交流徐福信息、共同探讨徐

福遗迹也是很有望的事情吧。

我个人第一次听说徐福的名字，还是 40 年前上高中的时候。那时我们学习世界史。在学习中国史的秦代王朝时，老师给我们讲了有关徐福的传说。使我了解到秦始皇为求长生不老药，召集各方精通奇异医术的神仙时，挑选出来徐福这么一个人去蓬莱山探险，于是，徐福才来到了日本。并说也许那时的徐福是个骗子或者只是为了从秦始皇的魔掌中逃脱。老师在课堂上讲这些只是为了引起同学们对他课程的兴趣，考试时却从没出过这类试题。

再次接触徐福，是在我报考大学复习汉文时遇到的一道练习题中。所谓汉文，是日本高中生选修的科目之一，就是中国的古汉语。自古日本就学了很多中国的东西，有必要读解中国的文献。日本式的读解中国文章也发展到一定程度。今天，日本的高中在校生也学汉文，但是作为古典文学的一部分的。那道练习题是有关《淮南王》的一篇文章。我猜想，出题者认为高中生不知道徐福，所以出此试题，我却知道。当然了，遗憾那不是一次正式的考试，只是一道练习题。王先生对《史记·淮南·衡山列传》肯定了解，我这里说就是班门弄斧了，故毋庸赘言。

我个人并不倾倒崇拜徐福，也没有深入的研究，也许将来退休后会成为我的爱好。我认为徐福确实存在，而且来过日本。日本当然也不可能就有秦始皇希望得到的长生不老药。徐福登陆日本时，他从海平线见到山峦和天空水天一线，初到日本的徐福被这景象所倾倒。日本的天空很蓝，这就是仙山。我去中国各地旅行数十次，感受到了巨大的中国、伟大的中国的实际状况。回到日本，我那小小的祖国，小小的山河，但青山绿水的平和让我的身心整个被包围着。而秦始皇，帝王的生涯决定了他终其一生的命运必定是在高强度压力下度过的，所以他不可能长寿。但到了日本的徐福自始至终就脱离了秦始皇的魔爪，被美丽的大自然包围着，虽不可能长生不老，但却可以健康地生活，也可以长寿的吧。

我以为，正是美丽的大自然的气候、风土、国民等，才是长生不老的妙药吧。

目　录

请徐福带我们去探秘日本 …………………………………… 赵普 / 1

哪里有长生不老之药？ ………………………… （日）河元宏志 / 4

楔篇　樱花渐欲迷人眼 / 1

"八嘎丫路"源起探秘……"和民族"从何而来……"中"与"日"，异中有同，共从一"口"，两国都使用汉字……日本历史的源头竟要在中国古籍中寻找……那些笑容可掬，彬彬有礼都变成了一种神秘莫测的谜幻疑影……日本列岛就像一个塞满诡异谜团的闷葫芦有待破解……

第一章　千年陶俑，告知我你去向何方 / 4

破解谜团的钥匙原来就在秦始皇陵覆没军团一张张缄默的陶俑脸上，为什么他们无论站姿跪姿全都面朝东方？破译这些神秘的面孔密码，竟然窥出嬴政内心还有另一种东方情结，抑或东方遗憾……

第二章　日出东方 / 11

东方是东亚大陆民族由西向东从精神到步履的一个目的地和终点站……从齐威王、齐宣王和燕昭王到秦始皇、秦二世和汉武帝，都曾把对羽化升仙生命永恒的探索和实践殷切地寄寓在那水天相接海市蜃楼般的东海之上……作为一种中国式的宗教，它固然不如老庄的道家哲学更深刻，但却富于实践性。一代代方士和帝王，前赴后继，不惜以生命为代价，躬亲实践着这一理论……

第三章　西风古道 / 15

有人提出骇人听闻的学说：生活在九州大陆上这个庞大民族，竟是翻越葱岭跋山涉水踩着那条地老天荒的古驿道来自遥远的古巴比伦……公元前27至前24世纪，底格里斯河流域战功卓著的奈亨台率巴克民族东迁，

"巴克"一词到东方后就成了中国的"百姓"。"奈亨台"就成了中国的黄帝……"露西骨架"、"千僖人"、"乍得人"——人类共同的母亲乃源于一个15万年前生活在非洲的女人……由西而来的中国人早期是坐西朝东的……

第四章　问苍茫大地　/　23

古老的部族携裹着他们的文明在远古东亚大陆架的腹地由西向东划刻下一道深深的遗痕……黄帝称轩辕氏,轩辕,即车之意。究竟是先有了车才流动还是在流动迁徙中发明了车?就像是鸡生蛋还是蛋生鸡的问题……百川汇海,文明之河也总是在亚洲大陆上由高向低由西向东推移流淌着……原来的游牧迁徙改为定居农耕的生活方式……华夏,夏天夏历夏朝和一个民族的脚步有什么关系……今天高雅的"雅",其实就是最早的"夏"。"雅言"即"夏言",一口山东话的孔子,读《诗》却改口时髦的陕西话……

第五章　蓬莱仙岛　/　33

昆仑蓬莱两大神话系统在中国持续两千多年。李白的"海客谈瀛洲,烟涛微茫信难求"也只是对大海深处的瀛洲持怀疑而已,直到1860年8月19日圆明园的"蓬莱瑶台"胜景在八国联军的大火中坍塌臁毁,才象征着古中国人的美妙幻想彻底泯灭。东边的劫难来得晚近且沉重漫长,从甲午海战直到1945年抗战胜利……作为仙山之名的"瀛"同一心想求仙访药的"嬴"政姓氏有关系吗?难道是嬴政把自己的姓氏命名于东海的神山之巅……

第六章　孔子要去哪儿? 古老诗歌中透露了一个可疑信息　/　40

"欲居九夷","乘桴浮于海"要漂流到何方?诗经《硕鼠》中的乐土又是哪里?他们出海正是基于对未知世界的探索和好奇,是一种文明的领先……东渡船队也许并非徐福一支,离开中国,那是很多人的退身避祸和理想进取之路……只是孔子的想法要靠两千多年后遍布世界各地的孔子学院才得以实现……

第七章　神异方士进谒秦始皇　/　47

高人,就是当众人都挤在一条路上奔抢同一个资源时,他却筹划着走自己的路,建一个山寨版微缩景观的自我世界……完全有理由推断徐福寻找仙药是借口,要童男女出海才是目的。《史记》庄重的文字下面,掩盖着一个惊天大胆的政治密谋，掩盖着一群方士在徐福的带领下正在与狡黠多智的秦始皇进行着万分危险的斗智斗法！这一惊天诈骗巨案，很可能早在秦始皇灭齐前就已制定了周密详尽的计划……

第八章　身世不明的童男女、古老的独木舟、迷失的港湾 ／ 56

大功告成，徐福怀揣喜悦，步履踉跄地走下琅玡台。三千童男女的两性搭配，使徐福繁殖人口之意昭然若揭。征集童男女是在生离死别的哭喊抢夺声中完成的……徐福寻找到最佳入海口："晚来潮风满，处处落帆还"……2002年11月22日，萧山跨湖桥遗址考古探方里，用锛制成的古船已静静地躺了7600年，难道跨湖桥的先人就是驾着这样的独木舟，一直划到大海深处捕鲸吗……公元前219年3月28日的清晨，30艘大海船载着5250人，鼓满风帆，向着太阳升起的地方驶去……

第九章　可怕的谶语、坑术士，误修的万里长城 ／ 65

秦王嬴政的人格是分裂的，他一面不惜重金派徐福出海求仙药，一面又怀疑徐福的信誉和归期，于是又徒刑70余万人分作阿房宫和骊山，享乐现世的豪奢生活和死后的幽冥永在。他想成为千古唯一的单身光棍皇帝。他修建兰池宫，在池中筑造起了蓬莱和瀛洲……一个看似关系着秦王朝安危的预言，使得万里长城横空出世……有流星落地为陨石，上刻"始皇帝死而地分"，他便将陨石周围居住的居民全部诛杀……在等候徐福的日子里，一连串的不祥之兆预示着他和他的帝国末日正在降临……

第十章　他们究竟去了哪儿 ／ 72

也许，在渤海东海黄海那神秘幽邃的海底某处，正沉睡着一艘艘千年古舻，岁月的消磨，斑驳的锈朽，引得深海水族类在里面穿梭栖身。我们听不到它们发出的古老的叹息，却能想见它们急盼着有朝一日向前来叩询的考古学家们倾诉缄默了两千多年的感人故事……要说清他们的下落还要从汉高祖8年的一桩风流往事说起……密室密谋，罪证铁证……究竟"平原广泽"是哪儿？

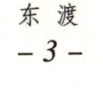

第十一章　两千年的悬疑 ／ 79

瀚海斯人逝，楼船终不还。疑窦两千载，纷纭一案悬……蓬莱就是富士山吗？日本僧人宽辅927年到中国，透露了一个惊天秘密……宋朝航海家周祥宣称他漂至一个无名岛上，发现了徐福的后人……深谋远虑的徐福早就做好了"止王不来"的打算，封存销毁带来的汉籍，他要那些原本未

受教育的童男女遗忘过去，面向未来，他要割断与大陆故土文化的记忆纽带，开创一个崭新的岛屿国家……

第十二章　济州岛上匪夷所思的坐标　／　88

济州岛是徐福错认过的理想彼岸吗？究竟是航标还是什么？要暂避风暴还是补充给养？到底是盲目登陆还是友情造访……西归浦玄武岩上语焉不详的密码符号，这些微弱的历史浪花，也许能帮我们破译为什么朝鲜半岛与汨罗江畔，存在何其相似的巧合……重新启航，阳光普照，太阳之神要送给徐福一个王国，那个国家的名字与太阳有关……

第十三章　理想彼岸　／　96

一个风清日朗的白昼，终于有一个童男用他兴奋沙哑的嗓音，拼命地狂喊了起来。几乎所有的人都狂奔涌上船甲板，顺着那个男童手指的方向望去，左前方远处海平线上，一抹灰色的岛屿轮廓赫然呈现在徐福和这些男女孩子们的眼中……列岛各地传说为我们勾勒出一幅东渡海图，使我们依稀看到了港岸泥泞难行，登岸者以长布铺敷，踩布登陆。船舷碰落苇叶，掉入水中化作齐鱼……

第十四章　令人费解的海边350具古尸　／　104

日本西海岸意外发现的三百多具骨骸距今约2200年左右，正是徐福率童男女出海年代的前后，令人费解的是，这些骨骸掩埋的方式都无一例外地面朝着西方同一个角度，用一条直线延伸下去，终端竟然恰好落在中国山东的临淄。既然生不能返回家乡，那死也要望着家乡，望着大海的那一边……

第十五章　DNA窥出千万年的隐秘　／　108

这个陌生的岛屿有人居住吗？徐福的担心没有错，这时的日本列岛已经有人类居住了……现代的DNA给出了答案：古代日本人的DNA有25.8%与中国人相同；24.2%与韩国人相同；4.8%与日本的本州人相同；16%与冲绳人相同；8.1%与阿伊奴人相同。

第十六章　遥远之旅——猛犸象猎人从西伯利亚出发　／　112

巴以鲁湖、玛利塔遗迹、萨哈林遗迹、猛犸象骨骸和地下花粉，告诉我们另外一个意想不到的苦寒之地——西伯利亚……俄罗斯的研究者揭开了玛利塔人长途跋涉追逐猛犸象来到了西伯利亚之谜，而他们中的一小支，途径萨哈林最终抵达日本列岛……

第十七章　火山爆发吞噬了黑潮之民 / 118

从菲律宾过太平洋有一股温暖的由南向北流动的巨大潮流，海洋学家称其为"黑潮"……港川人在遥远的太古时代是如何战胜惊涛骇浪从菲律宾漂至冲绳的呢……巴家坞族海上漂泊，每天行600里海路，夜观星星和季风，借以准确判定自己船只所处方位……萨摩硫磺岛在6300年前的某一天，突然狂怒咆哮，炽热的岩浆无情地抹去了乘黑潮而来的人类哪怕是极微弱的印迹，唯留下今天岛民语音中稀微的遗痕……

第十八章　童男童女的下落 / 126

在中国是三千，为何到了日本成了五百……日本曾有的华族，其滥觞是那些渡海而去的童男童女吗……筑紫野市天山"童男女船系石"，被落日余晖映照得分外好看……童男山古坟、八丈岛令人心酸凄婉的女声童谣，向我们诉说着孩子们多舛的命途……

第十九章　发现了杀人凶器 / 135

1997年神户新方遗迹出土的绳文人身上有石镞共17枚，很明显是被同类射杀……无花纹的渡来系土器与绳文人数量众多的绳文系土器，渡来人较小的石器与绳文人打制的石锹被同时发现……弥生人与绳文人一起生活，徐福与土著部落变成了朋友，友好和平取代了战争攻伐……水稻技术与旱稻技术合二为一，漫长的演变，直到今天日本民族仍被公认是最善于学习和模仿的民族……

第二十章　有一个美丽的传说 / 140

佐贺的土著部落首领源藏有一爱女阿辰，聪慧姣美，对徐福心生爱慕……他把冠上的紫色绳子放在山上，故山名紫尾山……遍寻草药，寻得"东南观者"的草药——とうなんくわんじよ，日语与汉语音同。还有一种长生不老药，日语"フロフシ"，即"不老不死"的谐音……石经岩、宫下文书……传说亡风刮过之处，便有遗迹如飘落地上的枯叶，二者吻合重叠，静默地暗示着匆匆走过的世人：倘若对悠久的它们付之一笑，那再容易不过，但是，之所以流传至今，定有深层的原因……

第二十一章　弥天大谎后祖龙死于沙丘之谋　/　155

阔别九年，徐福再见始皇，以弥天大谎再次成功地忽悠了千古第一帝而成为千古第一人……胡亥请求随父东巡，一个可怕的谋杀阴谋正在酝酿，谁是幕后真凶……秦始皇梦见与海神格战，占梦博士的一席话使徐福免于一死……与秦始皇有关的女人，一个是荆轲刺秦时会鼓瑟的姬人，一个是随其出行时死在海盐的美人，秦始皇不近女色，他母亲私通吕不韦和嫪毐深深刺激了他。虽然他有 12 个女儿，18 或 20 个儿子，他把天文地理都放进墓室，但就是不放一具女俑……秦为水德，当水遇沙丘会是怎样结局？

第二十二章　秘密冶炼兵器　/　166

冶炼是绝密的，方法连徒弟都不告诉，如果徒弟想试一下冷却的水温，敢把手指伸至水里，师傅就会把徒弟的手指切下来。这种恐怖的秘密除了禁止手艺外传外，恐怕还有一层原因，怕秦始皇知道。

第二十三章　高龄 143 岁、子虚乌有的 423 年，"福""神"合一　/　175

神武、徐福，究竟是怎么回事……17 位平均百岁以上的老天皇令人疑心的年龄，构成了日本的阙史时代……"神武"一词源于道家《易·系辞上传》，"天皇"一词，是嬴政称"始皇帝"时弃掉的备选方案之一……神武与徐福东征都来到了纪伊半岛，这儿既是他们的目的地，也是日后徐福东渡传说流传甚炽之地……同样的时地路线、同样的船队男军和女军，如影随形，是一人的分身有术或是两人的完美合成……原来，徐福登陆日本列岛后首先要做的就是：填写一张身份履历表。

第二十四章　蹊跷东征秘史所揭示的……　/　184

为了躲避秦王朝的追兵，这只庞大的船队继续东进。首领已更名换姓摇身一变……透过一段痛失兄长的浴血奋战，死后家族内部还要自相残杀的秘史，揭示出任何理想的乐土，也都同样充满欲望仇恨矛盾血腥和杀戮……

第二十五章　河姆渡飘来的种子　/　193

7000 年前位于海边的河姆渡，人们除了打渔，更主要的是靠食用一种后来被称作"大米"的种粒来维系自身生命和种属繁衍。河姆渡人驾着小木船，凭借着他们原始的航海知识，到海上去钓鱼……遥远年代，有一粒种子有意无意地飘落在对马，大面积推广却是从渡来人开始的……水稻传入日本的途径推测不止一条，但最初的来源却是中国大陆。

第二十六章　忽如一夜春风来，千树万树梨花开——是谁开启了弥生时代之门 / 200

日本在两千年里有个三级跳，唯有第一跳扑朔迷离，几乎一夜间就从绳文时代跃至弥生时代，弥生人显系来自大陆，这些人与吴太伯、百越、徐福有关吗？

第二十七章　古墓马影 / 210

这些嘶鸣的战马是从哪儿走进日本古坟里的？化作幽暗墓室中的鬼踪魅影……垂仁天皇的舅舅倭彦命死了，被依惯例活埋的近侍几天不死，昼夜发出撕心裂肺的哀号……1889年，一支来自俄罗斯的考古队，在蒙古大草原，竟意外地发现了千年风蚀雨侵斑驳残留的《阙特勤》碑和《毗伽可汗》碑，风尘仆仆的队长惊喜万分地扑了上去……

第二十八章　古洞神秘符咒誓词解读 / 219

北海道小樽市一个名叫手宫的古洞窟石壁上发现了一行令人费解的古代线刻符咒，它与那个不知从何而来登上日本列岛的骑马民族有着某种必然的联系吗？古老的文字，神秘的谜团，令人遥想一支战败濒临灭绝死里逃生的渡海民族，像火把一样燃亮了荒寂可怕的万年古洞……

第二十九章　在乌云密布、朔寒凛冽的北方一隅，辨听遥远时空传来的马蹄声 / 223

那些身处酷寒阴冷偏僻一隅的肃慎人啊，有谁知道他们曾遭遇过怎样的磨难，他们会是千年洞穴誓词的遗留者吗？

第三十章　迷失了的日本语之谜 / 227

谜团般的日本语究竟归属哪个语系……天皇家族的坟墓中，应该保存有大量中国上古的古籍吧……在神秘的邪马台国女王卑呼弥时代汉字就已传入……难道真是"令严不许传中国，举世无人识古文"吗？……"脱亚入欧"使得日本进入"汉字限制时代"……刘郎已恨蓬山远，更隔蓬山一万重。

第三十一章　天下两“皇”，孰胜孰强？　/　240

一个皇帝只传了两代，一个则成为仅次于孔子家族的世界第二长久家族，子孙绵延，荣耀辉煌。虽然两个家族都没了姓氏……日本约20万个古坟，包括124位天皇在内的896个皇室坟墓……在日本守得最紧的秘密就是祖先的坟墓……

尾声　他是谁？难道仅是古老的谶语吗？他从哪里来？1945年，世界第一次听到了他的声音。千年古坟封存着一个千古之谜……　/　245

历史的真谛被印在纸上还是埋在地下……当一种机缘轻轻拂去那岁月的尘封，一个个沉睡的谜团终于被唤醒，它们脸上绽露着智慧的讥笑，点破玄机，将那令人惊悸的真相对着我们娓娓道来……

那么远　这么近　……………………………………………… 徐滔　/　249

八面来风话《东渡》　/　250

后记　/　253

目　　次

楔の篇　桜の花が咲き乱れ始める　／　1
第1章　古の陶俑、私に教えてくれ、お前はどこを訪
　　　　ねて行くのか?　／　4
第2章　日は東から昇る　／　11
第3章　西方の古い道　／　15
第4章　果てしなく広い大地に問う　／　23
第5章　蓬莱の仙人の島　／　33
第6章　孔子はどこへ行くのか　古い詩が一つの疑わしい情報を明
　　　　らかにした　／　40
第7章　不思議な力を持つ方士が秦の始皇帝に拝謁する　／　47
第8章　身元未明の若い男女、古い丸木船、見失われた港　／　56
第9章　不思議な恐ろしい予言、詐欺師を生き埋にする、万里の
　　　　長城
　　　　の建築に誤解する　／　65
第10章　結局彼らはどこへ行ったのか?　／　72
第11章　二千年にわたる疑念　／　79
第12章　思いもよらなかった場所の済州島　／　88
第13章　理想の土地　／　96
第14章　海辺に横たわる理解できない350の古い死体　／　104
第15章　DNAは千万年も隠れていた秘密を暴き
　　　　出すだろうか?　／　108
第16章　遥かな旅——マンモスの狩人がシベリ
　　　　アから旅立った　／　112
第17章　火山の爆発が黒潮の民を飲み込む　／　118
第18章　少年少女の行方　／　126
第19章　殺人凶器が発見された　／　135
第20章　1つの美しい言い伝えがある　／　140

东渡

第 21 章　砂丘陰謀で大狂言の後、始皇帝が死んだ　/　155

第 22 章　秘密裏に兵器を製造する　/　166

第 23 章　高齢の143 歳、あり得ない423 歳、"福" と "神"
　　　　　は合一する　/　175

第 24 章　溪翹東征秘史の示すところでは……　/　184

第 25 章　河姆渡から漂流して来た種子　/　193

第 26 章　突如一夜、春風が吹き、千樹万樹の梨花は開く──弥生時
　　　　　代の
　　　　　門戸を開いたのは誰か?　/　200

第 27 章　古い墓の馬影　/　210

第 28 章　古い洞穴の神秘的な呪文、誓詞の解読　/　219

第 29 章　遥かな暗雲がすきまなく広がり、身が切られるように寒い
　　　　　北方の辺境……遥かな時空を越えてやって来た馬蹄の声を
　　　　　聞く　/　223

第 29 章　見失われた日本語の謎　/　227

第 30 章　天下二人の "皇"、いずれか強くていず
　　　　　れか勝る?　/　240

　　終曲: お前は誰なのか? どこからやってきたのか? 古い不思議な予
言だけではあるまい　1945 年に世界は初めて彼の声を聞いた。大昔の古
墳は太古の謎を封じこめていたのだ……　/　245

楔篇　樱花渐欲迷人眼

"八嘎丫路"源起探秘……"和民族"从何而来……"中"与"日"，异中有同，共从一"口"，两国都使用汉字……日本历史的源头竟要在中国古籍中寻找……那些笑容可掬，彬彬有礼都变成了一种神秘莫测的谜幻疑影……日本列岛就像一个塞满诡异谜团的闷葫芦有待破解……

1999 年，樱花时节，午后时分，我迈出机舱门走下玄梯，接受并通过了彬彬有礼的日本成田机场空港人员边检，第一次踏上了这个以现代经济闻名的陌生岛国。

满眼的现代化设施，沉静文雅身着整齐制服忙碌而有序的男人女人，除日语和偶尔看到几个身着和服的老妇人彼此频频点首鞠躬外，你几乎看不出眼前这一切与中国，与世界有什么更多的不同和特殊来。不都是现代都市人的生活方式吗？我也依据着这种方式进入千叶和东京，用时间和关系，进入普通人的社交圈子，进入这个民族的深层肌理中。

渐渐地，疑窦滋生了。中国人不管是否了解日语，都从文艺作品中知道侵华日军的这句骂人话——八嘎！（バカ，"浑蛋""笨蛋"之意）。可バカ为何日本人用汉字却写成"马鹿"呢？"八嘎丫路"写成"马鹿野郎"，"野郎"，没教养的人，好解。那"马鹿"呢？问一下日本人，答：那只是假借字，即书写日语词汇借用与原意无关而读法相同的汉字。不对。了解这一词意真相的日本博学者解释这是赵高"指鹿为马"典故传到日本后的词汇。赵高"指鹿为马"没在中国衍化成詈斥，却在日本流行为最十恶不赦的骂人语，保留下了秦末宫廷政治斗争的新鲜记忆。公元前209 年秦始皇神秘病死，二世胡亥执政第三年，赵高"指鹿为马"事件发生。很快，"马鹿"事件便成为轰动朝野社会热议的话题。它一定是趁热流入日本，成为没有冷却就被广为使用的时尚口语（语音因方言和语言历史演变致与今不同），而传入岛国当在秦末汉初之际？那么，究竟是什么人携传至日本的呢？

汉字呢？日本人何时使用？弥生邪马台国女王卑弥呼时代遗址中发现

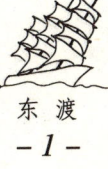

东渡

－*1*－

汉字"货泉"。货泉是王莽新朝（公元9年至23年的14年间）时制作的钱币，这肯定是日本使用汉字的下限。日本语中有上古汉语的读音，如，"句"字，读"く"。"俳句"，读"はいく"；而先秦时"句""勾"读音相同，都可读"勾"，"越王勾践"亦作"越王句践"（《说文解字》"古候切"），"句"与"く"音近。"句"在日本语里读如"く"，难道这一读音在司马迁之前已传入日本？

还有齐室。

以前的日本朋友山口君在京习十路谭腿，他说他在日本九州古庙里练习中国武术，说那古庙既不是佛教寺观，也并非中国道观，而是一种日本古老的原始宗教——神道教的庙宇。我到日本后进了多家这种庙宇，里边都有个"齐室"，春秋战国时齐国的"齐"。是专供祭祀前洗手的房间，日本人都不知"齐室"名称何来。齐者，因国居东与日近与天齐，故名。齐与斋字相近，这当是先秦齐国方士热衷的祭礼仪式的一种文化。齐室，肯定与齐国特别是齐国方士的斋戒有关吧？

为什么日本语单数第一人称"我"和"渡"是发音完全一致的词汇"わたし"？（わたす的变格）

真是咄咄怪事！种种疑窦，到底是怎么回事呢？

闲居日本无事，我便开始要寻个来龙去脉，首先我诧异的是：日本历史的源头竟要在中国古籍中寻找！

中与日，异中有同，共从一"口"，很像中日两国历史。"口，人所以言"，两国都使用汉字，只是"中"字从上到下一竖，三皇五帝二十四史一脉贯通；"日"字栏腰一横截断，（"日"的造字方法为象形，就是"模仿"。）日本最古老的文献《古事记》712年编成，《日本书纪》720年才出现，此前的古代史，要依据中国史书零星片语来记载，约当战国时代成书的《山海经》最早说到了"倭"在哪儿："盖因在钜燕之南，倭北，倭属燕。"公元1世纪的《汉书·地理志》又说出了那句著名的："乐浪海中有倭人，分为百余国，以岁时来献见云。"《旧唐书》开始称"倭"的同时并提"日本"，《新唐书》就只称"日本国"了。约当这时，日本的历史才交由日本人来记录。

那么"和民族"从哪儿来的呢？在中国古籍中只有"倭"而没"和"，"倭""和"一回事吗？

古代日本人曾自称"倭"，称中国为中朝。1573～1640年在世的日本高僧释泽庵说：

富士山高甲大倭，中朝五岳亦如何？峰临东海何所似，只见渔翁雪一裘。

　　汉诗写得不错，若不是着一"倭"字，还真看不出是出自日本僧人手笔。明治维新，日本民族意识崛起，认为"倭"一词，有贬蔑之意，遂选一个词意相反具有褒意色彩的"和"字，在日语里，"和""倭"发音相同，皆读わ。于是日本人去"倭"换上"和"，称自己为"和族"。

　　任何语言都在运动中变化，但我分明感知到日语有意识的变化。在过去或很正式场合，如播电视新闻时，读"日本"为"にぽん"，现通常却改读为"にほん"前者还与汉语中"日本"的"本"字发音接近，后者离汉语"本"字发音愈远了。日本语正有意地脱离着它最原始早期与汉语发音更为接近的状态，向着一种愈益独立的语言形态变化运动着。

　　文明的源头必然涉及人种源头。孔子家族可追溯叔梁纥至商纣，朝鲜可追至箕子，天皇家族呢？追到天上？人种是由一繁衍，文明是由点扩散，那么日本人种和文化的源头何在呢？

　　日本列岛就像一个长长的葫芦，里边隐藏的秘史何其多也！其上古史，尤如海市蜃楼，虚幻缥缈，越近看，越感异样，草色遥看近却无。起初只是不很明确下意识的直觉，愈后来愈趋明显。神户、神田、神奈川，神风、神社、神（话）起源……一切都充满神灵奇异、玄深幽谧。我眼前那些原本与世界各地一样的高楼汽车，山川河流，特别是那些原本着装齐整的日本人，渐渐虚幻了，似乎他们的笑容可掬，彬彬有礼都变成了一种神秘莫测、奇妙不可思议的谜幻疑影，仿佛儿时吹起的肥皂泡，透过光线，折射出光怪陆离的斑斓色彩，当你想仔细探个究竟时，它又破灭了、消失了、不见了。但我心里深知，这每一个肥皂泡原本都是些大大小小的谜团，我分明觉察出这是一个非常诡谲的心灵世界，一种深不可测充满玄机邈远、咒符般无可言状的奇异。这种奇异令我着迷，甚至产生几分震撼般的惊悚！我好奇，并悄悄管窥蠡测着。渐渐地，我终于感知出那原是一股来自古老久远年代的巨大持久神秘惯性的作用力，就像地球的吸引力。

东渡

这种神奇之力，将我探寻的视野不由自主地吸入那遥远的充满更多迷雾的历史真空黑洞之中……

第一章　千年陶俑，告知我你去向何方

　　破解谜团的钥匙原来就在秦始皇陵覆没军团一张张缄默的陶俑脸上，为什么他们无论站姿跪姿全都面朝东方？破译这些神秘的面孔密码，竟然窥出嬴政内心还有另一种东方情结，抑或东方遗憾……

　　历史真空的黑洞入口我估且选定在公元 1974 年 3 月 29 日，陕西省临潼县西杨村，中国腹地的一天。

秦始皇陵未开掘前，枯树荒郊川峰
清源

陕西省临潼县，未开掘的秦始皇陵
料峭疏旷，静谧悠远。雁点青天，掠过古老的苍穹。

　　虽然这时的世界，每一天都发生着新鲜巨大变化，但对中国西北部这个不太开化的小山村——临潼县西杨村——而言，这一天却与其他日子并无两样。淳朴的农民们，也许从来不曾想过自己与世界与历史会发生怎样的联系。

就在这样一个再普通不过的上午，一位农民，像往常一样开始掘井，掘了大半天，已掘得很深很深，还不见有水冒出来。他想放弃，可转念一想，按说挖这么深早该挖到水了。于是，又鼓足劲儿继续往下挖，没想到，水没挖出来，反被什么硬邦邦的东西把他的铁锹给硌了一下。出于好奇，他急切地又往深里挖下去，这一挖不要紧，竟挖出一个"人"来。

那是一个灰黑色真人大小的陶俑，身着甲胄，神态庄重，从头到脚散发出一种年久深埋地下的霉味儿。

打井农民哪里晓得这个被粉身碎骨的陶俑，他来自2300多年前。像这样的陶俑在这个蒙昧落后的小山村下面，竟约有8000多个，他们沉睡着等待重见天日，他们的名字后来都被唤作"兵马俑"。

名不见经传的农民，偶然的举动竟然引出了一场震惊考古界、举世闻名的世界奇迹大发现——秦始皇陵兵马俑的勘探与开掘！就这样，西杨村的这位农民与千古一帝及相关的故事发生了牵涉，也成了本书的引子。

今天，位于陕西省临潼县秦始皇陵东侧1.5公里处的那些陪葬兵马俑，已成为人们再熟悉不过的形象。但你可曾注意到，坑内这些陶俑将士，不管站姿跪姿，有一点却是众多将士完全相同，那就是，他们全都面朝东方[1]！

东渡

-5-

面向东方凝视的兵马俑，从他们空洞迷茫的眼中能读出什么呢？

千年陶俑，请告诉我，你们为何全都偏偏执著地面朝东方？难道你们对东方还有未竟的壮志？未了的心愿？你们面朝东方，究竟是某人的意

志？还是你全军将士共同的心愿？莫非你们正是要用这种特有的传达方式，来暗示这是你们深藏心底的东方情结、东方夙愿和东方遗憾吗？

陶俑无言，神秘缄默，越发深不可测。

曾几何时，开掘始皇陵考古工作者们也曾试图解开这覆没地下军团何以面向东方之谜，可惜至今尚未找出一致令人满意的答案。

何妨暂且绕过这沉重艰涩的考古学术命题，尝试用与陶俑心有灵犀的感悟，来破解一下这沉默千年的向东之谜呢？

凝视东方——六敌国方向，对西天边陲觊觎天下勇猛善战的强秦而言，意味着攻伐、所向披靡、军威与荣誉！能否推定，这支誓死效忠墓主人的骁勇之师，东向，便是枕戈待旦箭在弦上，便是血染疆场誓死如归！

荡气回肠，感人则感人矣。然而，问题是当这些陶俑伴着他们的墓主人下葬到这个幽冥世界时，东方敌虏已然灰飞烟灭了，由此推知，陶俑面向东方实是墓主的意愿，是秦始皇向着东方死不瞑目！距陶俑和墓主嬴政千年后，一位宋朝末世宰相被蒙古兵俘获后说："臣心一片磁针石，不指南方恨不休。"文天祥心指南方是因宋天子在南方，秦始皇心指东方却是为了什么呢？嬴政，横扫六国、一靖环宇、北筑长城后才入睡这座旷世宏敞的陵寝，难道功盖千秋，名彪青史自称始皇的千古一帝，竟也有抱恨而终的遗憾吗？

有，那应是一种个人式的对东方的渴求与企盼，一种东方夙愿与情结！

这种东方夙愿与情节，要在嬴政屡屡东犯、直至灭掉东亚大陆东端最后一个敌国才有可能实现。

最初，东方欲望，是一种灭掉敌国一统天下的雄图霸业，是虎狼之秦世代觊觎东向的勃勃野心。谁都知道，秦国问鼎中原早不自嬴政始。秦王室最早见于经传是在周武王灭商后第五位君王周穆王时代。

东渡

-6-

由于造父给周穆王当车夫表现出色，史书说他"以善御幸于周缪（穆）王"，于是被封赵城。这便是后来秦王室发迹的滥觞。

无巧不成书，几百年前秦祖上为周王室先人驾驭西驰，谁会想到，沧海桑田，世事翻转，几百年后，造父后裔的秦王室与周穆王后裔，位置竟然翻转过来，由原来秦人先祖为周人先祖驱驰变成了周穆王后人为秦后人东渡探险，然而结果却出人意料。这是后话，姑且按下不提。可见秦王族是一个热衷旅行并以旅行起家发迹的王族。

造父之后约七八代，秦王族开始居太丘，以善饲良马被周孝王封于陇州以东的秦邑，号秦嬴。这个以旅行养马起家爵位很低小的王族，

周穆王姬满以公元前 964 年的探险旅行称著于史册。他乘着八匹骏马拉着的那辆著名马车，跋涉漫漫长途，历尽渺渺征程，终于如愿以偿地会见了西王母。这八骏马车上缩着脖子的驾驭者叫造父，就是秦王室的祖上。

虽也是颛顼苗裔，却从此几乎一直偏居西陲，大有被挤出中原炎黄大家族之势。

　　西秦，在那个年代已西到了偏远极地，再往西就是荒凉的羌羝了。高原丘陵地貌，终日狂风漫卷着尘沙将仅余的一点水草也刮干埋掉，寸草难生。如此恶劣的生存环境中，生命，即使得以存活也很难良好生长；文明，即使得以滋生也很难昌盛光大。人类的本能，不，是所有生命的本能告诉靠近这一地域的秦国人：只有向东开拓挺进，才能繁衍生息向荣昌盛！血统中流淌着羁旅野性的王族，多么渴望向东一窥呀！于是，西天边陲的小国，在一代代秦王残暴然而却又英明的统率下，万众一心、毫无气馁、前赴后继，向着东边秦的一个又一个邻邦发起了一次比一次更猛烈、规模更大更有效的进攻和扩张。信手翻检一下亮煌煌几页史书便可见出：秦国发展史，就是燃烧战火寸土必争，寸城必得的征战史，而这一切的矛头所向，无一不是指向东南东北最终指向东方！

　　向东挺进延伸最有效时期是秦缪公摄政时期。他"广地益国，东服强晋，西霸戎夷"。死时，他也以 170 人殉葬，成为后来秦始皇兵马俑的始作俑者。历经了春秋五霸、战国七雄，秦国最终在秦王嬴政手里完成了扫平东方的霸业。天下一统，书同文，车同轨，万里长城四海一家，真可谓

东渡
-7-

高枕无忧了。按说秦王族的东方情结该就此了却了吧？

然而，永无止步永不满足的伟大帝王还要向东进发。遗憾的是，东方不仅没有了敌人，连陆地也到了尽头。再向东，便是浩瀚无垠的大海，是今天所谓亚洲大陆架的尽头了。

读读《史记》：公元前 221 年，秦将王贲虏齐王建，嬴政称始皇帝。次年，秦灭齐统一天下。嬴政将一系列治国大事都付于下属，他本人要做的第一件事就是五次东巡[2]：

前 219 年，也就是秦统一天下后的第一年，嬴政迫不及待地匆忙第一次东巡。紧接着，前 218 年，再次东游，三年后，前 215 年，又东来，然后是前 212 年东来立石朐中，最后一次是前 210 年秦始皇的东巡。

与战争年代不同的是，秦始皇这五次东来，都不再是铁甲战车伴着骁勇善战的秦国勇士，而是优雅安闲地乘坐着豪华车辇，率领着文武百官和庞大的仪仗队伍——最后一次还带上小儿子嬴胡亥向东巡游——即今天常说的旅游来了。

他东巡都去哪里呢？《史记》为我们画出了几次东游线路图，上邹峄山，立石，封禅泰山，以并渤海以东，过黄、睡，穷成山，登之罘、琅琊，游碣石，南达湘山会稽。公元前 218 年，嬴政在阳武博浪沙中遭张良收买的刺客袭击，却仍初衷不改，再次登之罘、琅琊。直至公元前 210 年 11 月，他还"过丹阳（今安徽宣城），至钱塘，临浙江，水波恶，乃西百二十里，从狭中（今余杭）渡，上会稽，祭大禹，望于南海（今东海）""自平地以取山顶，七里，悬登孤危，径路险绝。"就在公元前 209 年的 7 月，他"病死"沙丘平台。

原来他每次东巡的目的地似乎都是要久久地流连忘返于这水陆相接的海岸边，接受海风的洗礼，倾听海浪的涛声！

从 41 岁到 50 岁的 9 年间，嬴政先后到过今河北、安徽、江苏、浙江、特别是山东，但目的地却只有一个，那就是大海之滨。

东临碣石以观沧海，遥望那浩渺苍茫，海天一色的东方，这位身躯伟岸（也可能猥琐）从西方专程远道而来的至高无上统治者，君临大海这一刻，心潮犹如脚下击打岩石的海浪，澎湃激荡。海风吹拂着他那已略显苍老的面庞，盖世英雄那炯炯逼人的锐利目光，此时变得有些暗淡浑浊，里面闪烁着一丝困惑迷惘，一丝渴求和一丝失望。

对秦始皇这一举动，后人有过种种推测，如明《万历杭州府志》卷10："相传秦始皇东游登会稽，欲作石桥跨海屿，观日出处。"再如清人钱泳《履园丛话·丛话三·考索》《海市蜃楼》则说："王仲瞿常言：始皇使徐福入海求神仙，终无有验……后游山东莱州，见海市，始恍然曰：'秦皇汉武俱为所惑者，乃此耳。'其言甚确。"

恕我不恭，我也窃揣度一下这位始皇帝此时此刻心中在做何感慨？

海边上下盘旋翻飞的海鸟，最先引起秦始皇的注意。望着它们矫健的飞姿，嬴政知道它们的名字叫精卫，是女娃的化身，女娃是炎帝的女儿。嬴政还记得《山海经·北次三经》上的话："炎帝之少女名曰女娃，女娃游于东海，溺而不返，故为精卫。常衔西山之木石，以堙于东海。"望着这些女娃的化身，秦始皇嬴政伫立海边，他陷入了沉思：精卫为何对东海流连忘返，以致葬身大海呢？难道她要去东海彼岸的一个什么仙境吗？她化作精卫后为何还要常"衔西山之木石，以堙于东海"呢？难道填平东海之后还要继续踏上东去之路，以达那遥不可及的目的地吗？那遥不可及的目的地有什么呢？

嬴政肯定早就耳闻"岐伯乘降云之车，驾十二白鹿，游于蓬莱之上"[3]。他是想去会一会蓬莱之上的岐伯吗？不，不是。

清人丘琼山居然窥出了始皇帝嬴政的想法，他说："始皇既平六国，凡平生志欲无不遂，唯不可必得志者，寿耳。"[4]生与死的思考，是古代中国人长久思索的命题。在秦始皇前几百年里，中国人就描述过长生不死的仙人。庄子笔下的彭祖，想必秦始皇是读过的。虽然嬴政并不是一个道家学派的信徒，他自恃雄才大略开天辟地，统率着他的秦国军团，横扫六合，一靖环宇，匡扶天下，还有什么做不到的吗？要长生不老，要永世长存，他也一定能办得到！办法只有一个，就是要获得不老的秘方丹药！难道真如人们传说的那样，那仙药就在这东方大海之中，在那太阳升起的地方？

如果说这位旷古帝王眼里，天下无难事，那么有一件事历史地选择了他来尝试，如果他办不到，天下所有的人也就更是永远办不到了，这件事就是赴汤东海，寻觅蓬莱仙岛，采摘长生不老之药！

东渡

-9-

嬴政深刻地意识到了实践自己生命永恒的盖世特权，也许正是出于这种目的和信念，他带着他的大队人马，卷裹着蔽日红尘，一次次东向，来到了这东海之滨。在他看来，此时此刻，他和他统领的军马，也许就与那仙岛仙药一衣带水只在一海之遥了。

写到这儿，我甚至怀疑嬴政的通驰道，车同轨，甚至东并六国的最初动因，都可能与他此刻东临大海遥望仙山寻乞长生不老、不死之药多少有些潜意识上的关联？

　　秦始皇东至于海的最后结果，也许并不是像以往人们所知的那样，注定是中国人从西向东发展，对东方好奇心的一个继续与完结，或是对生命探索的一个奇迹创举，对永恒长存的一个无可奈何的放弃，而是引出了一个不用说他本人，就是天下人，在两千年里都不曾透彻了悟的重大之谜。

　　是的，那是一个关于东渡的千古之谜。

――――――

　　［1］军阵为防备敌人从两侧后部袭击也设有面向其他方位的两翼和后卫的警戒兵俑。见《秦始皇陵兵马俑》文物出版社1983年6月。

　　［2］我据《史记·秦始皇本纪》统计为五次，其中公元前212年只说立石朐中，《史记·封禅书》统计为四次，或我统计有误。

　　［3］《太平御览》卷八引《黄帝岐伯经》。

　　［4］《纲鉴合编》。

第二章　日出东方

　　东方是东亚大陆民族由西向东从精神到步履的一个目的地和终点站……
从齐威王、齐宣王和燕昭王到秦始皇、秦二世和汉武帝，都曾把对羽化升仙
生命永恒的探索和实践殷切地寄寓在那水天相接海市蜃楼般的东海之上……
作为一种中国式的宗教，它固然不如老庄的道家哲学更深刻，但却富于实践
性。一代代方士和帝王，前赴后继，不惜以生命为代价，躬亲实践着这一理
论……

　　东方，太阳升起的地方！

　　那是一个曾让远古来自西方大陆部族驰骋无限神奇遐想的巨大空间，
波涛浩渺，水天一色……

　　当东亚大陆上这个使用方块字，从甲骨卜辞经钟鼎文演变成大篆的民
族开始将自己的文明向四方播扬时，便也开始探窥东方大海遥远的纵深处
究竟隐藏着怎样奇幻莫测的神秘了。

　　虽说不排除少数个别人可能因偶遇风浪，九死一生地漂过黄海到达今
天的海外诸岛，但漂泊者们一旦漂过去后便很难有勇气有机会再漂回来。
就算是有勇气有机会漂回来，也恐怕很难用文字向世人传播他们的海外见
闻。东亚大陆架上的民族，对海外无知的填充只能是代以怪诞奇妙的
构想。

东渡

-11-

　　远的不说，夏商两代我们迄今尚难全部准确破译他们遗留的陶符和甲
骨卜辞，那些文字即便破解，内容也多是祭祀占卜与神的对话。我们知
道，早期的神祇巫祝垄断了人们的求知欲好奇心，也垄断了早期东亚大陆
人类对周边世界的观察探索认知和记录，迄今所发现夏商文明对东海管窥
蠡测的文献仍凤毛麟角。

　　我们只能窥知周人的想法，因为我们已能通晓周人的文字了。

　　早期中国人想象空间开始是向四面八方延伸，把对四面八方的奇异想
象全都塞进了《山海经》。渐渐地，可能北方太冷，南方太热，阻碍了想
象空间的拓展，古人便把想象的空间一味地向东西两个方向延伸开去。西

方自不必说了，奇异璀璨，光怪陆离。那东方呢？东边浩瀚无垠的深处，神秘莫测的大海尽头，究竟藏着些什么呢？又曾激发过古代中国人怎样瑰丽的想象呢？

周人对自己周边世界的认识，最典型者可举18卷的《山海经》。

虽《山海经》成书确切年代尚待推考，自西汉刘歆（后改名秀）以来的正统说法认为是大禹、伯益所记，实则出于多人之手。很可能是大禹、伯益以降，迄于汉之刘歆这段时间流传形成。如肯定书中远古传说经汉朝人之手整理而成，那就似乎有理由将该书视为是华夏远古人类对周边世界的一种较早认知。

《山海经》里描绘的东方大海之外是一种怎样的世界呢？有《大荒东经》绘声绘色向我们描摹说：

"大荒东南隅有山，名皮母地丘。东海之外，大荒之中，有山名曰大言，日月所出。"

后来的日本国名，也是日出之地。倘按《山海经》之说，则最早的日本也许应该叫"大言"。

当然，在这种对东方的想象中，日出之地并非这一处，尚有六处，分别为：汤谷扶木、合虚山、明星山、鞠陵、（或作鞠陵于天山）、猗天苏门山、壑明俊疾山，这是否可附会成日本列岛呢？再看《山海经》想象那些岛上都有什么吧：

那些岛上有大人之国，在合虚山有帝俊生的中容国，中容人吃野兽、木实，使四鸟、豹、虎、熊、罴。还有东口之山，有君子之国，其人衣冠带剑。有帝俊生的晏龙，晏龙生的司幽，司幽生的思女，不嫁丈夫，食黍和野兽，使四鸟；有良民之国，也是帝俊之后，因为帝俊生帝鸿，帝鸿生白民，白民销姓，食黍，使四鸟；有九尾狐的青丘之国；有帝俊生的黑齿之国……绝大部分记载都归为帝俊所生。但也有例外，如东海之渚中，有神，人面鸟身，珥两黄蛇，他就不是帝俊所生，而是黄帝所生，是东海的海神，与黄帝生的另一个在北海的同胞兄弟分处东方与北方。此外还有招摇山、困民国，等等。

东方一开始进入中国人的精神世界，便以一种神异色彩呈现出来。最早言及东方的文献，还不好推定为哪一部，似乎有理由将庄子的寓言作为早期想象影响较大之一种，《庄子·山木》说：

"君其涉于江而浮于海，望之而不见其崖，愈往而不知其所穷。送君皆自崖而反，君自此远矣。"

比起庄子来，中国人对东方的早期想象还有一种系统，那是一种先秦

东渡
－12－

时影响颇大的系统，后经葛洪等练了一阵子丹、探究了一翻大小周天后，信徒们渐渐觉出有些虚妄，信仰及徒众便逐渐萎缩削弱。其实，作为一种中国式的宗教，它固然不如老庄的道家哲学更深刻更严肃，但比之庄子来，它却更具实践价值。从徐福到秦始皇，直至后来接天人仙露的汉武帝、吞红铅丸的明天子，一代代方士和帝王，前赴后继，甚至不惜生命代价，不遗余力，躬亲实践着这一理论。这，便是道家的羽化成仙说。

我想象中的夔

　　传说东海中有流波山，入海七千里，其上有兽，状如牛，苍身而无角，一足，出入水则必风雨，其光如日月，其声如雷，名曰夔，后来黄帝用它的皮做成鼓，橛以雷兽之骨，声闻五百里，以威天下。

　　中国人对东方的所有想象从一开始就与长生不老、羽化成仙密切相关。不知是东方的大海启迪了成仙的想象？抑或是修炼成仙驰骋无限的弥天大梦找不到承载它的载体？术士们把所有玄奥和希冀都一股脑儿地倾注在了东方浩瀚无垠的大海之中！总之，海，总是带给古人以想象和梦呓。"海上三神山"，便是驰骋到东海纵深处的早期想象。《史记·封禅书》说：

　　"而宋毋忌、正伯侨、充尚、羡门（子）高最后皆燕人，为方仙道，形解销化，依于鬼神之事。"

　　"充尚"是人名，《汉书·郊祀志》称他"元尚"，《列仙传》中叫他"元俗"，疑为一人。所谓"形解销化"，即灵魂出销，精神不死，飞腾升

天而去，空留下尸身任其腐化。因为服虔解释"形解销化"就是"尸解也"。张晏更说："人老而解去，故骨如变化也。今山中有龙骨，世人谓之龙解骨化去也。"

可知"形解销化"只是羽化成仙的一种手段。那么，成仙后所居之处何在呢？《封禅书》云：

"自威、宣、燕昭使人入海求蓬莱、方丈、瀛洲，此三神山者，其传在勃海中，去人不远。患且至，则船风引而去。盖尝有至者，诸仙人及不死之药皆在焉。其物禽兽尽白，而黄金银为宫阙。未至，望之如云；及到，三神山反居水下。临之，风辄引去，终莫能至云。世主莫不甘心焉。"

齐威王公元前356年至前320年在位、齐宣王公元前319年至前301年在位、燕昭王公元前311年至前279年在位。那也即是说，东亚大陆至迟从公元前357年开始就已经对东海展开了想象和描绘甚至实践探索。不错，这种想象描绘的确有可能是源于海市蜃楼幻景和虚构神话，但我宁愿将其认做是一种对日出东方最初的心驰神往，一种探寻求索的游记描述和考察报告。

不管是庄周还是徐福，东方，总是与道家学派和后来的术士集团，也就是说与神秘有着密不可分的联系。要想羽化成仙吗？那只有到东海上去驰骋自己自由而惬意无尽的想象和生命实践，去构想完善心灵深处的玄妙篇章。几乎关于所有成仙和成仙后的想象，都被春秋战国时期的中国人汇集到了东海那三座想象传说中的仙岛之上，与其说那是对三个陌生岛屿的勘察描绘，毋宁说那是对一个无限辽阔的精神世界的拓展。那时期的华夏人种，在某个人登上日本列岛之前，精神早已在肉体之先飞到那里安家落户了。假如我们把海上三神山真的认作是后来的日本列岛的话，那么，那些企望渡海求仙的幻想家和探险者们，早在出发之前，就已把那几块水中陆地看成了自己的精神归宿。

东西之间的旅行，秦始皇显然不是第一人，早于嬴政的有追日的夸父，移山的愚公，夸父和愚公都表现出了最早的开拓交通的愿望。对夸父、愚公的后裔民族而言，开拓交通固然少不了向南向北向西，但这个民族生存的地理版图说到底却是从西向东挺进延展开拓而来的。

我不能说东方是吸引东亚大陆民族由西向东而来的动因，但我却愿意说，东方是东亚大陆民族由西向东从精神到步履的一个目的地和终点站。为说明这点，在谈论东渡这个主题之前，我们不妨先花点儿时间来梳理一下东亚大陆民族由西向东的迁移流动路径吧。

第三章　西风古道

　　有人提出骇人听闻的学说：生活在九州大陆上这个庞大民族，竟是翻越葱岭跋山涉水踩着那条地老天荒的古驿道来自遥远的古巴比伦……公元前27至前24世纪，底格里斯河流域战功卓著的奈亨台率巴克民族东迁，"巴克"一词到东方后就成了中国的"百姓"。"奈亨台"就成了中国的黄帝……"露西骨架"、"千僖人"、"乍得人"——人类共同的母亲乃源于一个15万年前生活在非洲的女人……由西而来的中国人早期是坐西朝东的……

从欧洲至亚洲腹地有一条举世闻名的神秘嬗变的西风古道。虽能画，惜未践。

　　这条古道，似乎是因公元前138年前后汉武帝时代的探险家张骞历时多年的探险，才为世人注目，成为我们这个星球上横跨欧亚大陆最长的商贸通道。德国地理学家李希霍芬在书中称这条往返于欧亚的古道为"丝绸之路"。但令人费解的是，有很多迹象表明这条通道早在张骞以前就有人不断地往返于东西旅途之中。

　　唐尧时代的稷曾西见西王母："稷为尧使，西见王母，拜请百福，赐我善子。"虽语焉不详，但足见其古老久远。

公元281年的一天，一个盗墓贼胆战心惊地钻入河南汲县一座古墓，墓室幽暗，他摸到墓穴中的竹片点燃照明，于是东周魏襄王墓重见天日。这个名叫"不准"的盗墓贼也名见经传。更具有深远历史意义的是在西晋王朝获取的数十车古竹简文献中，便有稀世绝迹战国时代成书的名著——《穆天子传》。

据此书，知周穆王即位后第13年（公元前989年），以伯父为向导，乘着秦皇室祖上造父驾的八骏马车，带着大队人马精美丝织品，出陕西入河南北至滹沱之阳的山西大雁门关至今内蒙，溯黄河而上，经河西走廊进宁夏甘肃，过青海越昆仑入新疆，翻越今帕米尔高原的春山也即葱岭，见西王母，至伊朗高原。往返全程35000余里。2003年，考古工作者在洛阳发掘的397座东周墓葬和18座车马坑中，惊奇地发现了六马驾驭的天子之乘，似有可能证实周穆王六驾西游史有其事[1]。

我想象中的西王母

还有，秦始皇丞相李斯在上书中有过这样一句话："今陛下致昆山之玉，有随、和之宝……"见（《史记卷八十七·李斯列传第二十七》），正义解释说：昆冈在于阗国东北四百里，其冈出玉。也即说著名的昆仑美玉，在张骞出使西域前就已在中原流通了。张骞在西域还见到四川的竹子，当时他很惊讶，他不知那竹子在他到达西域前是怎样由何人何时运到那里去的。

那么，究竟是什么人最早踏出了这条早为岁月风沙掩埋掉了的西风古道呢？

这还得从中华民族起源来源说起。

"开辟鸿蒙，谁为情种？"

就像金陵十二钗的最初身世只能在太虚幻境中寻找一样，古代中华民族对自己祖先来源的叩问，也都将探索的触角伸入到那扑朔迷离虚幻空灵的神话世界中去。一向被目为信史的司马迁《史记》，必不可免地谈到人文初祖时，也只好将源头上溯到半人半神的黄帝，算是有了一个交代。后来又造出了开天辟地的盘古、抟土造人的女娲及人首蛇身的伏羲……

所有中国史籍中这种以神话想象为特征的认祖模式，其本质都证明中国人种的起源土生土长。这种神话描述和土生土长的概念，替代精确的科学考古一直延续至清末，由于受西方考古科学人类学影响，中国人才开始对自己是从什么变来和从哪儿走来的有了一点儿怀疑和动摇。

首开肇衅的是法国人拉克伯里（Terrien de la Couperie），他生于香港，后去英国伦敦东方语言学院执教。1894 年他出版的《早期中国文明的西方起源》（又译《支那太古文明西元论》Western Origin of the Early Chinese Civilization）提出了骇人听闻理论：20 世纪生活在东亚九州大陆上的这个庞大民族，竟是翻越葱岭跋山涉水来自遥远的古巴比伦。

按照他的说法：

公元前 2282 年或公元前 27 至 24 世纪，底格里斯河流域战功卓著的奈亨台（Nakhunte），率巴克（Bak）民族东迁。"巴克"既是当时首府都邑名称，又是这支从西亚细亚东迁而来民族的自呼称谓。"巴克"一词到东方后就成了中国的"百姓"。"奈亨台"就成了中国的黄帝，黄帝又叫莎公（Sargon）。

拉克伯里所论不能说没有一点道理，"奈亨台"与"黄帝"似为转音，按刘师培中国古文字理论，汉字是先有音后附义，那么上古字词当是先据语音附会出语义。"奈亨台"的"台"就是"黄帝"的"帝"，"台"与"帝"上古语音似相近。我找到一个证据，在今天的日本语里，日本人称秦始皇为"始皇帝"（しごて），始皇帝的"帝"，日语发音很似汉语"台"的音。倘若我们承认下文中将要述及的秦始皇时代及其前即已有华夏人东渡日本，那么，这个日语"帝"的发音当是古汉语语音在日语中的遗存？

好，接下来继续说拉克伯里的论点：东进者的东迁路线怎样呢？从土耳其斯坦，经喀什葛尔（Kashgar）即疏勒，沿塔里木河至昆仑山脉向东挺

东渡

进。这时，其中一支族人，不知出于什么原因，率先与本族分道扬镳，竟向北方靠近烟尼塞河流域远涉而去。在烟尼塞河流域，拉克伯里居然声称发现了分化出去的这支族人用当时文字写下的古铭。

继第一支族人分化北去后，第二支族人又不知出于什么原因，与本族大队人马剥离，停止了东进，与西藏民族，融合成一个民族。

当时这个东迁民族尚无文字，为了记录事实，便创制了火焰形符号（案：中国古史称神农用火德王，以火命官，故曰炎帝），这便是神农氏的由来。

中国古史上不是说仓颉造字吗？仓颉便是但克（dunkit、迦勒底语叫Dungi，）但克创制了像鸟兽爪形的文字，这便是仓颉所造的最古老文字。

"昆仑"一词，即"花国"（Flowery land）的意思，为了表明土地丰饶，到达东方后，他们就用"花国"自称，这就是所谓"中华"一词的由来。

拉克伯里所云是否穿凿附会胡拉硬扯满纸荒唐言，估且不论，当时此论一出，原以为从小熟读四书五经，半生谈论三皇五帝的中国人怎么也难以接受自己的祖先竟被说成是西戎蕞尔蕃邦那些高鼻深目的夷人之后！但没想到国学大师，如章太炎、刘师培、梁启超等人却都纷纷赞同并附和这种中国人种西来说的论点。刘师培居然还把这种观点引入了《中学历史教科书》，说：

汉族源于迦克底亚，古籍称"泰帝"、"泰古"，即迦克底亚的转音。刘师培据日本白河氏《支那文明论说》勾画出了两条汉族"逾越昆仑（今帕米尔高原）经过大夏（今中亚细亚），自西徂东卜居于中土"的迁移线路：

第一条：由中亚细亚经天山北路，沿塔里木河到陕西，甘肃西部，沿黄河流域，进入河南、山东，在途径昆仑山下时，见一个雄大邦国叫"华国"，羡慕华国的隆盛，便记下来传给后世子孙。到了中土，后世子孙为了继承先祖遗愿，便自称为"华"。

第二条：由今中国西藏自治区入蜀，再陆续迁入内地或仍居于蜀。

刘师培说：中国和巴比伦同出一源，西方人称汉族为"巴枯族"，而中国古籍中的盘古就是"巴枯"的转音[2]，1908 年出版的《中学中国历史教科书》还列举了中国与古巴比伦"纪时相同"、"文字相同"、"庶政相同"三个证据。黄帝虽离西方独立，然仍与西方交往，登昆仑会西王母，昆仑附近有轩辕之国、轩辕之丘、轩辕之台。

按照拉克伯里的这种推想，中国人最早就是从后来被称为西风古道的这条路上由西向东一步步走来的。

在 20 世纪初叶，章、刘等人这一说法却具有积极进步的时代寓意，章、刘等人提出中国人种西来说，其主观意愿是为了证明汉民族与欧洲民族没什么区别，同种同姓，完全能在优胜劣汰的种族生存竞争中获胜，成为世界上繁荣昌盛的民族之一。

当新中国屹立于世界民族之林时，另一种中国人种起源于本土的学说骤兴：近代考古学兴起，裴文中等人发现了北京猿人头骨化石，翦伯赞等人又提出这具像人又像猿的人头骨后裔就是现在的中国人，用以驳斥西方学者提出的北京猿人是中国现代人类祖先食剩的猿猴遗骸的说法。坚持着现代中国人起源于中国的学术观点。

但，随着现代科技、特别是现代生物遗传学的飞速发展，人们探求知识的视野不仅触及微生物和太空，也伸向了太古人种起源和文明流播的源头。尽管，中国考古学界采用了比碳素－14 测定更科学更先进更可靠的世界先进的地层年代测试方法，这种测试法突破了同位素碳－14 测定法只能测到三万年的局限，将检测化石的上限年代推至数十万年前。考古工作者们用这种方法对柳江猿人进行推考，证明出柳江猿人在七万年至十三万年前或更早，就已经在华南地区生活了，而不可能是在这之后才从非洲迁徙来。

显然，承认人类非洲起源说还是亚洲起源说成了争论的前提和焦点！

如一定坚持中华民族的源头在中国大地就会与人类非洲起源说发生必不可免的矛盾，这种矛盾表面上看起来，似乎只是一个多元文明还是单一文明起源流播的讨论，实质上，它涉及民族尊严和民族情感。假如我们能够抛开这种矛盾背后所涉及的民族尊严和民族情感的非学术敏感问题，那我们现在就会看到这样一种关于远古早期人类文明包括人类流动传播的模式。而这种模式，适用于今天所有人种和文明的流动，导致了人类的进化和文明的飞跃。

东渡

1871 年，达尔文在他写的《物种起源》中，第一次石破天惊地向世人宣称：人不是由上帝创造，而是由古猿进化而来。20 世纪 20 年代非洲古猿化石的出土，将学者们的视野和想象吸引到了那片辽阔神奇的原始非洲。随着利基家族"东非人"和"能人"的发现，非洲大地接连引爆惊人发现：

1974 年，在埃塞俄比亚发现距今约 330 万年的"露西骨架"；

20 世纪末，发现距今约 500 万～600 万年的"地猿"和"千禧人"；

2002 年，在中非找到可上溯到距今 700 万年以前的"乍得人"。

据此，古人类学界公认：人类最早的雏形出现在非洲！

于是有人开始怀疑起中国人种是否真的是从非洲从西方远涉而来？认为：中国银川水洞沟遗址找到的新型石器似乎也令人猜测会不会真有带着新技术的其他人种来到了中国？而他们才是我们真正的祖先？如果真的有一种更进步的生命，取代了各大洲的原住民，那么，今天世界上生存的人群应该都是同一个祖先，他们长相原本相似，后来分散于各地独自进化相貌上产生了差异。

于是，今天的人们开始凭借科学的基因分析手段来证明分散于世界各地的人种是否起源于同一个祖先：

首先，基因学家理查德·莱旺廷，他原本坚持现代四大人种起源不同。为证明他人种起源不同的判断，他做了一个基因分析试验，结论呢却正好相反，证实：今天分散在世界各地的现代人并没有本质上的区别，而竟然是同一种人。

其次，美国夏威夷大学的遗传学家康恩，20世纪80年代，找到了一种非常特殊的物质——线粒体。线粒体DNA只能通过母亲传给女儿，发生突变。每次突变都能留下微小的标记，标记越多，历史就越古老。康恩和她的研究小组发现，拥有最原始标记——在骨骼形态上跟你我一样的现代人，最早竟然出现在非洲。康恩还发现线粒体突变有相对固定的周期。通过测算能够获得第一位人类女性诞生的时间。1987年，第一个关于人类线粒体研究成果发表于《自然》杂志上。在论文中，康恩和威尔逊宣称："可以设定所有这些线粒体DNA，共同起源于一个15万年前生活在非洲的女人。"也即是说：人类共同的母亲乃是——"非洲夏娃"。

最后，中国学者金力教授在中国进行的基因研究竟成为支持"非洲起源说"最强有力的证据之一。

东渡

-20-

至此，基因领域的研究达成一致——非洲是全世界现代人的发源地。现代四大人种源出非洲，有共同的非洲先祖。

既然如此，那早期人类什么时候离开非洲？他们沿着怎样的路线扩散？这是我们要描述一下的：

15万年前的冰河时期，高等灵长类的非洲古猿们以家族为单位，一个个从树上下来，走出茂密的原始热带丛林，翻山越谷，向着两河流域艰难地蹒跚走来。气候饮食生存环境在数十万年的漫长岁月进程中嬗变着，类人猿族群外貌特征也在不知不觉中渐呈越来越大的差异。他们从非洲出发经过中东到达东南亚，再向北进入中国南部，最终遍及东亚。

美国科学家韦尔斯推断：大约五六万年前，人类祖先沿南部海上路线离开了非洲，从吉布提到今天的也门，从东非大裂谷一直通向南亚海岸，进入澳大利亚和东亚。上一个冰川期结束，北半球的气温开始回升，潮湿和较充分的降雨，使撒哈拉沙漠的面积缩小，通向红海的大门被打开。又一批迁徙者离开了北非，进入中东，然后流向西亚、欧洲。其中的一部分再次到达中亚，继续向东，走过当时水草丰茂后来变成沙漠畏途被后人称为"丝绸之路"的古道，进入中华腹地。途中另一支则分向东北，冒着漫天风雪穿过寒冷刺骨冰冻的白令海峡，通过陆桥到达今天的北极圈，再折而南下至今之北美南美，或许他们应是今天爱斯基摩人、印第安人的祖先？

由此，我们看到了令人惊叹不已的结论：这条西风古道肯定就是古猿人类由西而东的必经道路之一！也许至少在周穆王及周穆王以前，这条西风古道还应该水草丰茂景致宜人。白龙堆，流沙海，戈壁驼铃，那应该是张骞之后的蜕变，古楼兰王国魔幻般的消失，也许正昭示出那条横贯欧亚千年古道沧海桑田变迁的缩影。

为什么以前没有"帝"这一概念？上古部落首领，名称都不叫帝。而黄炎才称帝，难道真是西方外来辞汇的汉语音译吗？[3]

似乎在张骞通使西域前中国人就已绰约了解西方，在那古老交通不发达的年代是怎么得知的？近代有学者发现并推测：古人说的昆仑就是今天的巴比伦，因为按着中国古代竖行书写格式，"巴比伦"三字如果竖着写很容易误成"昆仑"。故"昆仑"当是古巴比伦的讹读误解。

由此不得不推出，从穆到周穆王，再到张骞，他们往西重蹈覆辙的正是一条在那遥远得连记忆都几乎丧失殆尽的年代里古代人类走过的"回头路"，而这，正是东亚人类从西向东迁徙的来时路。

不必说中国与两河流域都拥有象形文字，单从《出埃及记》便可看出，摩西时代多有牧羊人，那时羊是主要的牲畜和食物。而古代的中国人，也主要以羊为主，"美""羹""鲜"都与羊有关。一些部族和姓氏如姜、羝、羌等也与羊有关。当时羌族似乎很重要，凡姓姜者，可能都与羌族有关。穆天子带给西王母的也仅是"因献食马三百，牛羊三千"，又有："献酒十斛天子，食马二千。天子使祭父受之。"但鲜见猪，提到猪也是野猪。《穆天子传》卷2说"执牛羊食鹿，有赤豹白虎"，"熊羆豺狼，野马野牛，山羊野猪"。可能在远古，粮食的种植不足以饲养猪，猪和猪肉更普遍地进入中国人的生活当约宋代以后的事。

古人总游牧走动，像摩西一样。而游牧就要流动。故黄帝又称轩辕氏，轩辕者，车之谓也。

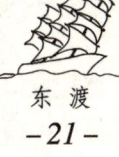

东渡

埃及人做木乃伊裹白布。而中国在丧葬时也是着白色丧服。

可能正是因为从西向东而来，先秦时人们都是坐西朝东。《礼仪·士冠礼》载："主人东面答拜，乃宿宾。"此外，我读《史记》还偶然发现两个佐证：《史记·魏公子列传》说信陵君窃符救了赵国，赵王自迎"引公子就西阶，公子侧行辞让，从东阶上"，似以西为贵；《史记·项羽本纪》描写鸿门宴宾主位置时："项王、项伯东向坐，亚父南向坐，沛公北向坐，张良西向侍。"主人项羽连同项伯竟然都是面朝东边落座待客，并非如后世中国人习惯的那样坐北朝南。

后来从坐位到房屋都是坐北朝南，究其原因可能与东亚大陆地理位置的采光有关，也与后来中国更多王朝都是从北向南推进扩张政治军事势力有关。

早期的坐西朝东习俗，难道说这确实流露出东亚大陆远古人类果真是由西向东而来的一种遗风？为我们留存下依稀可辨、痕迹微茫而模糊的东亚人类文明从西向东发轫而来的历史车轮印辙吗？

---

［1］参阅丁谦《穆天子传考证》。

［2］参见刘师培《中国历史教科书》第一册，《遗书》第69册。

［3］文明及文明人种的扩延，才构成历史。中国文明是由西向东发展而来的；仰韶文化，齐家文化，红山文化，良渚文化，其中以仰韶文化最具影响。在文献中，也是黄帝部落最有影响，然而黄帝是从西向东而来的。古代中国人的足迹由西向东，精神空间也是向东西两端延伸驰骋，从而构成了中国古代神话体系中西王母昆仑系统和东方蓬莱系统。

西来的黄帝族攻杀了当地的土著蚩尤族，就像后来的弥生人攻杀绳文人，骑马民族攻杀列岛土著人，我们不妨推测在黄帝时代，有一场西来民族与土著民族的大规模战争，最后以西来的黄帝获胜，因为在当时他拥有先进的生产和战争工具——车，靠着战车，他实现了"万国和"的局面。

第四章　问苍茫大地

　　古老的部族携裹着他们的文明在远古东亚大陆架的腹地由西向东划刻下
一道深深的遗痕……黄帝称轩辕氏，轩辕，即车之意。究竟是先有了车才流
动还是在流动迁徙中发明了车？就像是鸡生蛋还是蛋生鸡的问题……百川汇
海，文明之河也总是在亚洲大陆上由高向低由西向东推移流淌着……原来的
游牧迁徙改为定居农耕的生活方式……华夏，夏天夏历夏朝和一个民族的脚
步有什么关系……今天高雅的"雅"，其实就是最早的"夏"。"雅言"即
"夏言"，一口山东话的孔子，读《诗》却改口时髦的陕西话……

　　如果说东亚大陆上对现代人类始祖的寻源，不得不被描述成一条人类
由西向东渐进的路线，那么，这种描述是依照人类非洲起源的逻辑推论被
迫做出的判断。固然，我们并没有在那条远古人类走来的西风古道上发现
足以印证我们理论的足够的实物明证。可是，当这支远徙人类到达东亚大
陆时，实证便逐一显现清晰起来，清晰地标示出了一道华夏文明由西向东
的历史遗痕。

　　现在，我们开始注视从两河流域翻越帕米尔高原，沿着还是水草丰茂
的西风古道，一步步走向东亚大地那古人类移动迁徙的脚步，一起来看看
这些脚步在哪儿驻足，又在哪儿继续迈动……移动脚步留下的是一处处出
土文物古迹遗址，这些遗址分布在广袤的中华苍茫大地上，是一个民族文
明成长历程的记录。这中间最古老的一些重要遗址，今天正回答着我们要
弄清远古人类是怎样从西向东走来的疑问，证实着文明由西向东延伸而来
的时空序列：

　　远古三皇中第一皇，蛇身人首的伏羲，相传与女娲交媾繁衍了后世人
类。伏皇娲后这两位始祖都出自中国西部的天水——距西风古道东端的出
口不远，朝向后来的中原文化。在天水，明代正德年间曾建有伏羲庙，一
直香火不辍[1]。

　　黄帝也是从西向东走来。不单是拉克伯里这样说，翻检一下中国史
籍，就分明可以看出由西向东斑痕确凿的流动路线。史载："又西百八十

东渡

－23－

里，曰轩辕之丘……又西三百里，曰积石之山。"（《穆天子传·昆仑山考》）并说"天子□（此处为原文中漏掉或不清晰无法辨认的一个字）昆仑，以守黄帝之宫"。难道黄帝是从昆仑向东而来？

从出土文物遗迹并大量传说来看，最早关于黄帝氏族的遗址多分布于今中国西部陕甘一带，陕西的陵墓明确圈示出中华大地的西部乃是黄帝部族的活跃地域。大约神农氏时，华夏人进入了农业时代，创造了仰韶文化。

但有关黄帝遗址的记载和发现，又不仅限于西北。黄帝部落聚居地的"涿鹿之野"在河北，后又有"轩辕之丘"在河南的记载。可知黄帝流动迁徙于今陕西、河北、河南的黄河流域。

远古文明的主要表现形式是祭祀巫仪的乐舞，乐律由黄帝氏族创制，黄帝制出12根长短不一符合律吕的竹管，以之吹出12种不同声音与雌雄凤凰的12种鸣叫声逐一相校，把奇数各音称"律"，偶数诸音叫"吕"，合称"律吕"。这5音12律在哪儿制成的呢？在昆仑山，伶伦为黄帝时乐官，奏帝命于昆仑山的嶰谷（《吕氏春秋·古乐篇》）。

这里有个值得发问的疑点：伶伦制乐为什么会在昆仑山的嶰谷？这昆仑是张骞通西域时的昆仑吗？倘若是，那在黄帝的远古时代，陕西到昆仑，路途何其迢迢渺远！是黄帝由昆仑而陕西呢？抑或相反？

接下来，又有不少黄帝创制乐曲的记载，在哪里呢？开始往东迁移了。到了泰山。《韩非子·十过》篇说：

"昔者黄帝合鬼神于西泰山上，驾象车而六蛟龙，毕方并辖，蚩尤居前，风伯进扫，雨师洒道，虎狼在前，鬼神在后，腾蛇伏地，凤凰覆上，大合鬼神，作为清角。"

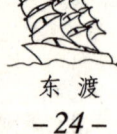

可见，这样热闹的场面发生在昆仑东边的泰山之上。

再接下来，又发现了黄帝在河北的作品，《棡鼓之曲》是黄帝大败蚩尤后于青丘所制，这也是距昆仑十分遥远位于其东方的河北。

最后还有洞庭。《庄子·天运》篇记载："帝张《咸池》之于洞庭之野"。这又当是黄帝氏族的文明向长江流域即良渚文化区的扩张。

从时空序列来看，先有昆仑嶰谷制定12律，后有泰山顶上创制《清角》等乐曲，再有河北青丘《棡鼓之曲》，最后是长江流域洞庭湖的《咸池》，这些神话难道不正透露出一支部族携裹着它的以音乐艺术为表象，以远古歌舞巫仪为内容的高度文明在远古东亚大陆架的腹部由西向东划下的一道深深的刻痕吗[2]？

发源于西北高原的黄帝确乎率领他的部众们迈出了迁徙进发的脚步。

有理由推想黄帝部族能够快捷地向着幅员辽阔的东亚大陆自由地迁徙流动是因其发明并使用了车。黄帝称轩辕氏，轩辕，即车之意。我们现在还弄不清楚是先有了车才流动还是在流动迁徙中发明了车？这就像鸡生蛋还是蛋生鸡的问题，但不管怎样就是凭借着这先进车轮，黄帝部族的跋涉足迹——不，我更愿意使用"轨迹"一词，因为这个时期，只有黄帝部族有车，这个词也只能用于这个部落——黄帝部族的轨迹便看得比较清楚——"东至于海，西至于空桐（韦昭曰在陇右），南至于江，北逐荤粥（匈奴祖先），合符釜山，而邑于涿鹿之阿。迁徙往来无常处"（《史记·五帝本纪》）。

　　那么究竟是什么动因促使黄帝族必须离乡远征呢？有一种学术观点说：可能在仰韶文化晚期，历史上所谓"仰韶高温期"结束时，日渐寒冷的气候迫使黄帝族南下。

　　似乎向南黄帝打败了苗，这是一个与黄炎一样久远的中国南方民族，他们的祖先是否可推测是元谋猿人等南方古猿的后裔？今天一些苗族仍生活在南方高山密林之中。黄帝向北驱逐了凶悍的后来一直威胁汉朝的匈奴，直到卫青、霍去病等人北击塞外，才算彻底将匈奴分化瓦解。（它们中一支便神秘地不知去向。直到公元 3 世纪，他们出现在欧洲境内。公元415 年，匈奴王阿提拉曾进攻高卢，但为罗马将领阿尔修斯所阻。蔡元培认为其后裔即今匈牙利。）向东，黄帝族遇到了最大的阻力，东方的蚩尤族，这个部族在今中国版图东部，它是农耕更为发达的部族，较早使用了双齿耒，与西部的仰韶文化相比，这个东部的大汶口文化的部族石斧较少石铲较多，普遍使用蚌镰、骨镰、牙镰，说明从耕作到收获，包括在陶器制作上都很先进。假如坚持北京猿人头骨化石不是被文明人吃剩的骨骸而是古代多元文明起源的一支的话，那我宁愿相信北京猿人也许正是蚩尤部族的祖先。

　　传说蚩尤能喷吐铁砂，黄帝竟然不是他的对手，于是黄帝必须联合另一个部族——炎帝部族来共同对付敌人。炎帝姜姓，与西北羌族有渊源关系。当是以牧羊为主的游牧部族，称羌族，姓姜姓，与羊、美、羔、羹，都有密切的关系。

　　有人认为"仰韶高温期"结束后日渐寒冷的气候迫使黄帝族南下并进入炎帝和东夷所经营的农业地区，但黄帝与炎帝发生联系也许是出于对付蚩尤族的战略需要。或是炎帝求助于黄帝攻杀蚩尤。从庙底沟文化人们当时衣着材料多用植物纤维来分析，显然庙底沟文化对中原的影响要多一些。炎帝同南下的黄帝结成同盟对东夷作战，双方决于涿鹿。《逸周书·

尝麦》："尤乃逐帝，争于涿鹿之阿，九隅无遗，赤帝大慑，乃说于黄帝，执蚩尤，杀之于中冀。"

问题是为什么炎黄会组成联盟共同来对付蚩尤，而不是他们中的一方与蚩尤联手呢？很可能炎黄同为西方部族，生活习性相似、利益相同、风俗相近、文明相类。总之，历史最终是炎帝与黄帝联合了，这结果就必然导致了东方蚩尤的大败。这是否可以看成是西进民族向东推进中战胜土著民族的一次民族大融合与文明大交融？

涿鹿之战后，黄帝组成了部落联盟，建立了"万国和"的新秩序。

黄帝的蛇，炎帝的鱼，东夷的鸟，最后融合幻化成一条由西向东而来的龙。

百川汇海，文明之河也总是在西高东低的亚洲大陆上由高向低由西向东随着时间的推移流淌着……

然而，有一天，华夏人停止了向东的脚步。

早期人类，只有地域上到处移动的部族，没有国家国界国人的概念。人，可以随意走动，哪怕你天涯海角，只要愿意，身未动，心向往，便已申请了"入境"，办理了"护照"，随性迁徙于漫漫程途之上，任意卜居于青山绿水之间，徜徉徘徊于江河湖海之畔。你只要打算在这个星球上任意一处地方，终老山间林下，竹影泉边，你就等于获取了绿卡，没人来撵你走。

那时，支配束缚你脚步行程的货币和律条还迟迟没出现，虽无车船飞机代步，亦无星级宾馆饭店，但只须枕一块顽石，铺一缕青风，盖一片白云，你便可以四海为家马革裹尸。看来，史前生存方式对人们自有其束缚之短也自有其放任之长；现代生存方式自有其便利快捷之长，也有其不便和束缚之短。相比而言，古代文明、现代文明都有桎梏束缚，只是束缚的方式不同而已。

东方这片广袤土地上的民族从见于文献记载，便由西向东迁徙流动。在极其漫长的岁月里，迁徙流动幅度非常大，黄帝"东至于海，西至于空桐，南至于江，北逐荤粥，合符斧山，而邑于涿鹿之阿。迁徙往来无常处"？就最能说明黄帝时代人类自由驰骋，任意周游，想去哪儿就去哪儿生存。不仅黄帝，再看黄帝后的尧，逝于九疑，舜逝于零陵，似乎都是客死他乡，从黄帝到尧舜，都不曾停止过迈动的脚步。

那么，这个民族从什么时候开始停止了东向的脚步呢？

曰：从用脚步和想象丈量感知了东亚大陆的地理环境之后，从由原来的游牧迁徙改为定居农耕，逐渐改变生活方式的时候，从开始被其他民族认知有了自我意识的时候，从有了一个称谓——"华夏人"的时候。好，那就让我们从文献记载的中国人最初的称谓——华夏人开始推论一下止步的时间吧。

中国人在最初之所以被确切地称"华夏人"，是因为在遥远年代尚未形成中国的概念，但却有"华夏"人的称谓，"华夏"一词到底从哪儿来的呢？这个早熟的民族为什么不叫别的什么名字而非被称作"华夏"族呢？

早期人种被冠以某某族名，就像婴孩儿被起名一样，意味着这一时刻已被自身之外的其他民族认知，名字不是为自己，而是为了其他民族称呼以示区别才使用。当东亚大陆这个民族一旦被称为"华夏"时，就意味着它与周边民族有区别，从而被赋予了一定的个性文明色彩。

当时的华夏周围都有些什么民族呢？冯天瑜把那一时期东亚人种集团粗分为三大集团，即：

华夏，

东夷，

苗蛮。

三大集团的分布是这样的：

一、位于西方的华夏集团以黄帝和炎帝两支部落为主，发源于黄土高坡，后沿黄河东进，散布于中国的中北部地区，相当于今天仰韶文化和河南的龙山文化分布区。华夏集团后来黄帝兼并了炎帝部落，统治了其他部落。

二、东方的东夷部落位于今山东、河南东南及安徽中部，属大汶口文化，山东龙山文化和青莲岗文化江北类型分布区。传说中的太皋、少皋，射日的后羿、蚩尤，都属于这一集团。

三、苗蛮集团以三苗、祝融为代表，主要活动于今湖北、江西一带，属考古学上的大溪文化、屈家岭文化分布区，东部的河姆渡文化，良渚文化也可归于这个集团。

可能正是与苗蛮和东夷相遇，才使得华夏民族有了称谓？

直到先秦时称夏或华的记载也都是相对周边其他民族时才使用，例子可举对"华夏"名称有较早记载的《左传》：

"裔不谋夏，夷不乱华"。

《孟子》中也说："用夷变夏。"许慎《说文解字》解释道：华，荣也；夏，中国之人也。此处的中国，原指中原，与四方或四夷相对。毫无疑问，被称"华夏"时，周边已有其他民族，被称为"夷"了。

　　"华夏"名称来源还透露两点，帮我们探讨早期人类东进的脚步何时何地开始放缓停歇。

　　一、在地理位置上，华夏人可能是到了华山一带便停住了前进的脚步？

　　因为按照章太炎对"华夏"解释的说法来看："华"是中国古代的国名，而这个"华国"是因为定居的那座被称为"华山"（即陕西关中的华山周围，夏水之旁）而得名。这样说的根据是：这一带曾是周人营洛邑前的中心地区。那也就是说周人营洛邑前便生活在这一带故而得名。考古发现为我们证实，自旧石器蓝田人开始，直至新石器的仰韶文化、龙山文化，陕西关中的华山一带周围都是文化遗存最集中的地方。那时华山周围居住的民族，对华山非常尊崇，据甲骨文专家研究统计，说"华"是仅次于"河"的重要神祇。

　　而"夏"呢，是中国古代族名，即定居于夏水之旁的民族；翦伯赞提出华夏原为历史上"夏族"的一个分支，历史上的夏族曾活跃于今甘肃、河南、山西一带。后因自然环境开始变迁，夏族才开始陆续向四周迁徙，向东至中原的那一支称东夏，又称华夏，西移甘肃的那支称西夏，又称蛮夏，留于原地者称大夏。

　　总之，华夏，合起来便是"华国的夏人"。

　　二、在时间上，华夏人停止前进可能与农耕文化的出现有关？

　　"夏"这个词，又让人联想到季节、历法、夏朝及夏文明。

　　先说季节：

　　夏，概念的出现，说明当时的人开始注意到了季节，夏日草木繁盛，农耕者春夏播种，秋冬收藏。人们注意到了我们今天所说的夏天，"华"通"花"，夏天适宜花儿生长，也适于植物农作物生长。大抵在那时，亚洲大陆也许更适合人类农耕生存，夏者，季节之谓也；华者，花之谓也。

鲜花盛开，百草丰茂，五谷丰登，丰衣足食的盛夏！大概突然而至的夏天，无论在实际上还是在人们心理上，都炎热而漫长，引起了人们的注意，一改此前只靠游牧的生存方式。而农业的发展，就势必会束缚住迁徙的脚步，也即是说这个民族当其农业文明开始萌芽发展之时，便是其一度迁徙的脚步戛然而止之日。

　　再说历法：

　　我们知道，中国人是世界上很早掌握节气变化、制定历法的民族。尧帝时就已"岁三百六十六日，以闰月正四时"，被称为夏民族时，这个民族便不再四处游走，更关注天气，制定夏历，直到5000年后的今天，还在汉字的日历上写有"清明"、"夏至"，特别是春节，成为这个文化圈最隆重的民族传统节日。有一点很难确定：究竟是由于定居，华夏人才对气候进行观察掌握？还是由于对气候进行了观察掌握才发现适宜种植，而种植便要定居发展农业文明？究竟是东亚大陆气候发生了变化还是人们注意到了气候与生存的关系而心理和行为发生了变化？

最后说说夏朝及夏文明：

想必受制季节因素的民族，在适于农作物生长的炎热季节，停歇了脚步和车轮，开始定居下来从事农耕了。他们称这个节令为"夏"，称自己为"华夏人"，原本自己定居生活的地域山脉即称"华山"（也许是因为称那座山为"华山"，才称自己为"华"？），再后来，称结束禅让制第一个中国以家族血缘为承继纽带的朝代为"夏朝"。夏朝开始创造出属于自己的有别于游牧时代璀璨的文明——农业文明，这是一种当时最为先进高雅的文明。我们今天所说的高雅的"雅"字，其实最早就是"夏"字，指夏文明。"夏"通"雅"，"大雅"即"大夏"。"雅言"即"夏言"[3]。中国现在是以北方话为基础以普通话为标准的语言，唐时以西安话为国语，再往上还有吴音，宋元时被誉为文雅的官方语言"中州音韵"其实是以那时的河南话为标准的语言，中州音韵是宋后几百年来文人作诗填词度曲的标准依据。说来汉语最早的标尺曾是陕西方言，称"雅言"。据载孔子读诗时决不使用他所生活的山东曲阜一带的乡音来读，而是一定要用雅言，也即是"夏言"的陕西方言来读。很可能，《诗经》中的十五国风是地方话，而大雅，都是夏人作品，无疑，陕西方言的"雅"言，才是最高雅最标准的语音发音，当时诗书礼乐是上层社会人们一切行为的准则。"《诗》、《书》执礼，皆雅言也。"也就是说有修养文雅的一个重要外在标志即是说得一口好陕西腔。

休矣！气候导致的农耕生活方式，过早地把华夏人束缚在了这个文明于黄河中下游一带的土地上，再也没有向着更遥远的未知世界远途迁徙辛勤跋涉。

东　渡

说着陕西关中方言的这个部族回眸西望，西边来时之路因其岁月渺远悠久，被遗忘殆尽的记忆连同步履的印痕早已被岁月的风沙掩埋了一层又一层，连同那条西风古道一起荒芜苍凉沙漠化了；举目东眺，东边是浩瀚无垠的大海，茫茫而不知尽头；左向北顾，塞外奇寒，滴水结冰；右盼南望，丛林烟障不毛之地。显然，位于西端的华夏人自认为比起夷狄蛮胡来自己更居东亚大陆腹地，脚下占据着更为优越的中心地域，依凭着高度发达先进的文明，相对于他们视野所及周边那些还处于比较滞后的东夷、西戎、南蛮、北胡，一个称谓继"华夏"之后又出现了——中国。

　　"中国"一词较早见于《诗经·小雅·六月序》，其中说："则四夷交侵，中国微矣。"《史记·五帝本纪第一》集解；刘熙又说："天子之位不可旷年，于是遂反。格于文祖而当帝位。帝王所都为中，故曰中国。""中国"的概念一定是华夏民族通过双足丈量了西边的流沙畏途，南边的蛮瘴百越，北边的大漠奇寒，东边的碧海连天后才产生的，"中国"的概念与名词晚于"华夏"，是迁徙流动后的结论和结果。

　　现在，以夏朝为代表的"中国"终于出现了，种族不再大幅度流动，生存方式的改变必然导致社会形态的改变，黄帝以降的禅让制马上就要面临着废弃的危险。

　　中国人至夏代开始形成朝代很可能与定居下来的生存方式有着某种内在的必然联系，到了夏朝及夏后商周两朝，大规模迁移的记载就很少见到。商朝历史上仅有一次迁都——盘庚迁都——竟然还引发了一场激烈的争议。这说明，从夏启开始，华夏人类已经不再轻易地大规模地经常性地流动了，代之以更愿意选择定居生活。夏、夏历、农耕、居定、朝代、家族内部的权力传承所谓的"禅让"模式演变为封建王朝严格的皇族权力沿习模式[4]，这难道仅仅是偶然的巧合吗？我们断定，在夏启前后的那个时代，这个由炎黄而来的华夏部族定然发生了一次非常重大的变化，正是这一巨变，导致了华夏人放缓乃至收住了迈动的脚步，由流动民族（也许可称为游牧民族）转变为定居民族了。

　　难道是这个由西而来的古老民族此时已经探测完自己周边的生存空间？知道自己不能再向南向北，特别是向东迈动脚步了吗？我们很难见到那些夏王朝的首领们离开他们的都城哪怕是半步。由此，我们不妨大胆地假设出，东亚大陆民族的脚步至此已经完成了探索的迈动。

　　[1] 我们也不妨将女娲伏羲的兄妹结合演变成夫妻姻娅，看成是东西部族的结盟与通婚，这种人类种属间的媾合，必然要将文明传播兼容起来，而这种传播兼容，在神话里也仍然绽露出时间的先后，女娲制笙簧，"笙"同生，折射出母系氏族生殖崇拜；伏羲却是"斫桐为琴，绳丝为弦，织桑为瑟。"（《礼记》）这难道不正暗合了仰韶文化早于红山文化，母系社会早于父系社会？关于这点，详见拙著《遮蔽的文明》（台湾文津出版社印行）。

　　[2] 中国人种及文明由西向东呈现出一个东向发展进程，同样在文明的传播上也表现出了惊人的一致性。

　　以艺术流播方式为例，远古艺术的流播一如人种和文明的流播方式，往往是一种高度的艺术文明向着低于自己的艺术文明区推进，并兼容掉其他文明。中国远古文明总的发展趋向是由西向东向南的渐进。虽然在龙山文化区域的今河南舞阳等地有远古乐器出土，但这种乐器也许并不能成为华夏之声的正宗源头，这些遍布其他区域的非主流艺术形态，伴随着岁月更迭，人种和文明的流播，逐渐被主流艺术所兼并容纳。虽然目前还需要更多更有力的文献文物来论证远古华夏主流艺术源起，但在目前所据资料条件下，我们似乎有理由说，由西方而来的仰韶文化乃是点燃中华大地燎原之势的星星之火。这种艺术的流播定律在后来中国艺术史中也被频频印证。

［3］关于"夏"与"雅"，《论语集解》引孔安国注云："雅言，正言也。"郑玄说："读者先王典法，必正言其音。然后义全。"据刘宝楠杨树达等的考证，认为"雅"和"夏"，古字通，雅言即夏言，指读西周典籍必须用周民族发源地陕甘一带的语音，孔子是鲁国人，用的是鲁国方言，但读《诗》《书》执礼，是用夏言的。见《先秦诸子文艺观》。

［4］其实，禅让之说并不客观，从黄帝的华夏到夏启的夏朝，一脉相承，轩辕即华夏，华夏即夏朝，也就是说这个部族和文明是从黄帝至夏朝最后一个被商汤王灭掉的帝王夏桀王，原本是一个部族血缘家族的一脉传承。

按照《史记》的叙述，司马迁每叙一人一族一国，必上溯至先祖，而早期著名的那些帝王英雄，都可追逆到黄帝。这用意恐怕还不仅仅是祖述标榜借以炫耀提高身价，应是司马迁春秋笔法的一种依据史实的笔录。

黄帝、昌意、颛顼、舜，皆一脉相承。帝喾是黄帝的曾孙，帝喾的儿子就是尧，而舜既是高阳颛顼之后，同时又是尧的女婿，禹也是颛顼之孙，黄帝的玄孙。所以，尧舜禹三人有亲缘，他们间的传位，根本谈不上禅让，是一个家族内部权力的转接，而且这种"禅让"充满了疑窦杀戮和血腥。《竹书纪年》说："昔尧德衰，为舜所囚也。"（《括地志》引《竹书》，见《史记·五帝本纪·集解》）。又《广弘明集》卷11，法琳《对傅奕废佛僧事》引《汲冢竹书》也说："舜囚尧于平阳，取之帝位"。

这显然就是抢夺权位。

到了夏禹，据说他曾打算把权力传给皋陶，但皋陶死，又打算传给益，然而"益让帝禹之子启，而避居箕山之阳，禹子启贤，天下属焉，及禹崩，虽授益，益之佐禹日浅，天下未洽，故诸侯皆去益而朝启，曰'吾君帝禹之子'，启遂即天子之位"（《史记·夏本纪》）。这种记载远不如《竹书纪年》上"益干启位，启杀之"（《晋书·束皙传》引）的说法来得干脆！另外，《战国策·燕策一》也说："禹授益，而以启为吏。及老，而以启为不足任天下，传之益也。启与友党攻益而夺之天下。"揭露了武力杀伐的内幕。另，启时还有一个叫有扈氏的部族，启继帝位，"有扈氏不服，启伐之，大战于甘……遂灭有扈氏，天下咸服"。

由此可以看出，从黄帝到夏启史前社会确是家族制。从黄帝到禹，《史记》等典籍为我们描状出了一个家族延伸的线索。这种家族内部传承权力交接，并不像有人说的那样："五帝官天下，三王家天下。家以传子，官以传贤"（《韩氏易传》）不是温文尔雅的禅让，而是血腥的屠戮！但是夏启前的权力虽还是真正的禅让制，但与后来封建王朝的传承还是存在某种程度上的区别，如，尧可把位置传给女婿舜，或众人能接受

女婿继承，后世就绝对行不通了。

到了夏禹，他便成为传子的第一人，也是中国帝王父子兄弟血统承继制的鼻祖，一种以启开始的东方特有的文化风俗形态开始在逐渐积蓄形成，中华文明史也越来越突显出端倪，夏成为东亚大陆第一个家族王朝。也是从他开始，中国朝代更迭便被载入史册了。难怪他的名字就叫"启"呢。

禅让无疑是不存在的。从黄帝到夏后启几代人的家族血缘间的相承，为我们揭示出远古华夏部族间人种的流播与迁徙分布可能是由一个主要枝脉繁衍扩散开来，那么，黄帝以前的种属和文明的扩展，也应该由文明起源的一支主要支属流动传播而来。

对禅让，很多说法都将父权继承制追溯到夏禹，认为禹前没有朝代可能与非父权家族血统的"禅让"有关。传云唐尧、虞舜、夏禹之间王位是"禅让"交接。《尚书》《孟子》《墨子》《史记》均有明确记载，实不确。

第五章 蓬莱仙岛

　　昆仑蓬莱两大神话系统在中国持续两千多年。李白的"海客谈瀛洲，烟涛微茫信难求"也只是对大海深处的瀛洲持怀疑而已，直到 1860 年 8 月 19 日圆明园的"蓬莱瑶台"胜景在八国联军的大火中坍塌隳毁，才象征着古中国人的美妙幻想彻底泯灭。东边的劫难来得晚近且沉重漫长，从甲午海战直到 1945 年抗战胜利……作为仙山之名的"瀛"同一心想求仙访药的"嬴"政姓氏有关系吗？难道是嬴政把自己的姓氏命名于东海的神山之巅……

　　东亚大陆文明从西向东流播着，尽管文明的源头流播的具体路线和时间有待商榷，不过，大体走向应不会错。信手翻检一下史书你会发现，中国历史上遥远年代发生的那些璀璨瑰丽可歌可泣的动人故事，大多都集中于东西一线上，不像后来很多故事才改变为南北之间发生和流传。这是否意味着，中国人最早对自己这片土地的认知和探索是东西走向，稍后才变为南北攻杀征战？

　　想象的翅膀必然与探索的足迹趋于一致，中国古代留传下来的神话中，有两个很重要的大系统：一是昆仑神话系统；一是蓬莱神话系统。果然，最著名的两大神话系统就在一西一东两端。对东，一直有一个方士集团在东海探险，他们虚构出神秘的东方仙境；对西，早在周穆王会见西王母的遥远年代，西王母就被虚构出神异的半人半兽形象。无论是实践还是想象编造的神话，西方都略早于东方，这也符合人种和文明由西向东延伸的逻辑。这两大神话系统就是西方的西王母昆仑神话和东方的王子乔蓬莱神话。犹如后来西方有女王，而东边有天皇一样。

东渡
-33-

　　中国这两大神话系统持续了两千多年，直到公元 1860 年 8 月 19 日，这两大神话系统才在熊熊的漫天大火中坍塌隳毁。那一天，正是集中国古今园林文化之大成的圆明园中所建的"蓬莱瑶台"胜景遭八国联军洗劫的日子。园林景观被毁，象征应合着古代中国人神话想象的结束。东边的劫难来得晚近些，但灾难更为沉重漫长。从甲午海战北洋水师覆灭一直持续到 1945 年抗战胜利。美貌的西王母那边过来的坚船利炮和蓬莱那边登陆的

日本侵略者，将中国人长久种种的美妙幻想，彻底付之一炬了。

在现存的中国古书里，最先有系统地记载这些神话的是《山海经》，中国人最早探索使命的手段是对周边用脚步和车轮的丈量，寻找良好的生存发展空间，结果却酿成了神奇瑰丽的神话想象。《山海经》正是这一心态和结果的折射。

在《山海经》中，昆仑是一个有特殊地位的神话中心，很多古代神话，如夸父逐日、共工触不周山有振滔洪水、禹杀相柳及布土、黄帝食玉投玉、稷与叔均作耕、魃除蚩尤，鼓与钦鸩杀葆江、烛龙烛九阴、建木与若木、恒山与有穷鬼、羿杀凿齿、西王母与三青鸟、嫦娥窃药、黄帝娶嫘祖、窜三苗于三危等故事，都源于昆仑[1]。关于昆仑神话，何时开始流传，尚难确知，至少在《尚书》和《禹贡》里已经有一点儿，到《左传》《国语》逐渐增多。而《尚书》，即是商代之书，这说明在商代关于昆仑山的传说就已经在流传了，由此能够证明它是最古老的神话之一。

问题是，为什么昆仑故事与古代神话有着如此多的联系呢？难道是在印证我们"西风古道"那一节的立论吗？在那条地老天荒悠远绵长的神秘古道上，烈烈西风、漫漫流沙，确曾掩埋过远古人类漫途跋涉的足迹吗？而那些古老美丽充斥着赤子情怀的神话故事，或可视作是那些坚实足迹踏过的文化升腾和历史积淀？

现在来说一说中国古代第二大神话系统，即东方蓬莱仙境系统。比之西方昆仑系统来，东方蓬莱仙境要晚出些。轩辕是西方的神，王乔是东方的仙，这在屈原的天问里已经提到。

东方蓬莱仙境的出现当与海上交通的开拓有关。海洋的交通在孟子时代已经被提到，《孟子·梁惠王下》说，昔者齐景公问于晏子曰："吾欲观于转附，朝儛，遵海而南，放于琅琊，吾何修而可以比于先王观也？"

"转附"即"之罘"，今山东省烟台市北的芝罘岛，朝儛，据焦循《孟子正义》，即秦始皇所登的成山，山东文登县东的召石山琅琊，即今山东日照县东北的琅琊台。齐景公在位是公元前547年，可知在前六世纪，齐国的海上交通已极畅通，所以齐君也不在乎海涛颠簸而想绕山东半岛航行一圈。

西方的神话把它放置在远绝荒漠的昆仑山上，东方的神话最主要体现在苍茫大海上的三神山，至少在汉以前，就已流传着一种非常普遍的关于海上三神山说法：

"自威宣燕昭使人入海求蓬莱、方丈、瀛洲，此三神山者，其传在渤海中。"（《史记·封禅书》）

"此三神山者，其传在勃海中，去之不远，盖曾有至者，诸仙人及不死之药皆在焉。其物禽兽尽白，而黄金白银为宫阙。未至，望之如云，风辄引船而去，终莫能至云，世主莫不甘心焉。"（《汉书·郊祀志》正义）

"方丈"，最早是指面积，见《孟子·尽心下》"食前方丈"。作为仙山名，好像是秦始皇东巡时徐福进言才提及？但值得注意的是，后来"方丈"不再作为仙山被关注，而是成为佛寺长老说法之地，特别是道教观主及其住室也叫"方丈"，难道说"方丈"成为道教名词与早期术士有关？

"瀛洲"，瀛洲之"瀛"与秦始皇嬴姓之"嬴"，音同，区别只在三点水。作为仙山之名的"瀛"同作为一心想求仙访药的秦始皇姓氏的"嬴"字，有关系吗？有可能是嬴政把自己的姓名命于东海的神山？或徐福以此来游说秦始皇，投其求仙心理？还是仅为一种偶然巧合？我孤陋浅薄，目前看到的"瀛洲"一词，最早仍是出现在《史记·秦始皇本纪》徐福对嬴政所作的描绘[2]。

"瀛洲"，《云笈七籤 卷之二十六》：

"瀛洲在东大海中，地方四千里，大抵是对会稽郡，去西岸七十万里，上生神芝仙草，又有玉石高且千丈，出泉如酒味，名之为玉醴泉，饮之数升辄醉，令人长生。洲上多仙家风俗，似吴中山川，如中国也。"

关于海外有三仙山及长生不死药的看法，在齐威王、齐景公、直至秦始皇及其后很长的历史岁月中，一直是大多数中国人心中坚如磐石的信念。这种坚如磐石渗透到两汉人的幽冥世界，沉淀在一块块汉墓砖石画像的线刻绘图之中。直到秦始皇之后一千多年的公元7世纪，"瀛洲"才告一停歇。"海客谈瀛洲，烟涛微茫信难求。"从李白的吟咏中，已经看出唐时中国人才对大海深处的瀛洲持起了怀疑态度。

蓬莱，一词较早出现在《山海经·海内北经》"蓬莱山在海中"，《史记·封禅书》也与瀛洲、方丈同时提到。蓬莱一词是否出现在秦始皇之前还不好确定。但后来在中国、朝鲜半岛、日本列岛，都有被冠以蓬莱之名的地方和山峦。

通常方丈、瀛洲、蓬莱，三神山都被归为蓬莱仙岛神话系统中。能否说，早期关于蓬莱仙岛的描述，很可能是出于那些方士的想象和笔下？当然，描绘想象者们的初衷首先是出于对神异的崇敬而非出于对自然地理的了解。在方士的典籍中，他们有时把蓬莱仙岛称为"相洲"如：

"相洲"（此原文系如此，当是"祖洲"笔误）近在东海之中，地方五百里，去西岸七万里，上有不死之草，草形如菰苗，长三四尺，人死者以草覆面之皆当时活也。服之令人长生。昔秦始皇苑中多枉死者，横道有

乌如乌状，衔此草覆死人面，当坐起而自活也。有司闻奏，始皇遣使者此草以问北郭鬼谷先生，先生云："臣尝闻东海祖洲上不死之草，生琼田内，或名为养神芝，其叶似菰苗，丛一株可活一人。始皇于是慨然言曰："可采得之不"。乃使使者徐福，发童男童女各三百人率载楼船等入海寻祖洲，遂不返，福，道士也，字君房，后亦得道。

也说祖洲、瀛洲等是指东海中多座岛屿：

汉武帝既闻王母说八方巨海之中有祖洲，瀛洲、玄洲、炎洲、长洲、元洲、流洲、生洲、凤麟洲、聚窟洲等十洲，并是人迹所希绝处，又始知东方朔非常人，是以延之曲室而亲问十洲所在方物之名，故书记之。

汉武帝之所以神秘地延请东方朔到曲室亲询海外十洲风物，是因为东方朔见多识广，最有学问。虽然东方朔是用神异色彩哄骗武帝，但也不排除他有可能确曾了解过驾舟漂至日本列岛者的传闻。

《说郛·东方朔传》（汉郭宪，抄于日本国会图书馆，上有"明治九年文部省交付"字样的红印[3]）记说：

"臣尝游昊然之墟，在长安之东过扶桑七万里，有云山，山顶有井，云从井中出，若土德，则黄云，火德则赤云。金德则白云，水德则黑云。帝深信之。"

其中，"在长安之东过扶桑七万里"的话究竟只是东方朔的想象？抑或是他真的去过扶桑？而以神游的笔法云山雾罩地道出？

那时在描绘东方神话的同时，汉朝人也已经明确知道了在东方神话蓬莱仙境的笼罩下确有一个海上岛屿——蓬莱仙岛——日本群岛：

《史记卷一·五帝本纪第一》正义注：《括地志》记载说：百济国西南海中有大岛15所，皆置邑，有人居，属百济。又倭国西南大海中岛居凡百余小国，在京南万三千五百里。

班固《汉书·地理志》更进一步说："乐浪海中有倭人，分为百余国，以岁时来献见云"，这里所记乐浪，武帝兼并卫氏朝鲜后所设治所，名乐浪郡，当指朝鲜附近海域？倭人则是日本各部落小国中之一个。

东亚大陆上的汉文明圈，从对蓬莱仙境更多的虚无缥缈的想象性描绘，随着历史时光的星移斗转，逐渐开始发现了蓬莱仙境笼罩下的蓬莱仙岛——日本列岛。

笼罩在蓬莱仙境上的神异光环，正在慢慢地散去，现实中的岛屿正开始越来越明显地凸兀出东方的海平面上，出现在亚洲大陆架人们的视野中，那些海上的岛屿已经伸手便可触及到了。

雄材大略的汉武帝北击匈奴，西破大宛，南通百越，东至朝鲜，汉籍

记叙说："武帝灭朝鲜，以高句丽为县……赐鼓吹伎人。"（《东夷列传第七十五》）

此后，汉与朝鲜半岛的交流就越来越频繁。这种交流首先体现在文化艺术方面。顺便说一句，汉代时的中国人，具有一种博大包容精神，已能够吸纳东南西北四方艺术汇聚于中土。班固在《白虎通·礼乐篇》中说：

"东夷之乐持矛舞，西南夷之乐持羽舞，西夷之乐持戟舞，北夷之乐持干舞。"

这段话最能代表汉朝人对四方外来艺术特征的感受和区别，这是中原汉民族拓展视野、向外交流后，对外部世界感受所作的描绘。这里的东夷，可能就应包括朝鲜半岛和日本列岛。

音乐方面，在西域之风传入中土同时，朝鲜半岛传来的乐曲也开始在汉代广为流行，《乐府诗集》卷二六《箜篌引》前《小序》即为朝鲜乐曲在汉代的流行。

东海岛屿传来的乐曲舞蹈与西域传来的乐曲舞蹈交相辉映，《汉书·西域传》所说歌诗"四夷客"的盛大演出就有"作巴俞（舞乐）、都卢（杂技）、海中砀极（乐名）、漫衍鱼龙（鱼、龙假形舞）、角抵之戏以观视之。"其中"海中砀极"、"漫衍鱼龙"应该是从东边大海涌出来的艺术形式。

从艺术的了解又逐渐延及对东海岛屿上人的了解：

汉朝的人们最先了解到东方大海中的人们，喜欢饮酒歌舞，《后汉书·东夷列传》就明确记载说："东夷率皆土著，喜饮酒歌舞，……夫余国……以腊月祭天，大会连日，饮食歌舞，名曰迎鼓。……顺帝永和元年，（公元136）其王来朝京师，帝作黄门鼓吹、角抵戏以遣之。"

人与人的交往，使得东海岛国与中原大陆的来往变得实实在在起来。原本神秘中的蓬莱仙境与现实交往中的日本也越来越多地联系了起来[4]。

东渡

最初从蓬莱仙境神话笼罩下逐渐突显走出来的日本人，习俗纯朴，人情憨厚，给中国人留下了正直、诚实的印象，我不知说郛中的小说《迷楼记》有多少真实依据可言，但是写于唐代的这本小说中却出现了日本遣隋使的艺术形象，他在中原做官，犯颜直谏、刚正无私。

他日倭民王义上奏曰："臣田野废民，作事皆不胜人，生于辽旷绝远之域，幸因入贡，得备后庭扫除之役。陛下特加爱遇，臣尝自宫以侍陛下，自兹出入卧内。周旋宫室，方今亲信无如臣者。臣由是窃览书殿中简编，反覆玩味，微有所得……"

小说中这位倭民上书劝谏炀帝戒淫欲，说之以理，很有见的。小说描写说炀帝听了两天，因奈不住寂寞，就又去了后宫。（这是我2002年5月28日抄于日本国会图书馆的线装中文书。）

至唐代，对曾是蓬莱的日本描写就比较真实而清晰了，《新唐书卷二百二十·列传第一百四十五·东夷》说日本："古倭国也。去京师万四千里，直新罗东南，在海中，岛而居，东西五月行，南北三月行。国无城郭，联木为栅落，以草茨屋，左右小岛五十余，皆自名国，而臣附之……其俗多女少男，有文字……其俗椎髻，无冠带，跣以行，幅巾蔽后，贵者冒锦；妇人衣纯色裙，长腰襦，结发于后……"

千年来，日本人穿着习俗依旧并无多大改变，今天的日本人仍喜欢赤足和"长腰襦"。

有趣的是：日本平安时代问世的《今昔物语》中也有方士与蓬莱山的记载。日本确实生长着徐福所要找的"长生不死之药"，即天台乌药，为黑蓱等草药。难道这仅仅是日本人后来所迎合蓬莱仙岛而特意附会的吗？

蓬莱仙岛，后来一直存在于古代中国人的想象描述中，李白诗："我欲蓬莱顶上行"，元代人戴良《蓬莱山房记》说："世传蓬莱、方丈、瀛洲，在东海中，列仙居之，然人莫至之者，秦始皇令徐福采药其地。"蓬莱也似乎存在于日本人的追忆附会中。如果硬要与实际地理位置相对照附会的话，那更多的人将蓬莱指附日本列岛。出使日本的黄遵宪写诗道："曾在蓬莱岛上行"就是指的日本。

如果你把嬴政称帝后东向的足迹绘制下来，便会发现他称帝后巡游足迹总是沿着东海岸往来徘徊，久久不肯折回去，直至他最后病死于东巡途中。难道秦始皇是对蓬莱仙岛东海神话怀有好奇心的第一人吗？没有长久的传说和心理积淀，他嬴政也许不会有这么执著的想法和行动吧？

东渡

---

[1] 顾颉刚《民俗学论集》。

[2] "瀛"字早在秦始皇前就有，宋玉楚辞："倚沼畦瀛兮遥望博。"瀛，池中，楚人名池泽中曰瀛。瀛海，则是浩瀚的海洋，《史记·孟子荀卿列传》附驺衍："赤县神州内自有九州，……如此者九，乃有大瀛海环其外，天地之际焉。"但"瀛洲"却鲜见早期典籍，在此求诸方家。

[3] 抄于《太玄部》卷一百十第十下，甘下，中华民国五十一年九月艺文印书馆影印，卷二十之十洲三岛，题东方朔集，十洲并序。2002年5月28日下午于日本东京国会图书馆。又，该书卷二十六第一，亦有"祖洲"条。

[4] 关于日本，702 年遣唐使粟田真人通报大和朝廷在 701 年制定《大宝律》时已改国号为日本，《旧唐书》等史籍开始称日本，唐时，日本国发音为 JI——PEN——KUO，马可波罗撰《东方见闻录》时讹为 ZIPANGU，遂成为英文 JAPAN 之来源。引自《关西中日交流史探访》，崔万哲，中国文联出版社。

东 渡

第六章　孔子要去哪儿？古老诗歌中
透露了一个可疑信息

"欲居九夷"，"乘桴浮于海"要漂流到何方？诗经《硕鼠》中的乐土又是哪里？他们出海正是基于对未知世界的探索和好奇，是一种文明的领先……东渡船队也许并非徐福一支，离开中国，那是很多人的退身避祸和理想进取之路……只是孔子的想法要靠两千多年后遍布世界各地的孔子学院才得以实现……

孔子一生致力周礼，企图恢复社会秩序，但天下战乱，诸侯兼并，理想和学说得不到实现，他厌倦了礼崩乐坏的现实，发出喟叹[1]："子曰：'道不行，乘桴浮于海。从我者，其由与？'"我试译为"孔子说：'真理，倘若难在天下推广，我就乘着竹筏子漂渡东海，跟从我的人除仲由还能有谁呢？'"

孔子乘桴浮于海，要去哪儿呢？注家含糊其辞，一说孔子只是要到附近小岛隐居，不然为何乘桴而非乘船？

我窃以为：

一、孔子要出海，乃因其主张这里难以实现，故决意去那里推广。既推行理想怎可在荒无人烟小岛上！

二、孔子更不想隐居小岛做鲁宾逊。虽孔子在《论语·泰伯》提出"天下有道则见，无道则隐"，此处"天下"的概念恐怕仅当指这里的赤县九州，而非大海那边的"九州"？对有志传播思想的孔子而言，找寻另一方地域传播主张构建理想社会正是其使命己任。

三、乘桴乘船，实则只是他随便一说，或乘桴更浪漫合于古风？就如扁舟从此逝，江海寄余生之类的话，不过是只重意境的文学措辞而已。

假如孔子浮于海，东漂第一大站当是朝鲜半岛。《汉书·地理志下》说汉武帝攻略朝鲜，设四郡，为公元前 100 年前后。可能半岛淳朴民风此前早为齐鲁人士所知，所以，孔子想去。所谓"然东夷天性柔顺，异于三方之外，故孔子悼道不行，设浮于海，欲居九夷，有以也夫！"

东渡
-40-

　　孔子东漂的第二大站就是日本，其实更有人指出孔子出海真正想去的是日本列岛。

　　《汉书·地理志下》说："乐浪海中有倭人，分为百余国，以岁时来献见云。"

　　虽然，中国人对日本的了解和记载是在汉代以后，最详确的记载是在《三国志·魏志》，但这并不是说至东汉时中国人才知道日本，很可能早在公元前479年前的孔子时代，就有个别人已经对大海东边产生了好奇。后人根据孔夫子"道不行，乘桴浮于海"的名言推测孔子很可能想渡海去日本。颜师古说："论语称孔子曰'道不行，乘桴浮于海，从我者其由也欤！'言欲乘桴筏而适东夷，以其国有仁贤之化可以行道也。"

　　颜师古说得很清楚，孔子是因为东夷"有仁贤之化可以行道"，显然是要去东夷传播他的思想，东夷，或即夷洲？很多人把夷洲认作是日本（后文详述）。

　　我们可以参考晚于孔子的学者们对日本岛国的理解和描述，来作为孔子时代中国人对日本的了解：

　　如淳曰："如墨委面，在带方东南万里。"

　　臣瓒曰："倭是国名，不渭用墨，故谓之委也。"

　　师古曰："如淳云：'如墨委面'，盖音委字耳，此音非也，倭音戈反。今犹有倭国。魏略云：倭在带方东南大海中，依山岛为国，渡海千里复有国，皆倭种。"

　　这些史载，肯定晚于口头流传。其实，出海远遁并非孔子一人有这种想法，公元前494～前468年"鼓方叔入于河，播鼗武入于汉，少师阳、击磬襄入于海。"（《论语·微子》）这里乐师叫阳的和击磬叫襄的，出海远航，消失在茫茫的大海尽头。

　　《中国航海史》也把夏商周海路开拓作为国际交流的开始，日本学者研究，早在前900年，带着稻子的人很可能定期乘着季风驾船往返于中日间，华北华南和江南的中国人，把稻子带到温暖的东海，趁上好风，海上行驶三四天即可直达日本。早在孔子前，中日往来就可能已存在。周公时，北部九州的倭人，从朝鲜半岛中部渡来山东半岛，登陆赴洛阳，献一种与桑、楮（公元1世纪王充的《论衡》曾提到过的谷物桑和楮）相同的香草㭉（ちよう）草。此处见诸史载的倭人，虽不便断定就是日本西部列岛的倭人，但进献的ちよう草却引起日本学者关注。日本学者解释说用这种草作酒，芳香可祭神，酒洒于地，神其降临乎？按书中所记，ちよう草很像日本一种古老习俗——"绳文酒"的信仰。

东渡

日本学者强调：渤海、黄海、朝鲜半岛西部、南部、九州多岛海已渐为时人所知，小船往来，从无大小船只相撞的海难事故，这是和平安全之海。北部九州是中朝混血的国际地带可能性极大。

正是这种平和宁静的海岛生存环境，使很多方士将其想象描绘成蓬莱仙境，先秦避世入海者颇有。《庄子·让王》就说舜想把天下让给朋友石户之农，石户之农"以舜之德为未至也，于是夫负妻戴，携子以入于海，终身不反也"；在《韩非子·外储说右上》也有记载太公望东封于齐，"海上有贤者狂矞华士，不臣天子，不友诸侯，耕作而食之，掘井而饮之。……（太公望）使吏执杀之"。太公望是否太狠不是我们关注的点，我们要说的是狂矞华士在海上的自由生活。此外，《吕氏春秋·恃君览》还记载柱厉叔是莒国的贤臣，"自以为不（为莒敖公所）知，而去居于海上。夏日则食菱芡，冬日则食橡栗"。当然，柱厉叔似乎只逃到了附近的海岛上。但《史记·鲁仲连列传》中侠士齐人鲁仲连不愿受封为臣，"逃隐于海上"，究竟去了近海小岛还是远海的日本就不好说了。

孔子问道于老子，后老子骑牛出关西去，孔子拟乘桴漂海东来。

孔子萌生乘桴渡海去寻找新地域播洒他思想的种子，也因为他是大学问家，不仅有哲学思想，还有百科全书般的知识储备，发挥着知识库和图书馆的功能。那时没有百科全书和上网查寻，连字典词典都没有，常识性的知识全靠个别博学者用脑来记。时人若有学识上的不解和疑问，便要去求教孔孟这些人，直到汉代，汉武帝要了解海外的事情，还要请教东方朔。举个例子：孔子在当时就知道并能说出远在今天中国东北和俄罗斯境内哈巴罗夫斯克（伯力）一线分布的肃慎人（后第二十九章将详述）是商朝时就已出现的北方民族。孔子既然能知晓遥远的肃慎人，那也很可能对当时地理山川种族风物包括远在东海中的倭人有所耳闻。古中国两大神话系统中蓬莱仙岛神话正流传在燕齐吴越一带，孔子的鲁国地近齐国亦属东方，所以孔子不可能没听说过海中仙岛的传闻。特别是孔子曾问学于老子，而当时热衷东海的方士们正可视为是老庄学说的追随者。

当然，还有一点，那就是孔子删改《诗经》。诗经中的一首我们非常熟悉的诗歌，也许向孔子透露出一个极为可疑的信息……

硕鼠硕鼠，无食我黍！三岁贯女，莫我肯顾。逝将去女，适彼乐土。乐土乐土，爰得我所。

这是一首约前6世纪就已在东亚文化圈广为流传歌曲的唱辞，后来曲调不再有人哼唱，而唱辞却从那时流传至今。顾颉刚说"《诗经》这一部书，可以算做中国所有的书籍中最有价值的；里边载的诗，有的已经二千余年了，有的已经三千年了。我们要找春秋战国时人以至西周时人的作品，只有它比较的最完全，而且最可靠"[2]。顾先生以疑古著称，但这段评语却丝毫没置疑。全诗分为三章叠咏，此处只节选其中第一章。依其意我试译为：

大老鼠啊大老鼠，不许你吃我的黄黍。整整三年把你喂足，我的死活你一点儿都不顾。我要离开你另谋生路，去那遥远的乐土。乐土啊乐土，那才是我的安身之处。

《硕鼠》诗意显而易见，是对剥削者压迫者的"大老鼠们"的厌恶与躲避，对没有压迫剥削的理想人类社会热切向往企盼。这种观念通常被认作是东周时期被剥削被压迫者们的普遍心声。

东渡
-43-

日本学者在探讨自己民族起源时，也注意到了《诗经·硕鼠》，解读说：

春秋战国，正值日本出现弥生人时代，大约500年间，列国征伐杀戮，生命如蝼蚁，有多少人死于战乱。《诗经·硕鼠》那句"适彼乐土"，就是去新的地方。去新的什么样的地方呢？这些逃离战乱逃离家园去寻找新世界的人里边，也许就有去日本岛屿的人。

可能岛国民族很注意他们种属来源的探索和确定，当日本人读到"诗经"中"适彼乐土"的诗句时，就自然联想到这个乐土是否就有可能是指

古代海中岛屿——日本？遗憾的是，第二次世界大战时，日本侵略者的铁蹄践蹋践踏了中国的大好河山，侵略者们一手执着血腥的屠刀，一边却堆着狰狞的笑脸叫嚣着要建立什么"王道乐土"，从那时起，中国人对"王道乐土"这个词的感受就蒙上了恐怖残酷的阴影，就与亡国奴和日本侵略者紧紧地连在了一起。

但在《诗经》采风孔子删诗的悠闲岁月里，人们对"乐土"一词并无反感，现实的不满很容易使当时人产生逃离现实世界寻找新的"乐土"的想法。中国人厌倦战乱和人剥削人、人压迫人，从而幻想逃避残酷现实，产生寻找美好理想乐土的渴望。这种幻想与渴望，从《诗经》开始，一直没有间断过。《诗经》之后有陶渊明，他不为五斗米折腰，他的《桃花源记》描绘的世外桃源太理想化太文学化，与《硕鼠》有着异曲同工之妙。

诚然，古中国人并不只把"乘桴浮于海"作为唯一的生路，东南西北，历代向哪个方向逃避战祸者都有，例如秦末的班壹：

"班壹者，秦末避地楼烦（今山西西北部静乐县南）以牧起家。当考惠（公元前194～前188在位）高后（公元前187～前180在位）时，出入游猎，旌旗鼓吹，以财雄边。"[3]

另外，战败的部落或民族，也往往会长途迁徙，到达新地域后变成另一个新的民族，比如"昆吾"中的一支北迁到了匈奴境内浑邪水一带变成了"浑邪"[4]。

昆吾中还有另一支向南迁移，据《太平御览七九》引《符子》"黄帝将适昆虞之丘"[5]。

再征引一个很多人熟知史例，那就是凶悍一时的匈奴为汉将军窦楷所击败，南北匈奴一分为二，南匈奴融入汉民族，北匈奴则西迁至欧洲，引起了一场欧洲历史上人种和文化的大动荡与重新组合。对此，章太炎等人做过详尽推考。

不过，更多不知所之的隐遁之谜还是消失在神秘浩瀚的东海水天衔接处。《史记·田仲敬完世家》说陈国的公子完，舜之后裔，来到今山东境内的齐国为大夫。他的后裔田恒，春秋战国交替之际控制了原本是姜太公吕尚建立的齐国，几代下来，权势愈益巩固，后裔田和最终取代了吕氏齐国建立了田氏齐国。当秦军攻破田齐之际，有人猜测田氏齐国王室入海遁逃，很可能漂洋过海逃到了日本。一说在今墨西哥、秘鲁等地曾发现中国早期文物，如大齐田人之墓碑、秦汉时期的铜钱等，虽语涉无稽，然战败出海理论上却行得通。

当刘邦灭掉政敌，扫平割据，东海之滨的田横为了挽救岛上 500 壮士性命，遵从了刘邦的旨意，往西行至距长安还有 300 里的地方，自刎而死，岛上的五百壮士听到噩耗便纷纷蹈海自杀。这种蹈海假如是乘船蹈海的话，那么，壮士们是真蹈海自杀了呢？还是乘船出海以避祸患最后逃之夭夭了呢？

其后还有唐《虬髯客传》和同一题材明人写的《红拂传》，故事叙虬髯客怀图异志，然见大事不济，乃以 6000 艘海船入扶余国，杀其主自立；施耐庵 120 回本《水浒传》描写混江龙李俊等人"尽将家私打造船只，从太仓港乘驾出海，自投化外国去了。后来为暹罗国之主……另霸海滨"；清人陈枕《水浒后传》更写李俊等率众浮海，王于暹罗云云。此外，还有明人李汝珍的《镜花缘》等，都是将海外社会理想化的作品。我们完全有理由将这些文学作品视为古中国人企望移居海外的一种心态。

孔子只是随口说说，他还能周游列国，不必冒险"乘桴浮于海"，他的主张不仅在东亚大陆盛行了两千多年，而且，经王仁等最终还是把他的《论语》带到了日本，今天遍布世界各地的孔子学院，更使他的思想在那个遥远的岛国和其他许多地方得以推广。

古老诗歌透露出来的信息也告诉我们：人类文明的发展呈现出一种主流文明流播的史实和规则，中华文明圈早在秦王朝时，就已向外辐射扩散开来。很有可能，从孔子至韩终、徐福，海外东渡寻找新家园已成为一种思潮。当秦并六国之际，这种思潮已由思想变为行动，东渡船队也许并非徐福一支，离开中国，那是很多人的退身避祸和理想进取之路。

不管是战败求生还是好奇探险，东亚大陆人种都早在文明史开启之初甚或开启之前，就已将好奇的触角深向未知和陌生。哥伦布在 1678 年才发现美洲大陆，《鲁宾逊漂流记》是英国殖民主义者对海外世界想象的文学折射，比之中国人来要晚得多。与西方殖民主义者有着本质不同的是：中国人对海外的探险从来不是殖民主义，不是大一统主义，而是一种基于对生命永恒信仰的渴求与实践，一种对未知世界的探索与好奇，一种躲避战乱寻求新的生存家园的努力。这种领先，乃是历史的领先和文明的领先。

东渡

---

[1] 语出《论语·公冶长》。杨伯峻《论语译注》、李泽厚《论语今读》都有很好的译文，为了不侵权，我才不揣浅陋试译。

[2] 见顾颉刚 1923 年《小说月报》第四十卷第三、四、五号刊发的《诗经在春

秋战国间的地位》，转引自《顾颉刚民俗学论集》上海文艺出版社 1998 年 10 月。

〔3〕据《万姓统谱》《名人大辞典》。

〔4〕"昆吾似有一支北迁，《史记·匈奴列传》所见匈奴部落有'浑庾'、'浑邪'者，或出自昆吾氏，盖两名均得视为昆吾之同名异译。"余太山《昆吾考》，中华文史论丛五十八辑。

〔5〕《北山堂书钞》卷十六引作"适昆吾之丘"。

第七章　神异方士进谒秦始皇

　　高人，就是当众人都挤在一条路上奔抢同一个资源时，他却筹划着走自己的路，建一个山寨版微缩景观的自我世界……完全有理由推断徐福寻找仙药是借口，要童男女出海才是目的。《史记》庄重的文字下面，掩盖着一个惊天大胆的政治密谋，掩盖着一群方士在徐福的带领下正在与狡黠多智的秦始皇进行着万分危险的斗智斗法！这一惊天诈骗巨案，很可能早在秦始皇灭齐前就已制定了周密详尽的计划……

　　话题仍回到秦始皇上来，嬴政统一中国后做出的几件惊人大事：遣方士入海求不死药，修万里长城和兵马俑，焚书坑儒等，都直接或间接地与最后灭掉的东边齐国那些新近沦为阶下囚的方士有关。

　　荆轲刺秦诱发了秦兵东灭燕国，秦名将王贲从燕国南界又南下攻齐，掳齐王，一举灭掉了这个东海之滨的最后敌国。秦始皇 27 年，齐亡。齐亡，宣告了狼烟滚滚金戈铁马的战国时代从此结束，华夏炎黄人种第一次作为一个高度集权的君主国家屹立于西起河西走廊东亚腹地，东至渤海黄海之滨的广袤大陆架上。次年，也就在秦灭掉齐国的第二年，秦始皇 28 年（前 219 年），志得意满的嬴政便迫不及待地开始了他平生第一次东行。

　　渡江时秦始皇不慎将一块璧掉到了江水里，嬴政没有料到 8 年后这块璧携裹着神奇故事和不祥之兆奇异地又回到了他的手里。

　　秦始皇东巡，登邹峄山颂秦功德，在泰山脚下，嬴政把齐国和鲁国有学问的博士 70 人召集开会，征询鲁诸生勒石碑铭的意见，不想诸儒们要尊从古法，怕伤害了山石草木，用莆草裹着车轮，按周礼祭祀用茅菹等供奉，希望秦始皇遵守。秦始皇听了很反感，罢绌了这些儒生，登泰山，立石歌颂秦始皇帝德。在上山途中嬴政遇雨，避于大树下，那些儒生们知道了都讥讽嬴政。这导致秦始皇开始对儒生反感进而关注起术士来。秦始皇离开泰山往东海而来，沿途对名山大川礼祭，寻找传说中的仙人羡门。仙人羡门自然没找到，但他却在琅玡台会见了一个特殊的人。

东渡

-47-

　　今胶南市琅玡镇夏河城东南 5000 米处黄海岸边琅玡山巅，有一座三面

临海形状很像大船翘尾昂首依山势人工积土夯筑的大平台，这就是海拔183.4米的古琅玡台遗址。

说起琅玡，早在《山海经·海内东经》就有"琅玡台在勃海间，琅玡之东"。越王勾践伐吴，专程东临大海极目瞭望，特"从琅玡起观台，台周七里"[1]。那么，琅玡台有多高呢？台基有三层，每层高三丈，顶层平敞，方圆200余步，约5里许宽阔。传说上有神渊，至为灵验，人们若不注意环保，把它弄脏，它马上就枯竭见底，如注意环保虔诚斋戒，它便又源头活水清波荡漾了[2]。一说琅玡在"齐东北，盖岁之所始"[3]。秦始皇登上这著名的古台远眺东海，大摆宴乐，立石刻颂秦功德，（琅玡石刻，几经转存，1959年1月存入中国历史博物馆）滞留了3个月。他在这著名古台上做的重要的一件事就是：首次会晤了一位神异方士——徐市。

徐市，何许人也？是位方士（也称术士），据说他深知长生不死术，卫挺生教授考证出徐市是周穆王29代孙。周穆王就是那个乘着马车去会西王母的穆天子。而为他驾车的那个叫造父的人，就是秦始皇的祖上。如果这一考订属实的话，那么，29代前方士的祖上与秦王祖上双双向西探险，29代后，造父与穆天子的后代又双双演出了一场东海寻仙药的人生戏剧，周穆王与徐福，一个是充满好奇心的周天子，一个是异地称王的创业者，难道二人除了血缘上的联系外，还有探险称王的基因可资遗传吗？

有人提出徐市是徐偃王后人，也有人研究说徐市祖上并不姓徐。秦时，徐氏原来姓嬴，是伯益之后，偃王时楚灭徐国，很多人便用徐国的徐做姓。

徐市，在《史记》中首次亮相出场时叫徐市，崔适说《淮南王传》才写成"徐福"，"市"同"韨"，李泰《括地志》说"市"就是古"韨"字，古代服饰上半青半黑的花纹，"黻"同"韨"，音fú，意为古代祭服前面的护膝围裙，用熟皮做成，古代系玺印的丝绳也被叫做"韨"。说文部首"市"字篆作"韨"，《周易》中的"赤韨"，《诗经》中的"赤芾"皆即"市"字。"市""韨"一音相递。可见，古时市与福音相同。米芾的芾字，有市字旁，读fú（芾的另一个读音为fei）。今汉语中的"肺"字：也有市字旁，声母为"f"。从中约略可见"市"与"福"在语音上的接近。故"市"字在先秦时读如"福"。无疑，徐市与徐福实乃同一人。

秦始皇见到这名方士的时候，我倾向于他更多地是用徐市这个名，因为《史记》正文中便用了"市"字。

徐市，后来变成徐福，我猜想徐市为欺骗秦始皇，故意变名以做出海不归或计划失败后的退身之步。

徐福见秦始皇时多大呢？亦即他生卒是哪年呢？据日本人推测：徐福生于前278年，卒于前208年，活了70岁。秦始皇前259年出生，徐福比秦始皇大21岁，前219年徐福见秦始皇首次出航时已经59岁了。对此说我不敢苟同，但目前还拿不出有力的反驳证据。

那么，徐福是什么地方人呢？

一、公元前145年至前86年活在世上的司马迁在他的《史记》中只提到"齐人"，也即是山东人，没有指明确切的郡望。有人认为司马迁20岁时，曾周游全国，很可能到过徐福家乡，当对"徐福齐人"有所了解。

二、徐州师范学院罗其湘教授说徐福是江苏省赣榆县人。1982年，罗其湘在江苏省北部赣榆县一带发现了徐福村（清·王豫熙修、张謇等纂光绪《赣榆县志》卷18清光绪14年刊本作"徐阜村"）。

1987年1月，罗其湘教授又在江西临川发现了一个家谱，即江西《草坪·族氏宗谱》。这个家谱是明洪武戊辰年的（1388年）。家谱有"徐市"的记载及"徐氏历代源流"、"草坪历代世系"、徐氏八房村居全图等。

推断此为徐福家谱，是因为明初进士魏敏洪写有："自市公、受姓，而下传"之语。罗认为徐氏子孙所居东海郡受封即今之江苏省北部赣榆县一带。20世纪80年代前后年龄在50岁到70岁的徐氏裔脉，推断当为徐福第72代孙。

罗其湘又对梁武帝天监年间（502～519年）官选《百家谱》（30卷）加以研究，其中"议，字彦福，一名市，秦始皇帝时寻蓬莱入东海而居"，他认为这也可能是徐福最古老家族谱记载。我们现在还难断定这个徐福家谱究竟是附会还是考古研究上的重大突破。

20世纪80年代江苏赣榆县徐福故里说非常流行。1982年的地名调查，很多专家持赣榆县是徐福故里的观点。金山地区旧道士徐永成也提出徐福故里说。方志《康熙县志》载："旧志十三图是石桥社、徐福社……现存徐福家族，王、韦等姓。"并说鲁公和齐侯会盟（《左传》）在徐福村。赣榆县八景之"岚头舟灶"就是方士炼丹处明证。

赣榆县金山地区往昔流传说徐福东渡走后，留在当地的人怕秦始皇报复，改姓者很多。

三、有人提出徐氏祖籍是"东海郯人"。

四、一说徐福家乡为山东省龙口市徐福镇。徐福镇位于东经120度13分，北纬37度40分。以徐福命名，北与大连隔海相望，东临"人间仙境"蓬莱阁，位于龙口市西北部。境内海滩平阔，海水湛蓝，海岸线绵延15公里长，元时6卷历史地理方志史书《齐乘》卷1说：徐福曾率数千童

东渡

男女从这里入海采药不返。卷4《古迹》说徐乡城、汉县，盖因徐福求仙而得名。《汉书·地理志》上载有徐乡县，清嘉庆《一统志》《山东通志》载徐乡城为黄县。乾隆版《黄县志》和《续山东考古录》亦载。

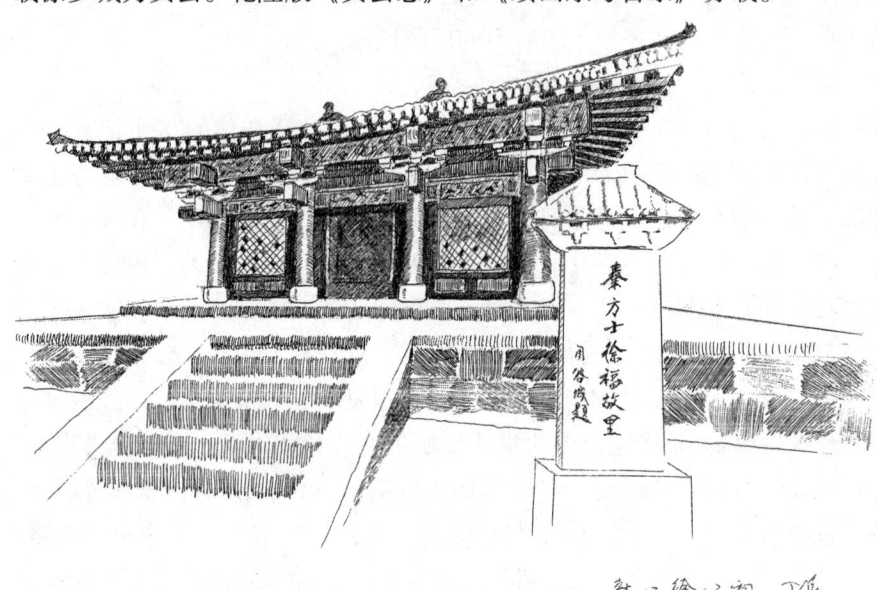

山东龙口徐福故里

五、也有人认为徐福家乡在黄县。李永先《徐福故地及东渡探究》认为：古书中记述徐福故地的徐乡，就是徐福故乡黄县。黄县曾流传有徐福的传说并发现有与徐福似有关联的遗迹。黄县有徐乡城遗址，原名士乡城，因徐福求仙而改称徐乡城，隶齐郡黄县。清王先谦在《汉书补注·徐乡》条引用元代山东史学家于钦《齐乘》语说徐乡城："盖以徐福求仙为名。"传说徐福率童男女和百工集中于登瀛村村北集训，在此登船沿降水河北上，抵达黄河营古港，再转而东渡瀛洲。

六、更有说徐福故乡在琅玡。据文献徐福"字君房，琅玡（今山东胶南）人。"《山海经》载：琅玡在勃海间。连云港古代界石刻有秦代篆体"东海郡朐""琅玡郡相"字样。

七、在江西省中部的临川县境，有徐氏村庄84处，约2000多人姓徐，据称皆徐福后裔，有《江西临川徐福宗谱》传世；在贵州铜仁市漾头镇茶园山村一座山上，有60余户人家，270多人姓徐，也据称是徐福后裔，有《铜仁徐氏宗谱》传世。

以上种种说法尚未定论。

本书认为徐福是山东杞国牟娄邑人。理由是：

一、"牟娄"相同。

山东古代有个牟娄，日本纪伊半岛也有牟娄。山东的牟娄，在中国春秋战国时代是杞国的邑，杞国就是"杞人忧天"（《列子·天瑞》）的那个小国，地近莒国齐国。《左传·隐公四年》（前719年）"四年春王二月，莒人伐杞，取牟娄。"唐孔颖达注："牟娄，杞邑，莒伐取之。"杞原是禹后人在河南所建的小国，春秋初年迁至山东境内，在今潍坊、日照、琅玡附近。出于马耳山的涓水是今流经诸城市扶淇河的西源，说明牟娄在今诸城一带，而诸城后属琅玡郡，徐福正是在琅玡会见的秦始皇。按照《水经注》，牟娄似应位于今五莲县许孟镇内。许孟镇之"许"是否就是"徐"的改音？因徐福出海后这一带徐姓怕秦始皇杀戮都改他姓，待考。

和歌山県東牟婁郡熊野那智大社　王强 2009.7.30 凌晨1時

那智大社（和歌山县东牟娄郡那智胜浦町）

日本纪州半岛也有同样的地名牟娄，这一带正是日本徐福传说流传甚炽之地。日本汤川魔洞就在他的诗中很明确地指出徐福到了日本的牟娄，他道：

纪南南去是牟娄，徐福云帆此处投。

海有长鲸山大瀑，何须屑屑说瀛洲。

纪南，即纪伊国之南。试想倘若徐福要把一个具体的小邑之名搬到日本，那会搬什么城邑的名字呢？对，只能是家乡！他把家乡的地名搬到了

日本。

二、"纪国"与"纪伊国"相同。

今山东寿光县纪台乡曾是古纪国都城，国域也与杞为邻，也在今潍坊一带，是商在山东境内的属国，公元前690年，纪国被齐国吞并。

徐福故事流传地新宫三重县一带是日本本州突伸至太平洋的纪伊半岛，亦称"纪州"，古称纪伊国，属南海道，俗称纪州。包括现三重县西部及和歌山县。"纪"日语音"き"，日语"木"之意，因"き"音变长，加"い"。和铜六年（713年）正式名为纪伊（きい）。大化革新自立一国，后废藩置县。徐福把家乡的纪国挪到了日本成了纪伊国。

三、"熊"字相同。

莒国统治的杞国，公元前445年，楚惠王44年，楚灭杞。楚以熊为图腾，楚王室姓熊，故徐福到日本纪伊半岛后将生存下来的荒凉原野称"熊野"。虽然杞国的牟娄执东夷礼，但从公元前445年到徐福生活的前219年这中间经历了224年，楚风俗文化不能不严重地影响杞国的牟娄人。于是徐福把熊的崇拜文化搬到了日本命名为熊野。

四、马耳山与"马耳东风"。

牟娄附近有马耳山。据北魏郦道元《水经注》说："潍水又东北，涓水注之。水出马耳山……北经娄乡城东"。在日本语里有句尽人皆知的俗语，日语汉字写成"马耳东风"，即左耳听右耳冒，对牛弹琴之意。"马耳东风"里的"马耳"最初可能与马耳山有关。这很可能是徐福时山东牟娄一带的人因马耳山说的一句约定俗成之语，这句话被徐福带到了日本。

五、在牟娄一带有莱国，商前，莱国在昌乐、临朐等县，东界到黄县海边。春秋时齐败莱，莱公被迫迁都黄县，称"东莱"。注意，是往东逃，至战国，"东莱"被齐所灭。是否还要往东海山岛上逃呢？这个"东莱"很可能是徐福"蓬莱"灵感的启发者？"东""蓬"音似。此说固牵强，但我以为蓬莱、方丈、瀛洲——三神山的名字似乎在徐福前都没发现，很可能是徐福臆造的。"瀛洲"是投秦始皇嬴政之"嬴"的所好，蓬莱则可能是受"东莱"的启发亦未可知？

（鄙见若是，管窥蠡测，不值一哂，书中多处个人见解心得，版权专利所有，此处尤甚集中，特此注明！此前无人谈及，此后有如是说者，当源于鄙见。）

对神话最热衷者莫过于庄子及其后来逐渐演化出来的方士集团，也即是后来的道士。徐福的职业是方士，也即是后来的道士，方士徐福与所有的方士一样，向往与鬼神交往，呼风唤雨，修炼成仙。方士们热衷并相对较熟悉的可能是自然领域的世界，在他们的世界里，总是环裹着一层神异的光环。方士致力方向的本质是探索一个未知更多地表现在自然领域的世界，除了哲学、宗教、神学外，他们对星象阴阳风雨的探究包含有天文气象学知识，对山川大海路途的探险可以拓广地理和航海知识；对仙药炼丹术的实践孕育着生命科学的成分，方士的炼金术则是近代化学的开端，方士是融后世巫术和科学于一体的创始人。

方士在寻求神仙的同时也在寻找使自己永生的秘诀。他们寻找仙药，也寻找财富；发明炼丹术，也尝试炼金术。

当然，在寻找仙境的同时，他们必然要了解地理、天文气象以及航海知识，很可能就是这样一些神异巫师和探险家中的某些人，在积蓄前人经验的基础上穷其所有精力来研究海上的航路和季风，也许他们已经听说从黄海或胶州湾向东航行，如果把握好风向和洋流，便有可能顺利到达今天的日本列岛。总之，想来他们中肯定有人曾经冒险一试过。

在徐福的精神虚幻世界里，神异仙岛自然应该环裹在层层神异光环的东海之中。

道家论著中将徐福附会成仙道人物，说：

徐福字君房，不知何许人也。秦始皇时大苑中多枉死者，横道数有鸟如乌状，衔草覆死人面皆登时活。有司奏闻，始皇使使者赍此草问北郭鬼谷先生，先生云是东海中祖洲上不死之草，生琼田中，一名养神芝，其叶似菰，不丛，一株可活一人。始皇于是乃谓："可索得"。因访求精诚道士徐福，发童男童女各五百人率楼船等入海寻祖洲，不返，不知所在。逮沈羲得道，黄老遣福为使者乘白虎车度世君，司马生乘龙车，侍郎薄延乘白鹿车俱来迎[4]。

秦始皇与齐方士徐福的这次重要会见，司马迁这样记载说：

"既已，齐人徐市等上书，言海中有三神山，名曰蓬莱、方丈、瀛洲，仙人居之。请得斋戒，与童男女求之。于是遣徐市发童男女数千人，入海求仙人。"

东渡 -53-

这段话有三点值得关注：

首先，是"上书"，说明徐福是主动要求带着童男女出海为秦始皇寻求仙人。"上书"使我们猜测作为方士的徐福既是巫师也是探险家，"上书"二字显示着并非秦始皇命令徐福们必须出海寻找仙人仙药，而是徐福等人久已蓄谋出海东渡。为了携带大量的航海资金和随行的军队百工，特别是众多童男女，方士们才诈称出海寻仙药，请秦始皇出资出人。看来，徐福出海既非被迫，他发现登陆所谓的"蓬莱仙岛"也就并非偶然。徐福

东渡从一开始就是一个大规模海外移民预谋，一个深入研究、详制计划、周密实施的有步骤的行动。

正是出于这一目的，徐福才主动请缨要出海一试。

其次，是"等"字，文笔高度洗练的太史公在"齐人徐市"后加了一个"等"字。这个"等"字，除了徐福还应指谁呢？

韩终，一作韩众，其身世可能是韩国人，秦灭韩，他逃向东海边，以术士身份（真假难辨）往来于河北山东海岸。后文中他与韩国之谜有关。

卢生，《史记》说他是"燕人"，河北的。后来汤显祖《黄粱梦》中的主人公，"一枕黄粱"典故中人物，他居然与修筑万里长城有直接关系。

侯公，也叫侯生，也是韩国人。史记称他为"韩客侯生"，韩客比起燕人来，客有尊贵及外来之意，可能侯生原是某小国遗族，亡后投奔韩，成了韩国的坐上客。

石生，后来秦始皇坑术士事件的主要导火索。

这个术士群，身份复杂，来源微妙，他们都信海上三神山之说，或都不信海上三神山之说，他们串通好了以出海求仙药来骗秦始皇，或没串通而各怀鬼胎以出海寻仙药为名，准备带一些人去海上寻找新的发展空间。

除了这几位见诸史册赫赫有名的术士代表人物外，燕齐海边还聚集着很多"怪迂阿谀苟合之徒""不可胜数"（《史记·封禅书第六》）。这么多人挤在东海岸琅玡台上，吵吵嚷嚷。好不热闹！

两千多年后的今天，当我们再度提起那桩东海之滨入海求仙药的闹剧来，我们很难找到理由说徐福、韩终、侯公、石生、卢生这些人，真坚信海上三神山不死药。他们可以向秦始皇耍花枪要人要钱要弓箭，但有一点他们可都是心知肚明："秦法，不验，辄死。"采来的"长生不老药"秦始皇吃了如果不应验，那他们这些方士就必死无疑，这已上升为秦王朝的法律。即或他们真的信仰海上果有长生不老药，这些超脱隐逸、不食人间烟火的高人们，难道真的愿意蹈入茫茫大海，冒着葬身鱼腹的危险，去摘来那美丽诱人的无价宝药躬身献给刚刚用斧钺征服了他们国家、践踏了他们的土地、君临他们头上残暴地统治着他们的西方暴君吗？他们以这种代价希望从暴君独裁者那里换取什么呢？

最后，是"请得斋戒，与童男女求之。"

徐福主动索要童男女才是他在琅玡冒险"上书"秦始皇的真实目的。如果他个人想走，一走了之，不必向嬴政进言，但要携带大批童男女出海，没有最高独裁者的恩准同意，无论如何是办不到的。

联系这三点，有理由推断徐福等这些方士决不是心甘情愿去为秦始皇

做寻仙药的荒唐事，他们向嬴政上书言海中三神山是借口，要童男女出海才是目的。这显然是一种高度绝密的阴谋！《史记》庄重严肃的文字下面，正掩盖着一个惊天大胆的政治密谋，掩盖着这群方士在徐福的带领下正在与狡黠多智的秦始皇进行着万分危险的斗智斗法！这一惊天诈骗巨案，很可能早在秦始皇灭齐前就制定了周密详尽的计划。

　　冒险实施的政治密谋在后来事件的回合较量和后文的记叙中越来越清晰。

　　这次秦始皇和徐福历史性的会晤，必然使历史在这里出现了拐角，其结果是：曾作为人质的秦始皇，只批准了徐福一人出海，徐福的计谋算是如愿以偿地得逞了。这点唐代诗人汪遵早就窥探到了，他在《东海》诗中一针见血地指出：

　　"漾舟雪浪映花颜，徐福携将竟不还。

　　同舟危时避秦客，此行何似武陵滩。"

　　汪遵把徐福入海不归比作陶渊明《桃花源记》所写的武陵郡渔人避秦乱而移居桃花源。

　　徐福如漏网之鱼一走了之，那作为人质扣留在国内的韩终、卢生等人的脱险就是一个悬念！他们将怎样逃脱虎狼之秦呢？

　　此外，对秦始皇本人而言，他也万万没想到这次接见这名方士，竟然还会导致他做出三件大事：

　　一、派多名方士继续多路出海寻仙药；

　　二、修筑万里长城；

　　三、坑杀术士！

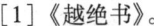

　　[1]《越绝书》。

　　[2] 北魏郦道元《水经注》。

　　[3]《汉书·郊祀志第五上》。

　　[4] 抄于太玄部，卷一百十第十下，甘下，《云笈七籤》中华民国五十一年九月艺文印书馆影印，卷二十之十洲三岛，题东方朔集，十洲并序。2002 年抄于日本东京国会图书馆。

第八章　身世不明的童男女、古老的
独木舟、迷失的港湾

大功告成，徐福怀揣喜悦，步履踉跄地走下琅玡台。三千童男女的两性搭配，使徐福繁殖人口之意昭然若揭。征集童男女是在生离死别的哭喊抢夺声中完成的……徐福寻找到最佳入海口："晚来潮风满，处处落帆还"……2002年11月22日，萧山跨湖桥遗址考古探方里，用锛制成的古船已静静地躺了7600年，难道跨湖桥的先人就是驾着这样的独木舟，一直划到大海深处捕鲸吗？……公元前219年3月28日的清晨，30艘大海船载着5250人，鼓满风帆，向着太阳升起的地方驶去……

秦始皇28年，徐福向秦始皇云山雾罩地大侃了番海上三神山，博得这位以前从未见过大海生于河北邯郸长于陕西关中的帝王极大兴趣后，怀着大功告成不可告人的那颗忐忑乱跳的心，满脸兴奋，迈着凌乱的脚步，步履踉跄地走下琅玡台来。

不知徐福向秦始皇索要童男女的理由是作为牺牲的贡品供献给神祇，还是另有借口？总之秦始皇很爽快地应允了。究竟批给了徐福多少名童男女说法不一。《史记》说："遣振男女三千人。"《汉书》说："率童男女数千人。"其中《史记》的"三千人"是指童男女共三千人呢？还是各三千人？也没说清楚。古汉语的洗练模糊给你留下很多猜测。不管怎么说，在当时东亚大陆的中国总人口只有两千万的稀缺状况下，这三千人就是总人口的万分之十五，而且是具有生（升）殖（值）潜力的年轻男女，这已经很让徐福感到满足了。

需要说明的是，人们一谈到徐福索要童男女出海就以为这只是徐福一个人的创举，其实不然，据我阅读《史记》的心得，当时不只徐福一人索要童男女出海，很多方士也索要童男女出海，只是其他方士不像徐福那样成功而已。请看：

始皇自以为至海上而恐不及矣，使人乃赍童男女入海求之。船交海中，皆以风为解，曰未能至，望见之焉。

这难道是指徐福吗？徐福首次出航便泥牛入海毫无消息，第二次见秦始皇没有说过遇风未至远远望见一类的话呀？这不是徐福，是其他带着童男女出海失败而回的方士。因为那时，"燕齐海上之方士传其术不能通，然则怪迁阿谀苟合之徒自此兴，不可胜数也。"可知秦始皇徐福时代众多术士携着童男女出海求仙药已蔚然成风。

关于童男女的年龄，"童"按常规理解当是"儿童"之意，但汉语中的"童男""童女"也专指未婚男女，这样看来，这三千童男女也可理解是年龄并不太小尚未婚配的男女，既然两性搭配，徐福繁殖人口之意昭然若揭。

以他缜密有条理的思维处事习惯，徐福此刻正盘算着三件事：

第一件事：

征集训练童年男女。

童男女都是从哪来的？设身处地想想，谁家父母愿把亲生骨肉送去东海有去无还呢？征集童男女肯定是在反抗强抢、争脱杀戮的生离死别中，在血泪剑火、撕心裂肺哭喊挣扎搏斗声中完成的。

那么，这些可怜的男孩儿女孩儿都是什么家庭出身呢？

童，《说文》：男有辠曰奴，奴曰童，女曰妾，从辛重省声。徒红切。说明这些童男女是失去人身自由地位卑下的男女，男子只是没被阉割的奴隶。童，本意并非一定指年龄很小，但徐福所携之童男女年龄不大似可确定，因为千童城又称丱兮城，丱，儿童束发两角样。又：《史记·淮南王安传》"以令名男子若振女与百工之事，即得之矣"，这里"振女"是童女幼女之意。

童男童女也许是所灭六国旧贵族？是贵族乃至秦王室的支系族人？因为在日本有秦姓者即是证明。据《史记·秦始皇本纪第六》记载廷尉李斯议说："周文武所封子弟同姓甚众，然后属疏远，相攻击义击如仇雠，诸侯更相诛伐，周天子弗能禁止……"王氏血统天长日久，支脉繁衍，就会变成毫不相干的陌路人甚至敌人，其子女也会沦落被流放。我推想这三千童男女第一种可能就是秦始皇所灭六国之子女。

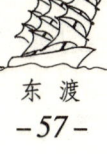

东渡

-57-

童男女更可能是蛮夷之后，这在当时附合秦王朝政策。始皇置酒咸阳宫，70个博士上前祝寿，仆射周青臣进颂说："他时秦地不过千里赖陛下神灵英明，平定海内，放逐蛮夷。"徐福所率三千童男女，很有可能就是这些"放逐"的"蛮夷"。所谓"放逐蛮夷"，即也可能就是放之日本。今天日语发音，有些听来像西南如彝族、丽江一带少数民族语言，日本学者鸟越宪三郎 1970 年还曾指出日本人源自云南，其后更有人将范围缩窄至

彝、哈尼和傣等少数族裔。这种语言现象会不会与两千多年前蛮夷的童男女被征集出海事件有关呢？

《史记·秦始皇本纪》中说到徐福见秦始皇的 28 年，秦政府"乃徙黔首三万户琅琊台下。"古称庶民为黔首。徐福行将带走的三千童男女，难道是这三万户的平民子女？不然，为何偏偏此时要移三万户至海边琅琊台下？这一年恰是徐福游说秦始皇入海求仙药的年份，这难道仅是一种巧合吗？我推想童男女也可能就是蛮夷之后。

2003 年 4 月，湘西里耶镇碗米坡水库动工，一座 2000 多年前的战国古城被发掘出来，在一口古井里发掘出 36000 多枚竹木简，使淹没已久的秦王朝历史第一次以文字的方式真实地再现了出来。

里耶当时称迁陵县，战国末年秦国大军翻越秦岭，来至四川长江边上，即今重庆涪陵，由涪陵入巫江口，溯巫江而上，翻过里耶西北的八面山，攻陷迁陵城。秦始皇 33 年 2 月的一天，迁陵守丞向上级政府请示买的奴隶数目是否合乎法律。这段文字说明当时这里仍有奴隶买卖。从出土文物推考，徐福所带那三千童男女也有可能属于被买来的奴隶。

当然，被征集的孩子们还有可能是被遗弃的孤残儿童。总之，他们中绝不会有人出自有社会地位的富庶之家，谁会情愿舍得亲生骨肉去大荒之外九死一生地去寻什么无稽之谈的仙药呢？

三千童男女募集齐了，接下来在哪儿训练这些募集来的童男女？海上无风三尺浪，再大的船也会把初登舷板的那三千"小旱鸭子们"折腾得吐出五脏六腑来。出海之前不训练一下，运到目的地恐怕活不下几"只"。

徐福沿着黄河寻找到黄河渤海入海口（《水经注》："又经盐山东北入海。"），入海处有座无棣山。今天，黄河改道，这条黄河故道早已变为一条宽约 800 米，全长 3700 米的水沟了，可徐福找到它时却是可行大海船入海，举目望去，大有"晚来潮风满，处处落帆还"（唐·刘长卿）的壮阔疏朗景象。从这里东行 200 余公里至黄县徐乡渡口，北邻蓬莱阁，蓬莱北50 公里的庙岛列岛有大小 10 余座岛屿相连，甚是壮观。最北端北隍城岛的渤海海峡距辽东半岛约 50 海里，海面朝辉夕阴，海市蜃楼变幻莫测。徐福决定在这黄河岸边距盐山县城南 2450 米的地方，建起一座城镇训练童男女渡航。

在徐福的指挥下，黄河边很快就建成了一座东西长 2000 米，南北宽1500 米的城墙，东晋晏漠《齐记》称"秦方士徐福将童男女千人求蓬莱，筑此城。"为行舟方便，徐福有意把城南近 500 亩水面与无棣沟接通。公元前 219 年，徐福正是从千童镇东的这条无棣沟走向大海的。

千童城與無棣溝　王梅　2009/7

徐福建千童城，把城南水面与无棣沟疏通，在水上训练童男女海上行船。这些受训的小"旱鸭子"们就是从这泓平静划向了波涛汹涌。后来有日本人咏道："童男女去竟无闻，海上茫茫五色云。"

城建好后，徐福把数千名童男女，及"童男女之衣食、舟楫，悉备于此"。时人不解，看有数千名童男女在城中，便俗呼这里为"丱兮城"也称"千童街""千童城"。公元 6 世纪南北朝陈朝史学家顾野王在其《舆地志》中说："高城东北有丱兮城，秦始皇遣徐福发童男女千人至海求蓬莱，因筑此城，侨寓童男女，号曰丱兮。"我以为"丱兮"之"丱"字，形容儿童束发两角的样子，这正是童男女们在这里生活时的样子。

此地汉高帝五年（前 202 年）置千童县，东汉灵帝建宁元年（前 168 年）改饶安县（20 世纪初修订的《盐山县志》）。

唐贞观 12 年（638 年）千童县改镇。唐·李吉甫《元和郡县图志》说：饶安县，汉千童县，即秦之千童城（街）。

现为河北省盐山县千童镇。

清初人左光焘《丱兮城歌》凭吊道：

六国渐次归强嬴，祖龙日佳意气盈。世间万事逞胸臆，所难致者唯长生。海滨方士窥风指，竟夸有药能不死……就中徐福最荒唐，稔知澶州土物藏。纵横广袤千余里，据此何减夜郎王。遂言蓬莱饶灵药，惭愧西皇礼意薄。贻以振玉与令男，然后金丹乃不孛。……巨舰苍茫入海行，徐福留王无归程。鲍鱼狼籍沙丘路，千秋犹吊丱兮城。天道好还纷可数，祸福倚

东渡

伏皆自取。君不见咸阳市上户杜旁，十二公子十二主。

有关徐福的疑问很多，但徐福千童城的遗迹却没人怀疑。千童城在徐福遗迹传说中似乎是唯一的孩子们的训练所，北魏郦道元《水经注》和唐人李吉甫《元和郡县图志》，都肯定千童城是因徐福训练童男女而得名。直到清嘉庆敕撰《嘉庆重修一统志》《盐山县志》等都不曾怀疑过千童城。

今天河北千童城，萧瑟静谧，默然回忆着两千年前孩子们的喧闹嬉笑。

公元前219年3月28日，数千童男女人去城空，为了纪念这些出海不归的童男女，从汉代开始每年农历3月28日徐福出海日举行隆重的祭祀活动——"千童信子节"，逢甲子年举办，60年一轮回。童男女衣着古装，绑在15.6米高长杆支撑的微型舞台上表演登高望远，以示怀念召唤东渡亲人。习俗从1993年开始恢复至今，2006年，千童信子入选省级非物质文化遗产，受到了人们更多关注。千童镇的信子节与日本佐贺氏子节有着惊人的相似[1]。

传闻在千童大祭上，有个庾知县写的两副对联出奇精彩，传说固难考证，对联却可一读：

第一副对联：

上联：六十冬夏触天香火人往神归登高阁苍生岂忘东航供

下联：甲子春秋崇山峻德龙去功垂鉴古勋里社犹感徐王恩

横批：两域共仰

第二副对联：

上联：魂倚药岛荡寄齐地千里思念存慈爱

下联：功盖朝野泽惠蓬莱著世风云见遗碑

横批是：源远流长

第二件事：

在哪儿造船？赣榆县马站乡王坊村，相传即是两千多年前徐福东渡建造海船的造船作坊。并说从这儿的获水口入海启航。王坊村村西便是现今尚未完全淤塞的获水口古河道。据说这里曾发掘出的造船木料，有柞木桑木和檀木。木料有用锯斧锛等工具加工的痕迹，堆积3层至8层。

这里建好海船后，从这儿启航去千童城接上童男女出海，或童男女由陆路来这里上船。或此地与千童城同时出海。

那么，需要多少只船呢？

机智的方士深知只带童男女出海即使数量再多，也无法抗拒海上的风浪和可能遇见的各种意外。于是除了这些身世不明的数千名童男女外，徐福又挑选了一些专业技术人员，据今人研究，这一年，徐福率东渡者约一万人，其中包括农耕、工匠、医药、天文、儒教、术士等人员。这么多人，就要有相应的船只。

关于徐福建造的大船数量，日本学者书中说徐福所率大船上百艘，带有数月粮食。复旦大学教授吴傑则分析的较具体，他在1987年曾计算过这种船的构造和乘载量：一只船上有船工50人，射箭手10人，百工10人，方士、管理人5人，童男女100人，计175人，以30只船计算的话，全员为5250人。第二次出航四五千人。

中国人建造船只的历史，可追溯至7000多年前。2002年11月22日，在雨后泥泞的萧山跨湖桥遗址T0512、T0513、T0514的考古探方里，一条长5.6米，近乎完整的独木舟被发掘出土，这是迄今为止世界上发现的最早的船。这条用锛制成的古船在这里已静静地躺了7600年到7700年之久。在所发现的动物牙齿中不仅有鳄鱼牙齿，还有一种类似海洋鲸或海豚的牙齿，难道跨湖桥先人就是驾着这样的独木舟，一直划到大海纵深处去捕捉鲸和海豚吗？

东渡

-61-

跨湖桥古独木舟及鲸齿似乎与徐福关系不大，但有了7000年造船史与捕鲸史的考古资料，对于推测徐福第一次造船东渡及第二次东渡向秦始皇索要连弩捕鲸以及今天日本九州捕鲸法系徐福所传授的说法，便觉得传说不是空穴来风。

从秦前数百年开始，人类就对黄海上的航路进行开发，人们对朝鲜半

岛南部、日本列岛、山东半岛及中国海沿岸等有所了解。《中国航海史》对夏、商、秦以前的水上运输技术、船舶、港湾、航海进行了研究阐述，对甲骨文的"帆"字也进行了解释，研究表明，早在徐福前，就已有人往返于日本列岛与中国东海岸之间。徐福在当时为了确保船的坚固，他必须要募集造船工，在较短的时间内建造数十艘乃至近百艘大船，所需费用极昂贵。故《史记》说到全部经费时用了"费多"一词。

第三件事：

选择出航港。

徐福等人出航地点，后人有种种推测，大致有：

山东琅珏及附近的徐山出海说[2]：

王谟《汉唐地理书钞·魏王括地志（上）》说徐福在琅珏台出海。

晋元明清，出现了徐福船队在徐山出海的说法。明冯惟讷篡修18卷本嘉靖《青州府志》第4册，卷6《地理志·山川》说："又南为徐山，秦始皇发童男女数千人遣徐市入海求不死药，退舍兹山，因名徐山。"清人陈梦雷《古今图书集成》卷260《职方典·青州府》说："诸城县有徐山，始皇发童男女数千人，遣徐市领，入海求仙不死药，船交海中，以风为辞，退舍兹山，因名"。这是从西晋伏琛《三齐记》、元于钦《齐乘》，到清刘恬乾隆《胶州志》始终坚持的说法。[3]。

本书倾向徐山说，理由是诸城一带正是徐福的家乡。除了徐山说外，还有清人周圣化等人说徐福在句章出海："秦始皇登会稽山，刻石记功，听徐市言童男女数千人入海求仙，始皇留句章三十日"[4]。

舟山东霍山出海说[5]：

元代人认为徐福出海是在东霍山，元成宗大德《昌国州志·山川》载："东霍山，在海北面，环大洋，世传徐福至此山。"元人吴莱也说在东霍山出海[6]，似有道理。吴莱作有《听客话熊野山徐市庙》可能到过日本，他此说载于《甬东山水古迹记》，而越王勾践灭吴，要把夫差迁到的地方就是甬东，可见甬东很可能是赴日的一个出海港？至少元代时应是这样。

元人王传宗《井亭记》提出徐福是由象山出海的。清人冯登府等纂修的道光《象山县志》卷1也原封不动地抄袭这种说法。

明人姚宗文、李逢甲纂修，天启《慈溪县志·山川》说徐福在慈溪出航："秦始皇登此山，谓可达蓬莱而东眺沧海，方士徐福之徒，所谓跨溟蒙，泛烟涛，求仙采药而不返者也……见群峰连延东入于海，乃命方士徐福登坛祈祷。"

清代大规模普修地方志，地方志势必要标明某地历史上有过什么掌故。在清代地方志类书籍中，清人林溥纂修、同治《即墨县志》第一册，卷1《方舆·岛屿》又提出徐福岛之说。

周萃元等《赣榆县志》又提出徐福村[7]。

亦有崂山出海说，清《续崂山志》："实古来自齐入海，不北出登州，则南出莱州。就地理利便言之，福之入海，以取道崂山为捷。"

另有浙江省慈溪市达蓬山出海之说：达蓬山亦称大蓬山，位于慈溪市龙山镇与三北镇间，浙东翠屏丘陵东端，西连翠屏山和四明山，北濒杭州湾海面，距慈溪市30公里，距东霍山、西霍山等约20公里。相传秦始皇东游会稽，想从这里渡海到达蓬莱仙界，故名。（宋）宝庆《四明志》、（元）延祐《四明志》都记载说："大蓬山又名达蓬山，在县东北35里，上有岩高五门丈，左右二崖对峙如斗鸡石，秦始皇东游，欲自此入蓬莱仙界，故名。"（明）天启《慈溪县志》提出徐福由此入海，说在"县西南15里有千人坛，高数仞，其上可容千人，耆老相传云，昔秦始皇东游会稽，登山望秩，以求神仙，至此见群峰东延东入于海，乃命方士徐福立坛祈祷，因以为名。"此地有传为徐福后人建造的秦渡遗址，及反映徐福东渡的摩崖画像石刻，刻制年代无考，下限似当在清康熙庚子春之前。

此外，尚有以下种种出海港的说法：山东龙口北海岸、河北黄骅港、秦皇岛碣石、浙江宁波、江苏海州湾秦东门附近或连云港、岚山头附近、海州湾朐县，有些日本人甚至提出徐福是在广东出航[8]，似不可取。

扬帆启航的时间我推测为秦始皇27年（前219年）农历3月28日。之所以确定这个时间是因为：

一、千童信子节是这一天举行。

二、我去日本乘燕京号也是在这时间前后驶离天津塘沽港，港口售票处解释说这时的海潮一年中最平和，少有风浪。

2220年前的农历3月28日，晴朗的早晨，海岸的某个天然良港，徐福所率30艘新造大海船正准备启锚远航，5250人的探险队伍，整装待发。

遥望东天边，蓝灰色海天相接的纵深处渐放出一丝鱼肚白，那是充满希望的晨曦。那晨曦渐渐地愈益放大放亮，猛然间，一轮火红的朝阳生机勃勃地跳出万顷碧涛，喷薄而出。它是那样鲜红明亮，耀眼夺目，它带着希望，带着鼓舞，带着周而复始生生不息的巨大生命活力，冉冉攀升着……

响晴白日，万里无云，平日波滔怒吼狂燥暴虐的大海，此刻却一派风平浪静，安详温柔。伫立船头凝视东方仙风道骨的徐福，一刹那脸庞被朝霞映衬得泛起兴奋的红光，一向沉稳不动声色的"真人"，此刻却抑制不

东渡

-63-

住激动的心情，多年的梦想就要实现，伟大的航程即将开启，只见他站在领航船的前舷上，扭转身，向着身后 30 艘船上的全体探险者们，拉开嗓门，高喊一声：启锚——

水手们个个抖擞精神，纷纷扯起风帆，启动大锚，30 艘高大坚固的海船乘着季风，鼓满风帆，犹如离弦之箭，驶出港湾，向着太阳升起的东方，向着万顷碧波的大海，向着东海传说中那个蓬莱仙岛，向着未知的美妙世界和方士帝王的梦想，义无反顾地径直驶去。船尾拖拽出一道道长长的翻卷浪花，在 2220 年前可能还不太泛黄的海面上划出几十道白色的长线，格外清晰醒目。笔写至此，我耳畔仿佛听见了那黄钟大吕辉煌的音乐旋律雀然响起，雄浑浩荡……

后人有诗赞曰：

东海茫茫万里长，水天何处是扶桑。

海船一去无消息，徐福当年赚始皇[9]。

----

[1] 所谓"氏子"，是指氏神后裔在同一地区信奉同一氏神的人们。据说日本佐贺金立山上有一个金立神社，供奉徐福。金立山周围居民，普遍自认是徐福千童后裔，每年举办一次纪念徐福的活动，每 50 年举办一次徐福大祭。每年 4 月 27 日，"氏子"们将徐福神像从金立山上宫抬到下宫。4 月 28 日，上万人抬着徐福神像到海边，举行祭祀活动，其意是让徐福遥望西方大海，以解思乡之情。

[2] 西晋伏琛《三齐记》："徐福东渡从琅玡附近之徐山入海求仙人，徐山附近有沫官岛、斋堂岛、徐福岛、登瀛村等。上载，秦始皇令术士徐福入海求不死药于蓬莱，福将童男女数千人于此山集合而去，因曰徐山。据此则山之以徐福得名，其说已古。"地方史《齐乘》亦从此说。

[3]《齐乘》所说东徐山，疑即徐山。

[4] 见康熙《定海县志》。

[5] 明代天启《慈溪县志》"秦始皇登此山，谓可达蓬莱而东眺沧海，方士徐福之徒，所谓跨溟濛，泛烟涛，求仙采药而不返者也"。元代《昌国州志》说东霍山"世传徐福至此山。"元代吴莱《甬东山水古迹记》说"山多大树，徐福盖驻舟于此"。

[6]（元）吴莱《渊颖集》卷 7《甬东山水古迹记》。

[7] 见嘉庆《赣榆县志》，但未提及出海一事。

[8] 佐贺县日中友好协会理事副岛清高持广东出海说。参见张焕利《九州寻访徐福足迹记》，《环球》1983 年 4 期。《朝日新闻》1980 年 4 月在对徐福到金立山神社2200 年大祭活动报道中，称徐福东渡从广东沿海，理由是广东人口音多浊音，与日本九州方言相似。

[9]（清）黄体中《徐福岛》。

第九章　可怕的谶语、坑术士，
误修的万里长城

　　秦王嬴政的人格是分裂的，他一面不惜重金派徐福出海求仙药，一面又怀疑徐福的信誉和归期，于是又徒刑70余万人分作阿房宫和骊山，享乐现世的豪奢生活和死后的幽冥永在。他想成为千古唯一的单身光棍皇帝。他修建兰池宫，在池中筑造起了蓬莱和瀛洲……一个看似关系着秦王朝安危的预言，使得万里长城横空出世……有流星落地为陨石，上刻"始皇帝死而地分"，他便将陨石周围居住的居民全部诛杀……在等候徐福的日子里，一连串的不祥之兆预示着他和他的帝国末日正在降临……

　　望着载有徐福和三千童男女，不，是载满希望的那支远航船队，星帆点点地渐渐消失在辽阔的海平线尽头，秦始皇脸上浮现出一丝志得意满、轻松愉悦的神情。前年，自己遣王贲俘虏了齐王建，去年灭掉齐国一统天下，自从称始皇帝那天起，就盼着大秦王朝万世宏基伟业三世、九世，世代相传，子子孙孙无穷尽焉。而自己也要永存人世，长生不老不死。现在这一目标眼看就要实现了，自己只须等待徐福从海上三神山那儿取回长生不死仙药，便可羽化升仙，九天揽月会嫦娥，野马尘埃见彭祖，与天地齐寿了。想到这里，这位叱咤风云丰功伟业的君王长吁了一口气，难得地舒展开自己的眉头来。

　　秦始皇遣徐福，晋代练丹大师葛洪还有一种解释，说是为寻找安期："安期先生者，琅玡阜乡人也。买药于东海边，时人皆言千岁翁。秦始皇东游，请见，与语三日三夜，赐金璧度数千万，出于阜乡亭，皆置去。留书，以赤玉舄一量为报，曰：'后数年，求我于蓬莱山。'始皇即遣徐市、卢生等数百人入海。未至蓬莱山，辄逢风波而还。立祠阜乡亭，海边十数处云。"（葛洪《神仙传》）

　　这个故事显然太具神话色彩，其实无论是神话故事还是现实中的秦始皇，遣徐福入海反正都是他的一个心愿。现在徐福出海了，他也如愿，就看能否找回仙药了。

可能刚在琅玡台和徐福等一帮术士们分手，染上了仙气，嬴政对女人更不感兴趣了。原本他就对母亲与吕不韦和嫪毐的关系非常痛恨，连带地对所有女性都有偏见，回途中拟取道西南渡淮水去衡山过南郡入武关回咸阳，沿江漂航至湘山（也叫青草山）时，忽遇大风，几乎不能渡过。嬴政问博士，水边湘山南麓的湘山祠中供奉的湘君是什么人？

回说："听说是尧的女儿，舜的妻子，舜死于苍梧，而他的两个妃子却死在江湘之间，葬在这里。"嬴政一听，勃然大怒，下令服刑的囚犯三千人把湘山上的树全都砍伐光，用火烧红湘山！嬴政打算将来无论是服食仙药成仙还是长眠骊山大墓，都绝不要后妃嫔嫱陪伴，他想成为千古唯一的单身光棍皇帝。

第二年，秦始皇29年（前218年）春至燕来，嬴政想着徐福出海前对他说转年便可采得仙药回来的承诺，便再次东巡而来，看看术士和仙药到了没有？始皇帝飘飘欲仙，在文武百官车队的簇拥下，坐在行进的车里处理着军国大事，思绪像绕船盘旋的海鸟，紧追徐福行驶的航船上下翻飞。这个神通广大的方士，不会欺骗朕入海不归吧？倘能采来仙药让自己体验从肉骨凡胎向羽化升仙的质变和生命的永恒，那将是何等惬意曼妙！但倘若徐福不归或是归来两手空空呢？还要遣卢生、侯公、韩终他们再度出海吗？还要归宿于骊山脚下那座正动用了70万黔首修筑了30多年现在仍继续修建着的大墓……

正当秦始皇思绪万千心猿意马骛游八极地往来瓢忽于东海蓬莱与骊山大墓间时，突然一声恐怖的巨响，把他从遐思中惊醒过来。当年面对荆轲的利刃，沉着冷静应对的嬴政，此刻却惊得魂飞魄散。毕竟，他老了，年近半百，更希求生，更畏惧死。

下车一问，才知原来副车被一名刺客用大铁椎击中，车被砸得稀烂，人也粉身粹骨。不用说那刺客是冲自己来的，只是掷错了目标。此地名博狼沙（位于河南阳武）。多险哪！躲过一劫的嬴政有些毛骨耸然。调查结果说行刺是张良为韩报仇，收买力士下此毒手。秦始皇一生有过两回遇刺的危险，这两回行刺都没从肉体上消灭嬴政推翻秦王朝，推翻秦王朝的不是勇敢行刺的勇士行动，而是卑贱的阉宦赵高。难怪后人有《阅古逸史》诗说："留侯椎铁荆卿匕，不及秦宫一赵高。"

张良的行刺，只是提醒秦始皇天下并不太平，六国形形色色的复仇刺客们，都在暗中磨刀霍霍，窥伺他的性命！只有速速成仙长生不死才好。秦始皇下令全国追捕刺客10日，自己从这儿又去了琅玡，他急切要看看徐福回来了没有。

嬴政再次登上之罘山，刻石颂功，然后，便迫切地再次登琅玡台，人去台空，哪里有徐福半个影子？徐福依然石沉大海杳无音讯。后晋·刘昫也早看出了嬴政东巡的真实目的，他在《后唐书》中说："秦始皇非分爱好，遂为方士所诈，乃遣童男女数千人随徐福入海求仙药，方士避秦苛虎，因留不归。始皇犹海侧踟蹰以待之……"这"始皇犹海侧踟蹰以待之"一句说得最为深刻恰当！失望无奈的嬴政只好取道上党而回。

花开花落，月圆月缺，朝阳每日从东方海平面升起，又慵懒地滑下西天边的骊山背后，那正有几十万"黔首"昼夜不停咬牙干着沉重的劳役，监工的皮鞭声，笨重的哼唷声，痛苦的呻吟声，混杂一处，远远绰约可闻。

就这样嬴政在关中无所事事地干等了一年，徐福与那三千童男女及一行人还是泥牛入海无声息。至次年（秦始皇31年，前216年），起初城邑中传唱起一首古怪的歌谣：

神仙得者茅初成，驾龙上升入泰清，时下玄洲戏赤城，断世而往在我盈，帝若学之腊嘉平。

歌谣中的茅初成，是人名，叫茅濛，字初成，接着九月庚子，一桩愈加离奇的怪事发生了，一天他在华山乘云驾龙，白日升天了。歌谣中的"盈"，就是太原真人术士茅盈，是茅初成的曾孙。

秦始皇听到这首古怪的歌谣后就问其故，乡中父老们说这是仙人的歌谣，劝始皇帝您求长生不老之术呢，秦始皇听了很高兴，愈加有寻仙之志。为此，他按照歌谣中"帝若学之腊嘉平"一句的指示，将这年的十二月不再叫"腊"而叫"嘉平"了。（"嘉平"是殷人对这个月的称谓，"腊"是周人对这个月的称谓，夏朝称这个月为"清祀"。）

当初秦始皇建都长安时，专门在咸阳县界的渭城修建了兰池宫，也叫兰池陂，引渭水为池，在池中筑造起了蓬莱和瀛洲，又用长二百丈的石头雕刻了海中的鲸。（顺便说一句，我断言在秦始皇陵墓中一定也建有蓬莱方丈和瀛洲的模型。）歌谣再度点燃起嬴政成仙的强烈欲望。时值隆冬，他无法东巡去琅玡台看大海和徐福，于是，他微服私行去了咸阳县界，夜里带了四个武士去了渭城的兰池宫，不想遭遇了强盗，处境万分危急，多亏四名武士身手不凡，击杀贼盗。没看成兰池中蓬莱瀛洲，反差点为贼盗所伤，嬴政下令关中全面大搜捕20天！

转眼到了前215年，等得不耐烦的秦始皇又再次东来，大概对徐福出海不归彻底失望了，他转而对燕国术士开始寄予希望但也抱有怀疑。这次他走到了偏东北方的碣石（今秦皇岛北戴河），《史记·封禅书》说"其

东渡

-67-

明年，始皇复游海上，至琅玡，过恒山，从上党归。后三年，游碣石，考入海方士。"（集解，服虔曰：疑诈，故考之。瓒曰：考校其虚实也。）可见这次来碣石，秦始皇已经怀疑术士们出海行为有诈，与其说是来这里再命术士出海不如说是来考查他们的真伪虚实。

在这里他命人在海边建立了大门式的建筑，称"碣石"，又把关东诸侯旧长城全部折毁。目的是夷去险阻平坦地势。

嬴政满腹狐疑地命术士卢生寻找搬请两位古代仙人——羡门和高誓，又让韩终、侯公、卢生三名方士出海去寻不死之药。

卢生不像徐福一去不返，他奉命出海不久就回来面见秦始皇。让秦始皇颇感失望的是，他带回的不是仙药，只是一个看似关系着秦王朝安危的预言，卢生"奏录图书"谶语预言说：

"亡秦者，胡也。"

这是一句包藏绝妙玄机的谶语，"胡"，难道是指北方的少数民族？不是，胡者，胡亥也，就是秦二世，非胡人也。秦二世与赵高密谋暗杀了嬴政，继位后只短短三年，秦就灭亡了。聪明的嬴政万万没想到谶语中这个"胡"乃是自己小儿子胡亥，却将卢生的这句谶语，变成一种可能的军事战略，他果断地发动了一系列疯狂的战争，命将军蒙恬"发兵三十万人北击胡，略取河南地。"

秦始皇32年，前214年，精锐的秦军以势不可挡摧枯拉朽之势，向西北横扫穷追匈奴，自榆中傍黄河以东，到五原北的阴山，建立了34个县，以黄河为城池和要塞，同时他命令将军蒙恬率秦军渡黄河攻取战略要地高阙、阳山、北假，筑停障以逐西戎。秦始皇刚刚在去年（前215年）把关东诸侯旧城墙拆除，并在秦皇岛附近的碣石门刻石歌颂这件功德，仅仅不到一年时间，因卢生那句谶语秦始皇又开始大兴土木修建万里长城。这一修就是几年，秦始皇34年"适治狱吏不直者，筑长城及南越地。"派狱吏北筑长城南戍南越。

文化上，除了对医药卜筮可以保留外，秦始皇采纳李斯的建议，将"非秦记皆烧之"，天下有藏诗书百家语者，全由地方负责人烧毁，有敢偶语诗书者弃市，吏知情不举报者同罪，令下30日不烧黥面判4年徒刑，发配长城脚下，白昼防备寇房，夜暮修筑长城。只留下医药卜筮种树之书，而且还"悉召文学方术士甚众，欲以兴太平"。既然出海求仙药的徐福毫无音讯，那就让方术士们炼丹求药（"方士欲炼以求奇药。"）这不也是获得长生的一个途径吗？足见此时的嬴政对方术士占卜医药的信任亲近态度。方术士和仙药构成了嬴政全部的精神生活，也构成了新生不久的秦帝国的主体文化支架。

嬴政人格是分裂的，自信和不自信同在。他一面不惜重金派徐福出海求仙药，秦始皇把帝国的东方疆土划定至能够到达的最东边，立石东海上朐界中，以为秦帝国东方的最东端边界坐标。这或许是为了更接近海上三神山，一面又不免怀疑徐福的信誉和归期，那也就是怀疑仙药、怀疑长生不老不死。于是又徒刑70余万人分作阿房宫和骊山，享乐现世的凡俗生活和死后的幽冥永在。他焦急地等待着徐福持仙药归来。他不明白究竟出了什么意外阻碍了徐福获得仙药，这时，术士卢生向秦始皇点破玄机，道明仙药等不来的原因：

"臣等求芝奇仙药者常弗遇，类物有害之者。方中，人主时为微行以辟恶鬼，恶鬼辟，真人至。人主所居而人臣知之，则害于神。真人者，入水不濡，入火不蓺。陵云气，与天地久长。今上治天下，未能恬倓，愿上所居宫毋令人知，然后不死之药殆可得也。"

一席话，如醍醐灌顶，始皇幡然悔悟，说："吾慕真人，自谓'真人'，不称'朕'。"从此这位君王不再以天子统御臣民的君威来治理他的帝国，而是以一个沟通仙界与人寰的巫觋心态来乞求仙界的接纳。从这天始，他不再称自己为"朕"，而是像徐福、韩终、卢生这些方士们那样自称"真人"。既然卢生说求不到仙药乃行踪所害，那么何妨将自己的行藏隐蔽起来呢？于是"真人"乃令咸阳附近200里内270座宫殿复道甬道相连，帷帐钟鼓美人充之，各案署不移徙，驾幸所到之处，如有谁胆敢泄露了皇帝的行踪，都是死罪。

一日，秦始皇驾幸雍州好畤县西12里望宫山上的梁山宫，从望宫山上遥见丞相李斯的随从车骑甚众，很不高兴。有人将始皇帝的看法偷偷地向丞相李斯告了密，李斯听后，马上大幅削减车骑。发现李斯削减了车骑，秦始皇勃然大怒，认为这是他随从中有人泄露了他的话。他下令挨个审问，仍不得结果，于是下诏逮捕当时在秦始皇身边的所有人，全部杀死一个不留。果然，从此以后，群臣除了知道秦始皇一切政事处理都在咸阳宫外，便再没有人能够打探出来嬴政的行踪了。

东渡

按说秦始皇已经按照方士卢生的要求做得尽善尽美了，接下来就要看卢生的了。

黔驴技穷的卢生实在没有其他更高妙的借口，遂与山穷水尽的韩国方士侯生焦急地密谋说：

"始皇为人，天性刚戾自用，起诸侯，并天下，意得欲从，以为自古莫及己。专任狱吏，狱吏得亲幸。博士虽七十人，特备员弗用。丞相诸大

臣皆受成事，倚辨于上。上乐以刑杀为威，天下畏罪持禄，莫敢尽忠。上不闻过而日骄，下慑伏谩欺以取容。秦法，不得兼方，不验，辄死。然候星气者至三百人，皆良士，畏忌讳谀，不敢端言其过。天下之事无小大皆决于上，上至以衡石量书，日夜有呈，不中呈，不得休息。贪于权势至如此，未可为求仙药。"

对于秦始皇人品乃至政事的攻击，肯定是方士们采不来仙药的借口。不管这两名方士寻找什么借口，他们最后的结果也只有一着，三十六计，走为上策。史书说他俩"乃亡去"。去了哪儿？史书没交代，容我下文再破解。

狡猾的两方士一走了之，全身而退。他们这一跑可不要紧，"始皇闻亡，乃大怒曰：'吾前收天下书不中用者尽去之。悉召文学方术士甚众，欲以兴太平，方士欲练以求奇药。今闻韩众（终）去不报，徐市（福）等费以巨万计，终不得药，徒奸利相告日闻。卢生等吾尊赐之甚厚，今乃诽谤我，以重吾不德也，诸生在咸阳者，吾使人廉问，或为妖言以乱黔首。'"

可见，秦始皇对浪费巨资的徐福和一直待若上宾却不打一声招呼就逃之夭夭的韩众、卢生、侯生，真是愤怒以极，他有一种被蒙骗愚弄的耻辱感，一腔怒火直冲脑门！奸诈的方士，虚伪的术士，正是他们敢冒天下之大不韪，竟然在自己眼前玩弄小把戏而且还在背后说自己的坏话！被激怒的嬴政迁怒于所有读书人，命御使立案审问所有的"文学方术士"，严刑拷打，大开杀戒！

秦始皇杀的人当中主要是方术士，甚至有可能绝大多数或全都是方术士，虽然《史记·秦始皇本纪第六》中称他们用的是"生"字，"于是使御史悉案问诸生，诸生传相告引"，但互看《史记·淮南衡山列传》中就说得很明白："昔秦绝圣人之道，杀术士，燔诗书，弃礼仪，尚诈力，任刑罚。"可见这里的"生"，是指术士方士。这些方术士受不了酷刑，纷纷招供，"诸生传相告引"，他们互相攀咬揭发告密，共牵连了460余人，这些人全都被坑杀于咸阳，"使天下知之，以微后"。

这便是历史上著名的"坑儒"事件。其实活埋的是术士方士，即后来俗称的道士，并非儒生，故"焚书坑儒"应改为"焚书坑术士"。

"坑儒"究其直接原因是侯生、卢生逃跑所引发，间接原因却是徐福、韩终等人求仙入海，费资巨万却泥牛入海毫无声息的欺骗行动所导致。嬴政是因个人受骗的情绪发泄才坑杀术士，而非后人所说他是为了巩固其统治才"焚书坑儒"的，唐人章碣那首著名的《焚书坑》实在错怪了秦始皇。诗谓：

竹帛烟销帝业虚，关河空锁祖龙居。坑灰未冷山东乱，刘项原来不读书。

实则秦始皇焚书杀术士，和他帝国的巩固和溃崩并无必然的联系。

长子扶苏已经觉查出了人心波动，他勇敢地站出来反对并劝谏父亲坑杀术士的行为，引得秦始皇大为震怒，打发他去了北方上郡监工蒙恬北筑长城。

秦始皇希求长生，而有人却盼着他早死。秦始皇36年，有流星落地为陨石，有人在上面刻了"始皇帝死而地分"。秦始皇听到这个消息，遣御史逐一盘问，没有人承认，便将陨石周围居住的居民全都诛杀，燔销掉那块陨石。

不管怎么说，秦始皇心中是怏怏不悦了，他命令博士做了一首《仙真人诗》，走到哪儿都传令被之管弦，让乐人歌唱这首诗。秦始皇对成仙不死的迷恋仍非常坚定执著。

迷恋不死药的秦始皇，总是被包裹在一层神异的氛围之中。陨石事件之后，这年秋天，有一名使者从关东夜过华州华阴县西北6华里处的华阴平舒道，忽然有一人持一块璧拦住使者，说："为吾遗滈池君也。"在长安西南有滈池，滈池君是一位水神，有人说武王居镐，滈池君就是周武王。（滈，古水名，长安西南有滈池，一说滈水源出雍州长安县西北镐池，北流入渭水，"镐"作周初国都解时读音同"滈"，位于今西安西南），滈池君的周武王曾伐商纣，故那个神秘送璧人的意思是秦始皇很像无道的商纣王，可伐。此外还有一层意思，秦承水德，色尚黑，秦将灭亡，水神先来现身。这位持璧者临了还留下一句可怕的预言，说"今年祖龙死"。（祖，始也。龙，人君之象，"祖龙"即暗指始皇帝。）使者问其故，那人倏忽不见，只留下那块璧，使者只好回来将璧和这个奇怪的邂逅上报给秦始皇。秦始皇听罢，沉默了很长时间，退朝时说："祖龙者，人之先也。"命令御府审视那块璧，乃是秦始皇28年出行渡江时不慎沉到水里的那块璧。

东渡

上述这段离奇文字，记载于《史记·秦始皇本纪》中，不管是有人故意编造的神话还是实有其事？它却影响了秦始皇的人生进程，从而又与本书的主人公徐福发生了联系。因为正是这件事导致了秦始皇占卜到了"游徙吉"的神示，依据这则启示，秦始皇决定再次东游寻找徐福。

第十章　他们究竟去了哪儿

也许，在渤海东海黄海那神秘幽邃的海底某处，正沉睡着一艘艘千年古舻，岁月的消磨，斑驳的锈朽，引得深海水族类在里面穿梭栖身。我们听不到它们发出的古老叹息，却能想见它们急盼着有朝一日向前来叩询的考古学家们倾诉缄默了两千多年的感人故事……要说清他们的下落还要从汉高祖8年的一桩风流往事说起……密室密谋，罪证铁证……究竟"平原广泽"是哪儿？

的确，徐福，及其所率那支入海不归生死不明的探险船队，驶离港湾后究竟去了哪儿？

望着东海海面上那时而突起的滔天巨浪，按照今人对历史物质简陋的常规逻辑推断，两千多年前徐福等人驾着木船，凭借着古老原始的航海

东 渡

-72-

徐福的船鼓满风帆，向东，向东……

技术漂泊海上，那样的木船能够经得住怒吼的台风和可怕的滔天巨浪吗？徐福等人不会葬身鱼腹吗？这常常是人们最先发出的疑问。

也许，在渤海东海黄海那神秘深邃漆黑的海底世界某一处，正寂静沉睡着那一艘艘千年古舻，海水的浸蚀，岁月的消磨，斑驳的锈朽，引得奇形怪状的深海水族类在这里面栖身，一群群鱼儿在船舱中穿梭而过，海底世界的幽暗与寂寞，催促这些船只连同那些船上锈迹斑斑的宝藏一起，急盼着有朝一日向前来叩询的考古学家们倾诉缄默了两千多年的古老感人故事。

诚然，在尚未谛听到从海洋深处传来的那古老叹息声之前，我们还是先来听一听古籍中传出的关于徐福下落的权威话语吧。

要说清这些话语的来源及可信性，还要从高祖8年说起……

刘邦从东垣经过赵地，赵王张敖将自己的美人献给刘邦，赵美人得幸有了身孕，赵王再不敢亲近赵美人，为她筑建外宫。

谁知后来赵王涉嫌谋反，刘邦将赵王和他的父母兄弟妻妾全都收监下狱，赵美人托辟阳侯审食其请吕后念怀有刘邦的孩子而宽恕自己，吕后妒，不肯，审食其也不努力求情，赵美人生下儿子后便自杀了。她的儿子便是后来的淮南历王刘长。

文帝刚即位，历王刘长便拜访审食其，袖中藏了柄铁椎，出其不意将辟阳侯审食其击杀。并阴谋推翻中央政府。同父异母兄弟的汉文帝念手足情没杀刘长，只削去了他的封地，但历王刘长还是绝食自杀了。

汉文帝又立刘长的儿子刘安为淮南王。刘安广招宾客方术士数千人，其中领头的是一个叫伍被的能人。《汉书》作者班固说伍被是楚人，祖先是伍子胥。在刘安伍被的领导下，门客们编纂了很多书籍，其中包括一些神仙不老黄白炼丹术的书和今天人们熟知的名著《淮南子》。也可能是遗传基因或是家族命运所致，早在吴楚七国反叛时，淮南王刘安就曾同谋，吴楚叛乱被镇压后，刘安仍时时与伍被共谋反叛朝廷的计划，伍被说到秦末天下乱陈胜吴广起义的缘由时说出了下面这段与本书主题密切相关异常重要的一段宝贵论述：

被曰：不直来为大王画耳。臣闻聪者听於无声，明者见於未形。故圣人万举万全。昔文王一动而功显於千世，列为三代。此所谓因天心以动作者也，故海内不期而随。此千岁之可见者。夫百年之秦，近世之吴楚，亦足以喻国家之存亡矣。臣不敢避子胥之诛，愿大王毋为吴王之听。

昔秦绝先王之道，杀术士，燔诗书，弃礼义，尚诈力，任刑罚。转负海之粟，致之西河。当是之时，男子疾耕，不足於糟糠。女子纺绩，不足

於盖形。遣蒙恬筑长城，东西数千里。暴兵露师，常数十万，死者不可胜数，僵尸千里，流血顷亩，百姓力竭、欲为乱者十家而五。

又使徐福入海求神异物，还为伪辞曰：臣见海中大神，言曰：'汝西皇之使邪？'臣答曰'然'。'汝何求？'上曰：'愿请延年益寿药'。神曰：'汝秦王之礼薄，得观而不得取'。即从臣东南至蓬莱山，见芝成宫阙，有使者铜色而龙形，光上照天。于是臣再拜问曰：'宜何资以献？'海神曰'以令名男子若振女与百工之事，即得之矣'。秦皇帝大说、遣振男女三千人，资之五谷种种百工而行。徐福得平原广泽，止王不来。于是百姓悲痛相思，欲为乱者十家而六。"

这是公元前124年伍被与淮南王刘安两人在密室的密谋，对话由在旁边的史官记录下来，后来淮南王刘安的阴谋败泄，这段话被当做反叛罪证，收入汉廷尉的档案中。刘安自刭，中央政府殊戮了刘安及参与谋反者的家族，当然，伍被最终也难逃一死。伍被与司马迁同时人，伍被说这段话时似应在淮南王刘安谋反败露的元朔六年，也即是说这段传闻据徐福前219年出海事隔95年，伍被这些话，被司马迁收入《史记·卷一百一十八·淮南衡山列传第五十八》，所以，徐福"得平原广泽，止王不来"的说法，很可能有一定的真实性。这便是徐福下落的最早信息。

在汉代，秦朝方士入海求仙的风习还有余俗沿存，《汉书·郊祀志下》说：

秦始皇初并天下，甘心于神仙之道，遣徐福、韩终之属多赍童男童女，入海求神采药。因逃不还。天下怨恨，汉兴，新垣平，齐人少翁，公孙卿、李大等，皆以仙人、黄冶、祭祠、事鬼使物入海求神采药，贵幸，赏赐累千金。

那也即是说，从秦始皇徐福到汉武帝的那些术士们，东海求仙一直蔚然成风深信不疑沿习仿效。徐福入海的结果不仅在术士圈里尽人皆知，即在社会上也广为流传，所以伍被随意说出徐福下落当是很自然的事儿。

《史记》三处提到徐福[1]，为什么只在《淮南衡山列传第五十八》才提到"徐福得平原广泽，止王不来"？在前边《秦始皇本纪第六》中却只字未提徐福的下落呢？这也看出良史用笔的严肃。两次事隔八九十年，秦始皇时，秦廷的史官只记徐福出海其事，余皆不知不缀，而治史谨严的司马迁也从不妄加揣测。即使司马迁真得听说了徐福的下落，谨慎的史学家出于修史的严肃性及信史的责任感，不能确证的传闻，宁可厥而不录，绝不轻意断言载入。当录及淮南王伍被对话时，这时已是刘邦重孙刘彻时代，距嬴政徐福四五代人左右吧，人们又开始传说起徐福出海的结果，这种传说由伍被作为秦朝即将崩溃的证据用来游说淮南王刘安，又被记录下来收入档案，最后被司马迁引入正史中。

　　能找到严肃的史料证据来证实伍被的话是无稽之谈吗？能证实徐福入海求仙药，史无其事，纯属子虚乌有吗？倘若目前还拿不出令人信服的证据，那暂时先按伍被转述的传闻，想象幸运的徐福等人并没全都葬身鱼腹，而是平安抵达了远航的彼岸。要进行合乎逻辑的假设，符合史实的推想，就不能回避必须解答一个东渡千古之谜，那就是：徐福究竟去了哪儿？"平原广泽"究竟指的是什么地方？

　　有传闻说蓬莱即是浙江岱山县东海蓬莱，说："蓬莱山在昌国州，徐福求仙之所在。"说："蓬莱神山，实在海上，秦汉之间，莫名厥状，自唐名乡，为鄞屏障，逮及宋元，昌国归壤。"[2]东海蓬莱面积 103.2 平方公里，岛上丘陵起伏，沿岸海滨多小平原，周围环绕数百大小岛屿，据传徐福求仙药至此，始称蓬莱仙岛，唐开元 26 年，岱山更名为蓬莱乡，隶属翁山县，今舟山市。位于浙江省北部海域，舟山岛北，杭州湾东。

　　但，这种声音很微弱，更多更强的声音是下面这些：

　　有日本学者提出徐福到了菲律宾，《日本神武天皇开国新考》一书断然否定，说绝对不可能。一是菲律宾不在"渤海"中，也不在"东海"中，而在"南海"之南，方向不合。二是与菲律宾距离非常遥远，《魏志·倭人传》中称："裸国黑齿国，复在其东南，船行一年可至。"按当时的航海技术，就不是一年可至，最少也需数月。徐福等人却是仨月往返三个单程。三是伍被所说在公元前二世纪"徐福入海得平原广泽止王"。而菲律宾岛开化却在此后数百年，时代相差六七百年。

　　"平原广泽"，班固改为"平原大泽"，自南海至东海，其他各岛，琼州岛、澎湖列岛、台湾岛均无湖，台湾日月潭是山上的小水塘，不能算是"广泽""大泽"。琉球群岛自南至北 52 座岛屿都没有湖，小笠原岛 17 座岛屿及琉璜岛的 3 座岛屿没有湖，四国岛也没有湖，九州附近各岛都没有湖，朝鲜西南济州岛没湖。九州岛上仅有面积 11 平方公里的小湖叫"田池湖"。

　　据卫挺生研究：日本有湖琵琶湖、八郎泻、霞浦、猪苗代湖、中海。其中只有琵琶湖，在近畿之东，古称"近淡海"，675 余平方公里，是日本第一大湖，最适于"平原广泽"之说。其次为滨名湖，在近畿东南，古称"远淡海"，面积 80 平方公里，也勉强称得上是"广泽"，介于两淡海间西边有近江平原、山城平原、大阪平原，向东则有大和盆地、伊贺盆地、伊势平原、奈良平原等。

东渡

我以为卫氏所说固能自圆其说，但仍有破绽，首先，在琵琶湖周边的岐阜、滋贺并不见徐福故事流传和相关遗迹；其次，从后文将要涉及徐福传说流传地和徐福遗迹来看，徐福更多活动的地域是沿西海岸和东海岸，还有濑户内海。由此，我以为徐福船队两次登陆日本岛可能有不同的地域，但，共同点似乎都是沿海才讲得通。徐福没有必要舍船深入内陆至琵琶湖。伍被所讲的"广泽"，班固所讲的"大泽"，似乎是濑户内海更说得通。濑户内海附近的平原有佐贺平原等。

更多的史籍说徐福去了亶洲或澶洲。

陈寿《三国志》记载："黄龙二年春正月……遣将军卫温、诸葛直将甲士万人浮海求夷洲及亶洲。亶洲在海中，长老传言秦始皇遣方士徐福将童男童女数千人入海，求蓬莱神仙不得，徐福畏诛不敢还，遂止此洲，世相承，有数万家。人民时至会稽市。会稽东冶县人有入海行遭风，流移至亶洲者，所在绝远，不可往来。"

亶洲在哪儿？《括地志》说："亶洲在东海中，吴人《外国图》云亶洲去琅玡万里。"

南宋人王象之明确将亶洲说成是日本，其《舆地纪·庆元府·仙释》中说："亶洲山，鄞县东，在海中，《汉武洞冥记》言：秦始皇遣徐福将童男女入海求蓬莱神仙及仙药，止此洲不还。世传今日本国是也。"

南朝宋·范晔《后汉书》则将"亶洲"作澶洲，说："会稽海外有东鳀人，分为二十余国，又有夷洲及澶洲，传言秦始皇遣方士徐福将童男女数千人入海，求蓬莱神仙不得，徐福畏诛不敢还，遂止此洲，世世相传，有数万家，人民时至会稽市。会稽东冶县人有入海行遭风，流移至澶洲者。所在绝远，不可往来。"自此夷洲与澶洲并提[3]。

后来《册府元龟·外臣部·种族》等都有关于徐福的记载，但基本蹈袭《三国志》《后汉书》等内容，航达地点也都是夷州、澶洲。

从《后汉书》等将澶洲和夷洲列于倭传中来看，澶洲夷洲就是日本。

关于日本，班固《汉书》，在《卷二十八下·地理志第八下》中有段话："乐浪海中有倭人，分为百余国，以岁时来献见云。"臣瓒注解说："倭是国名"，颜师古解释说："今犹有倭国，《魏略》云：'倭在带方东南大海中，依山岛为国，度海千里，复有国，皆倭种。'"此外，《汉书》还提到"会稽海外"的"东鳀人，"说他们"分为二十余国。以岁时来献见云。"

到了明代就开始非常明确说澶洲、夷洲就是日本，明人薛俊著《日本考略·沿革考》就说："先秦时，遣方士徐福将童男女数千人入海求仙，

秦始皇遣徐福率三千童男女出海，传说笼罩在渺远的迷雾中。

不得，惧诛止夷、澶二洲，号秦王国，属倭奴，故中国总呼曰'徐倭'"。明人李言、郝杰编撰的《日本考》也执此说，并说"中国总呼曰徐倭，非日本正号。其性多狙诈狼贪，往往窥伺，得间则肆为寇掠，故边海复以倭寇目之。"

关于夷洲，日本人原田淑人在 1973 年坚持认为夷洲就是日本列岛。而日本人森诰一在 1994 年则提出夷洲可能为西南诸岛。日本人壹岐一郎《徐福集团渡来与日本古代社会》则表示：南西诸岛，种子岛以南有明刀钱出土，山字见符等，说明这些岛屿与中国早有交流。似可为徐福澶洲居住说之旁证。

而会稽，即今浙江省杭州市，会稽山在杭州湾南，从东北的舟山群岛去 500 公里的济州岛、600 公里五岛列岛福江岛，顺海潮乘风 3 日即可达。20 世纪 40 年代有一个叫唐津的人，驾着传统的中国帆船用了大约 20 小时完成了这段航行，留下过记录。

会稽海外的"乐浪海"，当为黄海、东中国海之外海域，所指当为朝鲜半岛以远的今天日本的四国岛、本州岛。所谓"东鳀人"日本学者古田武彦提出东鳀的"鳀"即"鲶"，端之意，究竟是哪儿的人，中日学者间仍存在争议。

两汉时中国人已知道日本和去日本称王的徐福传说了。东汉第一位皇

东渡

帝汉光武帝授予日本"汉委奴国王"金印也早已是事实了。1700年后，日本在福冈市东区志贺岛的叶崎附近田中发现了这颗金印，上刻"汉委奴国王"。

关于这颗金印，南朝宋·范晔在《后汉书·东夷列传第七十五》记载说：光武帝建武中元二年（57年）倭奴国朝贡，又在"倭传（条）"云："倭国之極南界也，光武赐以印缓。"

卫挺生说："徐福确曾大规模移民至东海中洲岛上建立王国，而就其王国地理位置特征之有平原广泽而言，日本本洲近畿以西确为唯一可能之地。且绝无其他地方或其他洲岛之可能。就历史及地理而言，其绝对的准确性既如此。"[4]

除了澶洲、夷洲、亶洲说外，北宋时又兴起祖洲说[5]，当是讹误。此外，尚有徐福去了舟山群岛、中国台湾乃至美洲等各种微弱的声音。

最早最传统和最具权威的主流说法还是徐福去了日本[6]！对史籍所载的倭人，有学者怀疑可能是北部九州中心的日本列岛人，也有质疑那时的史书为何对日本的倭邪马台等只字未提？故是否就是今天的日本尚待定论，但不管怎样，由于范晔编《后汉书》时把夷洲、澶洲视为日本的一部分附在倭后，于是，后人便把徐福传说与日本联系起来，致使两千年疑窦衍生……

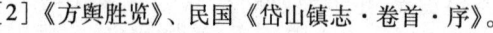

[1]《史记》卷6"秦始皇本纪"、卷118"淮南衡山列传"、卷28"封禅书"三处提到徐福。

[2]《方舆胜览》、民国《岱山镇志·卷首·序》。

[3]"澶""亶"实为两字，疑笔误，《汉书》《三国志》两处大同小异，古书也多抄袭之嫌，盖版权不受保护不自今日始。南宋·王象之《舆地纪胜·庆元府·仙释》就明确说："亶州"是日本，"亶洲山，县东，在海中，《汉武洞冥记》言：秦始皇遣徐福将童男女入海求蓬莱神仙及仙药，止此洲不还，世传今日本国是也。东方朔云：'山有不死之草，人死三日以草覆之即活'"。

[4]《徐福与日本》民国六十年二月初版。

[5]北宋张君房《云笈七签》卷6《三洞并序》。

[6]翦伯赞说："日本，对于秦人来说，还是浮现在虚无缥缈的大海中的一个神仙之国，但从战国以来，这个神仙之国就以蓬莱、方丈、瀛洲三神山的名字，为燕齐的方士们密秘称道。公元前219年，秦始皇曾经派遣了一个以徐市为首的，由青年男女几千人组成的探险队，去寻找三神山，但徐福所率领的探险队一去不复返。"《秦王朝与亚洲诸国的关系》见王仲荦主编《历史论丛》第三辑，齐鲁书社1983年版。

第十一章　两千年的悬疑

　　瀚海斯人逝，楼船终不还。疑窦两千载，纷纭一案悬……蓬莱就是富士山吗？日本僧人宽辅 927 年到中国，透露了一个惊天秘密……宋朝航海家周祥宣称他漂至一个无名岛上，发现了徐福的后人……深谋远虑的徐福早就做好了"止王不来"的打算，封存销毁带来的汉籍，他要那些原本未受教育的童男女遗忘过去，面向未来，他要割断与大陆故土文化的记忆纽带，开创一个崭新的岛屿国家……

　　自徐福出海后，徐福东渡的疑窦越来越大越衍越多，两千多年来不绝于史籍。

　　除前节援引过的《史记》《汉书》《三国志》《后汉书》《三齐记》《元和郡县图志》等记载外，早期提到徐福的还有曹植，他说："始若遭秦始皇、汉武帝，则复为徐市、乐大之徒也！"[1]。

　　最先的疑问是徐福去向，人们开始多沿袭正史澶洲夷洲说法，晋代葛洪[2]，唐代写《括地志》的李泰都沿袭此说。唐代，徐福东渡故事更被诗人们以浪漫的想象和夸张诗句描绘得有影有形。在日本最有人气的李白，35 岁开始在山东一住就是 16 年，又与日本留学长安的阿部仲麻吕赠诗唱和。显然他也听说过徐福东渡的故事，咏叹道：

　　徐市载秦女，楼船几时回。（《古风》）

　　唐人陈陶也有诗说：

　　草木露未晞，蜃楼气若藏。……徐市惑秦朝，何人在岩廊？（《蒲门戍观海作》）

　　白居易为了讽谏唐朝君主不要轻信长生不老的谎言，专门写了《海漫漫》戒求仙诗。

　　秦皇汉武信此语，方士年年采药去。蓬莱今古但闻名，烟水茫茫无觅处。……眼穿不见蓬莱岛，不见蓬莱不敢归。童男丱女舟中老，徐福文成多诳诞，……（文成，指文成将军李少翁。）

　　唐·独孤及《观海》也咏道："白日自中吐，扶桑如可扪。遥遥蓬莱

东渡

-79-

峰，想象金台存。……徐福竟何成？美门徒空言。"

至晚唐李商隐还说"石桥东望海连天，徐福空来不得仙"（《海上》）
韦庄《咸阳怀古》道："李斯不向仓中悟，徐福应无物外游。"此外还有贯
休、鸿渐、顾况等人的吟咏[3]。

对徐福行踪疑问的解答，至唐后突然发生了根本的改变。

日本醍醐天皇时有个僧人叫宽辅，法号弘顺大师，他927年到达中国，
与济州开元寺高僧义楚成为好友，宽辅透露了徐福到达日本的秘密，并说
蓬莱其实就是富士山。说富士山三面环海，留下平安时代大喷火的遗迹。
富士山周围有五湖，过去南面二湖与海相连，故称海。

义楚和尚把宽辅的泄密写进了他10年心血专著——《义楚六帖》
中[4]。此为目前所知最早明确指出徐福滞留不归之地是日本的中国文献。
这不仅成为徐福传说中最有价值的释疑，而且成为秦汉以来徐福出海说最
具意义的转折点。

义楚没有沿习司马迁童男女数千人的说法，却转述日本僧弘顺"五百
童男，五百童女"之说，难道徐福所率数千童男女到日本时就只剩五百童
男五百童女了？其余毙于途中？总之，五百之说，很可能是到达日本的实
际人数。此外，《义楚六帖》中提到的蓬莱山就是富士山麓。

其后北宋王钦若、杨亿《册府元龟·外臣部·种族》、元人马端临
《文献通考》卷177《经籍考四·经·书》都沿袭此说。

为什么徐福传说会出现在佛教经典中？可能与日本学问僧随遣唐使多
次来往于中日之间有关，鉴真也六渡黄海，到达奈良。现在中国少数学者
主张徐福由宁波出航，宁波、杭州傍近天台山，为佛教圣地。中国至九州
博多禅宗（根づ）滋蔓时代，佛教徒无疑会将徐福东渡的故事传扬开来。

澶洲、夷洲传说一直延续至宋代时，有一天，有个航海冒险家从海外
九死一生逃了回来，他向宋朝人宣布说他航海遭遇了风浪，漂至一个无名
岛上，岛上有3000多户人家，传说是徐福3000童男女的后人，风俗很像
吴地[5]。那个岛上多纻（就是麻），于是就叫纻屿。这个航海冒险家名叫
周详。这事件被李昉公元977年奉宋太宗之命撰修《太平御览》时写进了
书中。北宋司马光也把此事写进了《资治通鉴·秦纪二》。于是徐福的去
向又多了一个"纻屿"。

可惜周详没说出"纻屿"的地理位置。查《三国志·魏志·倭人传》
记有倭人种"禾稻、纻麻、蚕桑……"以此推断，周详可能到了日本？

宋朝时日本九州、博多有很多宋人百堂。在福冈市箱崎一带有超过
1500个有实力的宋人后裔之家，随着贸易往来的繁荣，徐福东渡已不再

神秘。

去向日益明朗，北宋欧阳修在看到日本宝刀时，兴之所致说了很多宝刀之外的话：

传闻其国居大岛，土壤沃饶风俗好。其先徐福诈秦氏，采药淹留丱童老。百工五种与之居，至今器玩皆精巧。前朝贡献屡往来，士人往往工词澡。徐福行时书未焚，逸书百篇今尚存。令严不许传中国，举世无人识古文。先王大典藏夷貊，苍波浩荡无通津。

按此，徐福东渡日本后，禁止使用汉语，封存割裂汉文化。可能在徐福到达日本1200多年里，徐福东渡不许公开谈论，所谓"令严不许传中国"，也不许传日本，至义楚、弘顺时代才得以打破禁律，畅所欲言了。

徐福的确是深谋远虑，大概当他出海之前登陆之始，就做好了"止王不来"的长远打算。为了建立一个真正属于自己的小独立王国，徐福采取了一系列措施。首先，禁止人们说从大陆来的事实，这样，便可割断历史，使民众听命于自己；其次，将一些带来的汉籍尽行封存销毁，当徐氏家族后裔一代代统治者入葬坟墓时，也将这些汉籍随葬入土。这样，就使原本未受教育的童男女忘却从何而来，遗忘过去，面向未来。这也许正是当初徐福为什么不带或少带成人？而索要大批童男女的初衷。这本身就标示出这位非凡术士的过人智慧及超越时代的深谋远虑。显而易见，童男女，既便于养育，也便于教化，既便于割断与大陆故土文化的记忆纽带，也便于自己开创一个崭新的岛屿国家。

欧阳修这一说，明人刘仲达便认为文化书籍是徐福带去日本的，所谓"日本之学始于徐福"。"日本国在大海岛中，岛方千里，即倭国也。其国乃秦始皇时徐福所领童男女始创之国，时徐福所带之人，百工、技艺、医巫、卜筮皆全，福因避秦之暴虐已思遁去，不意遂为国焉，而中国诗书遂留于此，故其人多尚作诗写字……"[6]。明人都穆甚至说得更具体，认为尚书也是徐福带去日本，"或谓之日本国，有真本《尚书》乃徐福入海时所携者"[7]。

1274年文永之役结束后第5年，28岁的日本实权统治者北条时宗招邀南宋名僧明州人佛光国师无学祖元，于1279年东渡日本，为建于弘安5年（1282年）11月的园觉寺（镰仓）开山，作为镰仓建长寺住持，他奠定了日本临济宗的基础，园觉寺现存四件被认为是无学祖元带来的漆器，5年后他做"献香于纪州熊野灵洞"诗。诗云：

先生采药未曾回，故国山河几度埃。
今日一香聊远寄，老僧亦为避秦来。

宋朝的林旦也有《蓬莱泉》：采药瀛洲去，扁舟竟不还。

似乎第一个亲至纪州熊野看到徐福庙的是一个元末名叫吴莱的人。吴莱是明初文学家宋濂的老师，宋濂有"不知秦世童男女，还有儿孙跨鹤行。"句，显然也知道徐福的故事。他的老师吴莱呢？没做官，却云游四方，似乎到过日本？不然为何他的诗中写有"客熊野徐市庙听语"？或作"听客话熊野山徐市庙"，在这首诗中他提到了徐福。在日籍中译做"客の日本熊野徐福庙を话すを听ぐ。を记した。"

大瀛海岸古纪州，山石万仞插海流。

徐福求仙乃得死，紫芒老尽令人愁。

就中满载童儿女，南面称王自民伍。

……

真人独见阜乡舄，奉使遥传滈池璧。

绝海中津，延元元年1336年11月13日生，南北朝室町时代初期诗僧。与义堂周信并称为五山文学的双璧。土佐国（今高知县须崎市虚空藏山五位山草坪立有徐福彰显碑）津野人。1350年入洛西天龙寺落发。平政23年，1368年明洪武元年，游学中国，修禅学，拜全室和尚为师。寓居杭州中竺寺。1376年正月的一天，太祖朱元璋在英武楼召见中津，朱元璋指日本地图问及熊野古祠，中津绝海"应制赋三山"云：

熊野峰前徐福祠，满山药草雨余肥。

只今海上波涛稳，万里好风须早归。

朱元璋惊其文才，当场和诗道：

熊野峰高血食祠，松根琥珀也应肥。

昔日徐福求仙药，直到如今更不归。

朱元璋赐中津衣钵、褐裰、柱杖、宝钞，中津同年回国，后得罪了足利义满大将军，1405年圆寂。

徐福东渡的传说在明代广为人知。但明代人已对徐福出海有了更多的自我诠注，明人李东阳认为嬴政是徒劳的，目的根本不可能实现的，其《题东溟一览》说："汉主有才通使节，秦皇无计觅仙方。"

杨琚也赞同此说，《秦皇岛》云："始皇曾此驻求仙，方丈瀛洲亦杳然"。张廷翰《秦台》："不见徐市还，但闻祖龙死"。陈绾《秦皇岛》："闻说秦皇海上游，至今绝岛有名留"等等，都只当成一种虚无缥缈的传闻来吟咏。

至清代，更多的骚客吟诗弄墨歌咏徐福，唐梦赉《崂山看海市》有"市廛徐福旧同来。"句。清人宋台《徐山怀古》说：

六王毕后雄心侈，妄想长生遗徐市。

刀圭祈得可延年，将谓祖龙终不死。

秦玑有《观海》：徐福求仙杳，张骞泛斗回。

陈章有《达蓬山》：惜未铭李斯，竟尔输徐福。

最值得称道的是清人左光涛，他作有长诗《卭夕城歌》，其中有：

六国渐次归强嬴，祖龙日佳意气盈。

世间万事逞胸臆，所难致者唯长生。

海滨方士窥风指，竟夸有药能不死。

……

就中徐福最荒唐，稔知澶洲土物藏。

纵横广袤千余里，据此何减夜郎王。

清末，有关日本熊野徐福墓的议论多起来，这与甲午战争后中日往来增多有关。先是襄助李鸿章外交事务的薛福成，1838 年他在《薛福成出使日记》中说徐福墓："墓在田坝中央，并非高冢，只平土三四丈耳，有古树二株为记。"这是较早向国人报道日本徐福墓的消息。

接着，黎昌庶写有《访徐福墓》，介绍日本纪伊的地理位置，说此地上古时概称熊野，"和歌山县东娄郡，……徐福墓在新宫山下，……旁二十余家，多距数十百步，传为福之亲近陵夷。"

此说一出，没到过日本的人也转述此说，如葛士浚："中国之通日本，始于秦迁史言……今纪伊国有徐福祠，熊野山有徐福墓，此其证也"[8]。

清末驻日外交家黄遵宪，明治十年（1877 年）随驻日大使何如璋出使日本，为驻日公使馆书记数年。比起以往诗人来更了解日本，他描述生活过的日本道：

立国扶桑近日边，外称帝国内称天。

纵横八十三州地，上下二千五百年。

固然诗中没有明确提到徐福字样，但这"上下二千五百年"似应是指徐福从开国到黄遵宪的时代。黄遵宪另一首《咏徐福》甚至说出徐福和日本三神器传国至宝的关系，道：

避秦男女渡三千，海外蓬莱别有天。

镜玺永传笠篷殿，尚疑世系出神仙。

（笠篷殿：指大和国笠篷邑中贮藏"三种神器"之处）

道光 27 年秋有个叫丁绍仪的人渡海到台湾，1895 年，马关媾和条约清政府把台湾割让给日本。光绪年间丁绍仪撰写了《东瀛识略》，把在台 8 个月间遇到有趣的事全记入书中。其中就说到徐福到日本，并说日本单姓

东　渡

-83-

乃徐福童男女后裔。福所居名徐村，墓在熊野山下。

到了 1837 年，黎庶昌专门访谒了徐福墓。黎庶昌《徐福遗址留诗》咏道：

蓬莱岩下已荒莱，漠漠平畴土一堆。

二千年后吾游此，不见仙人采药回。

与康有为、梁启超、苏曼殊交好的吴功补曾应邀赴日，直到 1917 年才回国。在同文中学任教员和校长期间，他专门撰写了《凭吊徐福墓记》和《徐福二千年大祭之文》两篇文章，还吟咏了《自奈良至新宫访徐福墓绝句十五首》《吊徐福》两首长诗。文章限于篇幅不录了，诗可引几句："读史乃知徐市误，俗书偶往草头文""蓬莱处处皆成聚，今日秦人遍五洲。"除了重复"东方书同文，远源在兹乎"这类"日本之学始于徐福"的传统说法外，还融入严复天演论的思想，"天演论强弱，交逊古道殊"，看得出带有鲜明的时代特点。

方士徐福后世弟子们更杜撰出徐福成仙得道医病度人种种诡异之说。最先开得道风气的是葛洪写的《安期先生传》、《沈羲传》，唐人戴孚的《广异记·徐福传》，伪托东方朔的《海内十洲记》也说徐福得道成仙，宋人李昉《太平广记·徐福》，北宋张君房《云笈七签》卷 6《三洞并序》，五代杜光庭《仙传拾遗》几乎都加进了徐福医病成仙度人的故事。这是所有流传徐福故事中最毫无价值的疑问和衍生。倒是唐人冯贽《记事珠·子部·隋唐笔记》中说徐福设计了一种不用挂钩的帘子，叫"不钩帘"，显得颇有几分新意。

当然，也有人怀疑蓬莱仙岛实际是海市蜃楼所致。苏东坡在龙口东 50 公里海岸的蓬莱阁观望庙岛列岛时写诗说：

东方云海空复空，群仙出没空明中。

荡摇浮世生万象，岂有贝阙藏珠宫。

明人徐人凤《神山现市》似乎不相信三神山，认为是海市蜃楼：

当年若使秦皇见，不遣徐生海峤行。

元人于钦《齐乘》也按照这种说法，说"海市必现……蓬莱、方丈、瀛洲，望之如云，未能至者，殆此类耳"。清人钱泳《履园丛话·丛话三·考索·海市蜃楼》说"后游山东莱州，见海市，始恍然曰：秦皇汉武俱为所惑者，乃此耳"。他们都明白海上神秘离奇美轮美奂的仙山宫殿乃是海市蜃楼的幻觉，这实质是对徐福蓬莱求仙的质疑。

种种疑问也跨过烟波浩渺的大海飞到了日本列岛。首先，北畠亲房在《神皇正统记》中明确地加入了"孝灵天皇四十五年乙卯，秦始皇即位，

（派人）到日本求长生不老药，并记[9]"。显然是代表日本朝廷对徐福东渡的官方承认。

距今较近提到过徐福的例子，可举江户时代末、明治时代诗人草场廉。草场廉，字立大，船山是他的号，他是诗人草场佩川之子。著有《船山诗集》3 卷，《船山遗稿》2 卷，《文章规范纂评》7 卷，和《日本史略》等。

草场船山在其《樱花》诗里不仅提到徐福赴日本求仙药，还说徐福把日本的国花——樱花错认成了祥云。他说：

西土牡丹徒自夸，不知东海有名葩。

徐生当日求仙处，看做祥云是此花。

这里西土指中国，东海指日本，徐生即徐福。草场廉了解到的有关徐福的传说纯系在日本听说的，因为综观他一生，没有来过中国，他文政二年生于肥前国小城郡多久村大古场，在江户受教昌平黉儒官古贺精里，从梁川星岩、篆崎小竹学诗。19 岁乡校教书，后受聘对马严原藩任小学校学头临督学政。明治初任教东京。明治 20 年病逝。

可见，江户时代末到明治时代，有关徐福东渡传说在日本列岛已经非常流行。即使从没来过中国的人，也十分谙熟徐福东渡的故事。而且能明确说出徐福登陆地，这是中国文人无法知道的。日本汤川魔洞就在他的诗中很明确地指出了徐福的登陆地点，他道：

纪南南去是牟娄，徐福云帆此处投。

海有长鲸山大瀑，何须屑屑说瀛洲。

纪南即纪伊熊野之南，汤川魔洞坚信徐福到了纪伊熊野。

其后在日本的熊野出现了熊野新宫说和名古屋热田神宫说，至于日本的尾州热田神宫说则是晚出的一种说法。

江户时代日本的研究者，似乎更热衷谈论徐福的话题。和歌山（纪伊）徐福墓也开始设置了徐福墓碑。

东渡

从日本的室町时代到安土、桃山的 15、16 世纪，对徐福研究的资料都没什么新发现。到 17 世纪时，丰臣秀吉入侵朝鲜，朝鲜开始向日本派遣通信使，开启了朝鲜通信使的历史，这些通信使到日本后与当地的日本人频繁接触，其时正值德川江户时代。

德川氏时代日朝来往频繁，日本幕府派人去的地方是斧山的倭馆，李氏朝鲜官方组织的朝鲜通信使也多次来日本，在约 20 年间每次平均 450 人的使团，共来日本 12 次，每次都有记录。日朝间的往来，对当时的政治、文化信息的传播起到了积极的促进作用。朝鲜信使在日本的一些住地、停

泊地与当地的日本人见面并记下了所见所闻,写成笔记。例如,第一次赴日本的庆七松所写的《海槎录》和 1607 年第九次赴日的申青泉所写的《海游录》(平凡社、东洋文库 252),都记下了当时谈话中提到过的徐福。其中被现代日本平凡社、东洋文库翻译刊行的《海游录》,记有通信使曾三次问到过徐福。

1443 年(嘉吉三、足利义政时代)出使日本的申叔舟奉王命撰《海东诸国记》,申叔舟是李氏朝鲜的高官,通史及诗文,申叔舟记述了朝鲜通信使的情况,其所撰《海东诸国纪》对日本国九州、一岐岛、对马岛、琉球等均有论述。有《日本国纪》《琉球国纪》《朝聘应接纪》。关于"日本国纪"之"天皇代序",天神七代,地神五代始于神武天皇,其论为:"孝灵天皇、孝安之太子,元年辛末,七十二年壬午,秦始皇遣徐福,入海求仙,福遂至纪伊川……在位六十八年,寿百二十,是时熊野权现神始现,徐福死而为神,国人至今祭之不过"。

出使日本的使者为何 1443 年赴日本时可以提及徐福?显系北畠亲房的《神皇正统记》(1339 年)已发表百年,大抵徐福身世此时已可以公开了。

在一本名为《江南笔说》的书中,记有朝鲜通信使要查阅那些据说颇似蝌蚪文字的有关徐福的经书,这种经书在日本的热田神宫出云大社有遗存,但按照日本的习惯,这些经书是秘不示人的,朝鲜通信使认为不让人看等于没有,对这些有关徐福文字的存在表示怀疑遗憾和失望。

徐福在朝鲜半岛也有各种传说[10],与日本不同的特点是:朝鲜半岛的传说承认徐福最终到了日本,只是路过朝鲜半岛而已,故事没日本详细,遗迹没日本繁多,更没徐福墓。

[1] 曹植《辩道论》。

[2] 葛洪《抱朴子·内篇校释》卷 4《金丹》。

[3] 贯休《了仙谣》:"始皇不得此深旨,遣遣徐福生忧恼。"鸿渐《奉送日本国使空海上人橘秀才朝献后却还》:"人至非徐福,何由寄信通"。

顾况《送从兄使新罗》:"管宁虽不偶,徐福尚相邀。"

[4]《义楚六帖》(又称《释氏六帖》)卷 21 "国城州市部"的"城郭·日本"中,首次明确提到徐福最终到达的是日本(也叫倭国),说今日的秦氏(日本古代渡来豪族)为其后代,仍自称秦人。并说徐福到达后,将富士山称为蓬莱。见浙江古籍出版社 1990 年版,32 开,印量 3000 册。

[5] 宋·李昉《太平御览》卷 782《四夷部三》。

[6] 刘仲达《刘氏鸿书》明万历三十九年汤宾尹删正刻本。

[7] 都穆《听雨纪谈》。

[8] 葛士浚《皇朝经世文续编》卷五《学术五·文学一》（《近代中国史料丛刊》七十五辑）。

[9] "に孝灵天皇四十五年乙卯，秦始皇即位，长生不死药を日本に求む"と记した：其还说："四十五年乙卯，秦始皇即位，始皇好神仙，求长生不死之药于日本，日本欲得彼国之五帝三王遗书，始皇乃悉送之，其后三十五年，彼国因焚书坑儒，孔子之全经遂存于日本。"此外，日本关于徐福的古代文献还有《姓氏录》《罗山文集》《徐福古文书》《异称日本传》《玄同放言》《同文通考》等。

[10] 关于徐福在朝鲜半岛的文献还有李晬光《芝峰类说》《朝鲜李朝实录·肃宗实录二》《朝鲜环舆胜览》《太白逸史》《三韩金石录》《破闻录》《济州岛于秦徐福遗迹考》4卷等。

东 渡

第十二章　济州岛上匪夷所思的坐标

　　济州岛是徐福错认过的理想彼岸吗？究竟是航标还是什么？要暂避风暴还是补充给养？到底是盲目登陆还是友情造访……西归浦玄武岩上语焉不详的密码符号，这些微弱的历史浪花，也许能帮我们破译为什么朝鲜半岛与汨罗江畔，存在何其相似的巧合……重新启航，阳光普照，太阳之神要送给徐福一个王国，那个国家的名字与太阳有关……

　　好了，到这儿，古代中国大陆能找到的徐福东渡的线索至此就中断了，我不得不像2200多年前的东渡者那样，收拾行装，乘海船（后又乘飞机），一次次跨溟濛、泛烟涛到那个远离祖国、远离母语的陌生国度，寻找徐福及童男女的下落，看看他们是否真得在烟涛微茫的海路上，泛起过哪怕是瞬息即逝很模糊，很微弱的历史浪花。

　　2001年4月初一个风和日丽的清晨，距公元前219年那个清晨恰好是2220年，为了追寻徐福船队的航路，感受徐福一行的海上经历，我登上燕京号海轮，从天津塘沽港启航，向东驶去。我站在船舷上感知着2220年前那古老船队在海天之间留下的哪怕是点滴历史信息。

　　燕京号驶出渤海湾，黄浊的海水开始变得澄澈而碧蓝，几只海鸥欢快地围绕着船舷上下翻飞，远处时而见到一两艘渔轮游弋海面。海风吹拂着我的头发，遥想徐福船队也是这样向着同样方向向着大海的纵深处驶去，走的就是这条航线么？时值四月，海潮最温柔温和的季节，她的发情期发怒期还没到来，徐福启航的那个早晨也这样风平浪静么？

　　海上航行至第二天时，我信步走上甲板，举起望远镜，右船舷东南方向，开始有岛岸远远地浮现在海平线上。渐渐地，那岛岸轮廓越来越清晰越来越变大地进入我的视野，终于看清了，那是一个美丽突兀的岛屿。船舷上有人兴奋地呼喊起来：看啊！济州岛！济州岛！

　　果然是济州岛，这个与徐福东渡有关的神秘岛屿，带着有关徐福登岛的传说和留下的遗迹闯入了我的视野。从天津塘沽港驶至日本神户港，燕京号需要三天两夜的航程。中途经过朝鲜半岛南端的济州岛和对马海峡。

望着这美丽的岛屿，我猜想：徐福航行途中花费时日肯定要比燕京号多，但，如果他走日本学者推测的航线；中国东海岸—朝鲜半岛—对马—壹岐—呼子—唐津—伊部—春日，那徐福是否有可能在朝鲜半岛停泊一下呢？至少济州岛是徐福的必经之路，徐福也邂逅过这个美丽的岛屿吧？

济州岛古称耽罗，后为新罗，百济属国，韩国洪淳晚《徐福集团与济州岛》说以前汉拿山就叫瀛洲山，济洲岛称瀛洲或东瀛洲。韩国文献高得宗的《弘化阁记》："此地名济州是朝鲜太宗 16 年时，此地被分为东为旌义，西为大静，从前叫东瀛洲或者乇罗"金锡翼《耽罗纪》："史记瀛洲在渤海中，但仔细考察，在东国世纪中金刚山被称作蓬莱，智异山被称为方丈，汉拿山被称为瀛洲。"

济州岛曾被徐福错认过是理想彼岸吗？

古代航海技术或风暴，可使航海者漂泊于中国大陆与济州岛之间，可举《漂海录》。

1488 年，明弘治元年，朝鲜成宗 19 年，曾参与过《东国舆地胜览》《东国通鉴》的朝鲜弘文馆副校理崔溥自济州岛返里奔父丧，途遇风暴，同船 42 人漂流大海 14 昼夜，水尽粮绝时漂到宁海与临海间的牛头洋登陆。崔溥一行后经宁波杭州沿京杭大运河抵北京，过鸭绿江回国，写下了著名的《漂海录》。崔溥戊午士祸被流放端川，1504 年逢甲子士祸遭斩刑，但却留下了木船从济州漂过黄海抵达浙江的记录。

济州岛南海岸美丽细软的新月形沙滩，衬以玄武岩景观，取名叫"西归浦"？西归，谁西归？这一定是从西边家乡漂零天涯者慰藉乡愁的流露，那会是谁呢？济州岛东南西归浦正房瀑布绝壁上有石刻"西市过此"[1]（今已不可见）。四个大字或许是西归者谜底的揭晓。

关于"四市过此"的解读，其中"市"即《史记》中所记"徐市"。"市"音同"福"，读 fú。日语读为ふく。那么这个"市"字就是徐福的名字，令人费解的是"四"即"西"，今日语里，一二三四的"四"，发音与西边的"西"略同。破解"四市过此"，就是"西来的徐福路经此地"之意。"四市过此"四字正是徐福路经此地所刻留，这也与当地传说徐福路经此地相吻合。

在朝鲜半岛丽水东隣，南海岛的锦山有极可疑的汉字石刻铭文[2]。清末的朝鲜李朝官员曾将南海岛锦山极可疑石刻，持到北京，清代文人解读为"徐市起礼日出"，但这些石刻文字究竟是当时的遗存还是后人的穿凿附会？还是一个有待破解之谜。倘"四市过此"四字及"徐市起礼日出"石刻，确为徐福所留，那么徐福离开中国大陆后，一定是路经朝鲜半岛，

东渡
-89-

韩国西皈浦市徐福
纪展示大斤
王谠
2009.5.30

济州岛新建的徐福纪念馆

由朝鲜半岛再向东抵达日本九洲的。

徐福为什么要率船队登陆济州岛呢？又为什么不在济州岛停留居住下来呢？从石刻字意看，徐福明确知道济州岛并非他们航行的目的地，"过此"说明他只是暂时驻足而已。且如承认"四"即"西"字的推考结论的话，那么徐福航队的目标显系异常明确，就是要往东继续航行，而非往南往北。可是，徐福登陆朝鲜半岛原因究竟何在呢？

我猜应有这几种解释：

一、"四市过此"的标记犹如从中国东南沿海至日本列岛途中的航标，以备他日参照确定返航路线。再说自己总有撒手人寰驾鹤西去的一天，后世子孙们要是重返中国，或往来于中日之间，这个刻石不是给他们提供最方便的航标吗？果然，继这次首航九年后，徐福曾再次回到山东寻找铁矿面见秦始皇（后文详叙），徐福船队在中国大陆与日本列岛之间往来渡航可能都有赖于"四市过此"海上航标的指引吧？

二、另一条航线，徐福命船队沿辽东半岛、朝鲜半岛全速前进也许是合乎航海规则的。一旦出现不测风云，能够及时靠岸是首要的事情。很可能这次徐福登上朝鲜半岛就是因为暂避风浪不得已而为之的结果，顺便刻下了这四个字；

三、除徐福停靠济州岛我怀疑他是暂避风暴外，我还有理由怀疑他是

要上岛补充给养、食物和淡水，郑和下西洋的海船上既储蓄淡水，饲养家畜，还种植蔬菜，徐福那时的海船是否有这样的功能不得而知，虽然启航前筹划周密，但也许遇上顶风，航期比预定的要长，食物淡水都在航行中消耗殆尽，极有必要登陆济州岛来补充给养。

四、还有一种假设，徐福对日本列岛并无概念，只是想往东航行，结果发现了济州岛，便以为到达了目的地。他匆忙登岛，结果却发现岛上已有人居住把守，责令他限时离开。

那时候朝鲜半岛有人吗？有！首先徐福到达前有箕子遗族。

距徐福首航 101 年（前 320 年），迫于燕的压迫，箕子至朝鲜自立为王，直至今天的朝鲜半岛各地，燕国的明刀钱仍多有出土（这种铜币在冲绳本岛也有出土）。朝鲜半岛历史上曾附属中国，使用汉字，朝鲜半岛上现在使用的字母（创造时称为"训民正音"），是 1443 年朝鲜王朝统治者命令发明的，至今不过 500 多年历史。在一些文物古迹上，仍然保留着的却是许多汉字。

其次，可能是春秋战国时卢国罗国的逃亡者，

要说清这些逃亡者的来龙去脉，先来看首诗；

"公无渡河，公竟渡河。堕河而死，将奈公何！"

这首韩国古诗歌《公无渡河》，讲的是公元前 200 年左右（注意徐福登陆济州岛在前 219 年）大同江上，一个披白发、提酒壶的狂躁男子执意要渡过河去，其妻苦苦劝阻，狂躁男子却一意孤行，结果呢，坠河溺毙。其妻无奈哀唱着：

"你无法渡过这条河，你却非要渡过这条河。跌落河中死于非命啊，对你我可真是没辙！"歌罢也投河同归于尽了。

无独有偶，楚辞的《渔父》《离骚》，也有类似情节描写，只是狂躁男子变成了有名有姓的屈原。渔父、女嬃齐来劝慰，要屈原随波逐流接受现实，可屈原却朗声答道：宁肯葬身鱼腹我也绝不能蒙受这污浊世俗的尘埃。在《离骚》中，女嬃苦苦劝诫屈原："世人人人结党为朋，你却为何连我的半句话都不肯听？"不听渔父和女嬃的劝慰，一代诗人决然赴汤，沉没于滔滔汩汩的汨罗江水中。时间是前 275 年夏历五月初五。距徐福首航东渡 219 年相隔仅为 59 年。

韩国古诗歌与屈原投江，时间相近，戏剧性的投江反投江矛盾冲突都发生在同一背景下——江畔，人物呢？两个故事都是女人与男人的争执。冲突的高潮呢？都是女子苦谏男人不听，结果呢？男子竟毅然赴汤。

何其绝顶相似的情节要素！一为朝鲜半岛，一为汨罗江畔，在那久远

的年代，却有如此偶然的巧合吗？

偶然的巧合？还在继续：

屈原投江后，屈原后裔们开始过端午节，吃粽子、赛龙舟、祭奠屈原……

朝鲜半岛呢？继那个不听女人劝阻非要渡河的男人淹死后，韩国的江陵也开始举行盛大的农耕祭祀活动——"端午祭"；

在中国有江陵、襄阳、汉阳、汉江、洞庭湖等水名城市名。

在朝鲜半岛也同样有江陵、襄阳、汉阳、汉江、洞庭湖等水名城市名；

中国汉江的源头被认为是陕西秦岭的太白山，

朝鲜半岛韩国汉江的源头也被认为是发源于朝鲜半岛的"太白山"；

在中国，汉江的上游有古楚国的丹阳，下游有汉阳。

在朝鲜半岛：韩国丹阳竟也在汉江上游，属忠清北道。汉阳（即今首尔，因过去汉城叫"首都"，简称"首"，带尾音，故脱变成"首尔"），居然也在朝鲜半岛的汉江下游；

在中国，楚国的江陵、襄阳、洞庭湖位于汉江中游。

在朝鲜半岛，岛上的江陵、襄阳、洞庭湖，分布位置也基本上与中国的江陵、襄阳、洞庭湖位置大体遥遥相对。

城市水域同名，地理分布极其相似，这难道是在向我们暗示着什么吗？

顺便说一句，朝鲜半岛这种与中国地理名称相雷同的现象，在日本列岛上同样发生着。例如日本就有"中国""九州"的地名。在德岛市西有峨眉山，（亦作"蛾眉山"）现为眉山公园，日本人芳川越山（1841～1920年）作有"德岛峨眉山眺望"的汉诗，诗谓：

红蔫白惨送春还，新树阴浓且可攀。

乘看依稀旧时色，蛾眉滴翠雨余山。

难道朝鲜半岛、日本列岛，在地名的设置上，都有意成为中国版图的微缩景观不成？

美国曾是英属殖民地，很多英国移民来到北美大陆后留恋怀念他们的家乡，于是，从英国约克郡来的淘金者为慰藉乡愁，把家乡约克郡的名称命名于他们居住的北美大陆上的新家。由于是新约克郡，为了区别于英国的老约克郡，他们就把美国的约克郡称为新约克，新在英语里发音就是"纽"，这个在美洲大陆新命名的纽约（克）已成为今天举世皆知的美国最大城市。这难道不能印证解释朝鲜半岛日本列岛挪用中国地名的原因吗？

也许，历史上真曾发生过鲜为人知的一幕：

汉江中游荆楚腹地曾有两个名不见经传的小国，崇拜熊的罗国和崇拜虎的卢国。罗国也称罗子国，卢国又叫卢戎或卢子国。

楚国？还是秦国？把这两个小国不费吹灰之力灭掉了。总之，很可能是在屈原投汨罗江（前278年）后？罗、卢国的流亡者们乘车马舟船，沿长江或陆路至洞庭湖。取水旱两路，东至长江出海口或齐国，其中，一个叫韩终的跑到了河北境内的燕国。

秦兵步步逼近，卢罗难民们再无栖身之地，特别可疑的是那个韩终，他原本是旧贵族还是什么人不得而知，但此时他的公开身份却摇身一变成了方士，他以采长生不老药为名，欺骗秦始皇带着三千多人从碣石？逃往朝鲜半岛，在那里建立了韩国。最初叫秦韩，后变成辰韩。

在韩国开国神话里，天神桓雄带3000人降落半岛，这天神桓雄很可能就是韩终，神话故事很可能就是韩终对自己出身的编造。

此时，罗国难民也逃到朝鲜半岛，他们声称自己叫"新罗"。就像跑到美国去的英国人把自己的新住地称为"纽约"（新约克）一样。

到朝鲜半岛后，伪装成天神桓雄的韩终与楚国后裔？女性结婚，因楚国王室姓熊，楚有30多位国君以熊为姓，楚人也用"熊"命名，早期楚人曾是崇拜熊图腾的。罗国也崇拜熊。于是，出现了朝鲜半岛人类始祖熊延生的神话传说（日本列岛神话留待后文详述）——传说熊、虎同在洞穴，想变人，天神之子桓雄（韩终）给熊虎"灵艾一炷，蒜二十枚"让它们变人（韩终沿袭端午节门口悬艾草、蒜头辟邪驱瘴的楚风遗俗，今中国南方仍有此俗。），熊在洞中坚持吃了21天大蒜和艾草，提前变成了美女，而虎却无法坚持没变成人。这位熊女嫁给了桓雄，生下了檀君，创建朝鲜。

王英英教授研究认为，源于檀君神话的韩国古代哲学资料《天符经》，蕴涵了中国道学"丹道功"的生命科学思想，这和韩终通晓方术，专事炼丹采药是否有联系呢？

中、韩学者一致认同辰韩就是秦时逃亡到韩国的中国罗国和卢国遗民。

据《梁书·诸异传》对新罗国记述说："新罗者，其先本辰韩种也，辰韩亦曰秦韩，相去万里，传言秦世亡人避役来适马韩，亦割其东界居之，以秦人故名之曰秦韩。秦韩其言语名物有似中国人名。国为邦，弓为弧，贼为寇，行酒为行觞"[3]。

对韩国文化来源的问题学界分歧很大。韩国学者多认为韩国文化源于

西伯利亚，是以北方民族为骨干，这一观点写进了韩国国定教科书；有意思的是，这点韩国与日本非常相似，都把祖源归认到了遥远的西伯利亚[4]。北京大学杨通方教授等学者认为韩文化中有很浓厚的东夷文化因素；中国社会科学院研究员苑利等认为，韩国文化中的主体部分直接源于中国东南沿海的百越民族。

如果上述确曾是一幕鲜为人知的历史事件，那么徐福登济州岛就还有另一种可能：

五、韩终卢生等与徐福一起在琅玡见秦始皇，共同以海上三神山为名向嬴政索要资金，集体大逃亡奔向海外。徐福的目的地是日本，韩终等人却是朝鲜半岛，现在徐福按照自己的航行路线，路过朝鲜半岛，他不能不顺便看一眼当年的同盟同谋者，拜访一下老朋友——韩终和卢生。"四市过此"的"过"，在徐福时代并不是路经此地之意，而是造访之意。他们很可能还在岛上举行过欢聚庆贺。朝鲜半岛南部丽水东邻"徐市起礼日出"的南海岛锦山石刻，是否就是徐福停泊登陆，在岸上举行礼日的巫术仪式遗迹呢？

究竟是树立航标、暂避风暴还是要补充给养？倒底是盲目登陆还是友情造访？徐福留下标记，为什么不明说"西市"过此？而非要语焉不详采用类似密码哑谜的符号形式来刻于石上呢？

童男女们不解其意，徐福狡黠一笑，道：此地距秦近，往来频多，我们为脱虎狼之秦而来，不能留下踪迹引来杀身之祸，故做隐语"西"作"四"。

徐福的担心并非没有道理，举个徐福之前的例子，朝鲜王叫卫满，便是燕国人，当秦灭燕时，卫满攻破朝鲜自立为王。

再举个徐福首航后110年的例子，前109年，汉武帝发兵征讨朝鲜，派遣楼船将军杨僕建造"楼船"，从山东启航征朝鲜，汉朝军队从海上可轻易航抵济州岛[5]。

既如此，徐福留下真名实迹，岂不是此地无银，自曝行踪吗？

我宁愿徐福上岛是会见卢生韩终侯公等老友，相信知恩图报的徐福对济州岛主人给予船队岸上的款待及再航的补给，十分感谢，我想象他至目的地后，回赠三位首领三个妙龄少女，宁愿韩国《瀛洲志》以神话的方式透露出来的是一段隐晦的史实："瀛洲，太初无人，忽三神人自地涌出……长者称高乙那，次者称良乙那，末者曰夫乙那……忽一日，三人登汉拿山，见一紫泥封木函自东海漂来，停而不去，三人降落，开启，内有玉函，形如鸡卵。一冠带紫衣使者随之而来。开函，有青衣处子三人，年皆十五六，容貌脱俗，气韵窈窕……且携驹、犊、五谷种子……使者拜曰：吾系东海碧浪国使者，吾王生三女，年皆盛，求偶未得……近吾王登紫云阁，望西溟之气，则紫霭连空，瑞气葱茏，中有绝岳，降神子三人。由是命臣侍三女来，请用伉俪之礼，以成大业。"

　　海中半岛的黎明，清静而凉爽，徐福让人叫醒旅途困乏熟睡着的童男女们，按照他做方士的习惯，带领着众人朝着东方喷薄而出的那轮朝阳顶礼膜拜。徐福礼赞太阳，这是他作为方士的职业人生信念，也是他开始神权统治众属及未来国家的机心所在。太阳对徐福有着格外的恩赐，正是这至高无上普照大地的神，指引他船队的航向，送他到达理想的彼岸，还将送给他一个归他统治的王国，那个国家的名字将与太阳有关。

---

　　[1] 一讹传为"徐福过之"。韩终等人登陆朝鲜似在徐福两次航日之间，故徐福会韩终也可能在第二次航行途中亦未可知。

　　[2] 见近畿大学李元植教授，《读卖新闻》1998 年 11 月 28 日。

　　[3]《梁书·列传第四十八·诸夷》上海古籍出版社、上海书店。

　　[4] 一说西伯利亚，其名源于鲜卑译音。

　　[5] 汉武帝攻略朝鲜，设四郡，为公元前 100 年前后，当时朝鲜半岛的情况是：

　　地广民稀，数被胡寇，俗与赵、代相类，有鱼盐枣栗之饶。北隙为丸，夫余，东贾真番之利。

第十三章　理想彼岸

一个风清日朗的白昼，终于有一个童男用他兴奋沙哑的嗓音，拼命地狂喊了起来。几乎所有的人都狂奔涌上船甲板，顺着那个男童手指的方向望去，左前方远处海平线上，一抹灰色的岛屿轮廓赫然呈现在徐福和这些男女孩子们的眼中……列岛各地传说为我们勾勒出一幅东渡海图，使我们依稀看到了港岸泥泞难行，登岸者以长布铺敷，踩布登陆。船舷碰落苇叶，掉入水中化作齐鱼……

朝鲜半岛，济州岛，只是徐福远航途中暂时停泊之处，他稍事休整，作罢巫仪，便又号令全体行员登船启航。

东渡
-96-

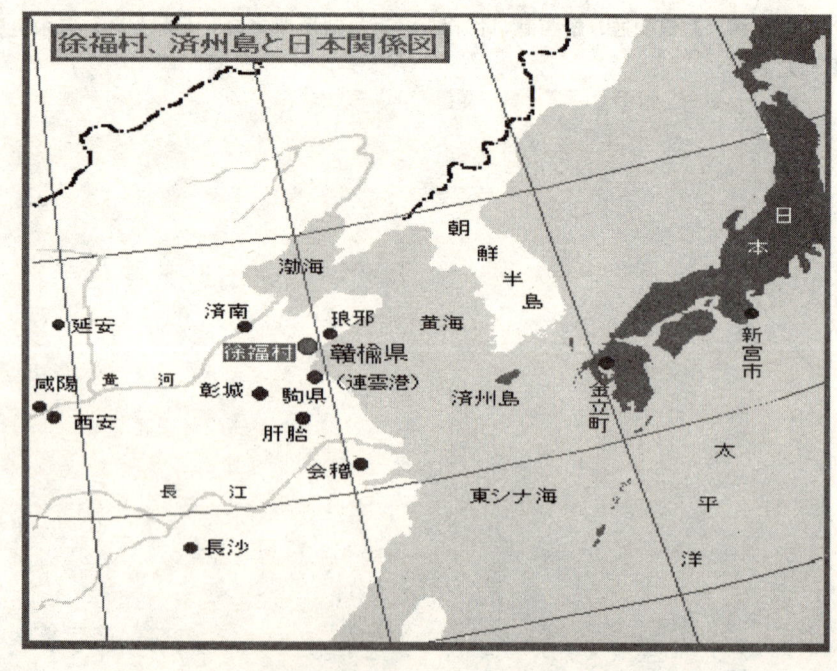

日本人所绘徐福家乡赣榆县、中途路经的济州岛和
日本目的地金立、新宫的位置图。

徐福一行数千人，数十艘船，此刻驶离济州岛西归浦房，他们没有西归，而是继续向东驶去，那就是日本列岛了。

是的，要想精确描绘出徐福等人从中国东海岸驶向日本列岛的海上航线，很难找到依据。不过，我们以徐福东渡一千年后，日本遣隋使小野妹子一行来中国长安的路线为参照，作一番合乎史实逻辑的猜测，推想一下徐福的海路选择。

小野妹子从难波即大阪出发，经过濑户内海，首先到达九州，然后，穿过壹岐、对马，至百济。再从百济甕津岛，横渡黄海，驶向山东半岛或沿高句丽西海岸北上，抵达辽东半岛后，再渡渤海前往山东半岛。这是后来遣唐使出使长安的北路。当年徐福船队似乎是反其道而行之的。

沿着这样一条海上路线，徐福等人从中国的山东或江苏海岸出发，中经朝鲜半岛和济州岛，然后也许折向正东偏北，穿行对马海峡，到达日本的福冈或偏北的出云。

如果驶向正东，那就有可能到达西九州的佐贺、熊本、八代、长崎或鹿儿岛。

还可能向南绕行，从九州岛南端绕至太平洋方向，然后从种子岛北上，沿太平洋海岸到达宫崎、和歌山、新宫。

当然，也可从关门海峡绕进去，从周防滩、濑户内海方向登陆。

也有人推断说徐福这次东渡日本，船队可能因为北风太强劲被吹到九州之南，最终返至九州东南海岸略北地方，那儿名叫"日向"。

最近还有人提出一种新的看法，推测徐福应该走南线。

以上这几种情况徐福东渡船队究竟选取了哪一条航线呢？

应该说明的是：徐福船队可能不止一次到日本，因为在正史中徐福就曾先后两次谒见秦始皇出海，一次是前219年，一次是前210年，当然卫挺生还提出徐福可能三次到达日本，不知何据？由此推知，徐福不止一次到日本登陆地点也就可能不止一个，每次到日本岛后也可能不是一次完成登陆，很可能登陆后又离开陆地复取水陆继续前行。这就是为什么日本列岛有多处传为徐福登陆地，这也使我们要找出徐福精确唯一的登陆地点显得困难重重。

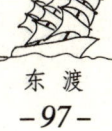

倘若审视一下海图，结合日本流传徐福传说地，有人用笔勾出这样两条最有可能的线路和登岸地点：

不管哪种航线，抱有坚定信念的徐福，这时已经精神饱满地远离了济州岛，率领着他的船队继续向着抵达在即的日本九州鼓满风帆全速前进，

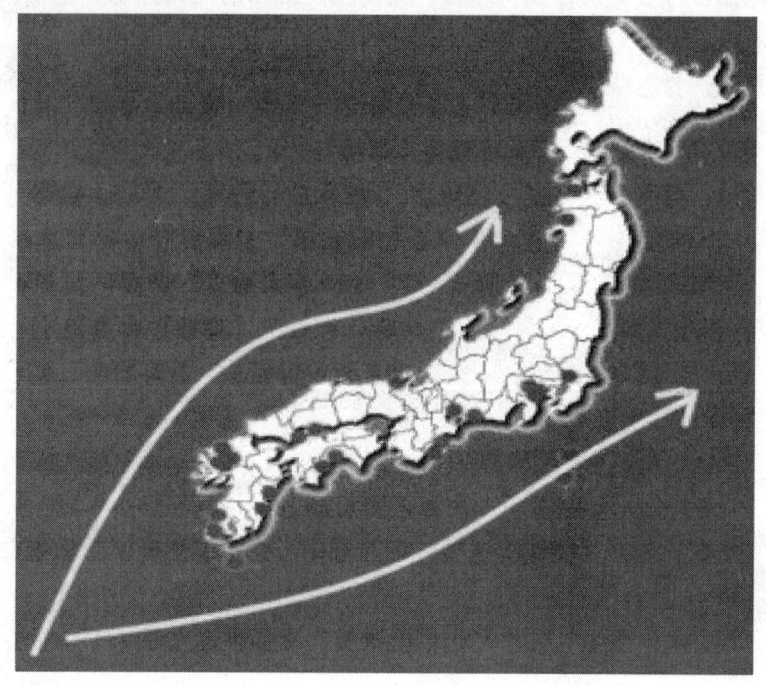

日本人所绘制的徐福船队航行日本海路图，黑点为徐福传说地。

海潮平和，海风强劲，他们一帆风顺，抵达日本的九州已是指日可待了。

在一个风清日朗的白昼，终于有一个童男用他兴奋沙哑的嗓音，拼命地狂喊了起来。几乎所有的人都狂奔涌上船甲板，顺着那个男童手指的方向望去，左前方远处海平线上，一抹灰色的岛屿轮廓赫然呈现在徐福和这些男女孩子们的眼中。无疑九州岛应是最先迎迓远来者的岛屿。现在的问题是，徐福要在日本九州岛的哪个地方停泊靠岸登陆呢？据日本学者研究说徐福船队计85艘海船到日本，何以85艘说？不知何据。

东 渡
-98-

在更准确更新颖更能佐证徐福登陆日本地点的史料被发现前，要想清晰标出徐福船队到达日本列岛后确切停泊的口岸，指出远航而来的疲惫者们在哪儿登陆，远比画出他们海上行驶的路线更为困难些。之所以困难，原因是日本列岛许多沿海地域，都有徐福登陆的传说和遗迹，据台湾学者推断：徐福前219年第一次东渡日本，乃少数人探险到达九州西北部的宗像海崖登陆。我以为日本众多登陆点可解释为徐福先后登陆或分队登陆。据今天日本学者研究，从五岛到北部九州沿岸，还有隐岐岛从西南到东北方向五百公里长的这一带海岸，都属于从大陆来日本岛的门户，从门户登堂入室，很符合逻辑，都有条件被推测是徐福选择的登陆地点。

理想彼岸　王擢 2007.2

历尽千辛万苦，踏碎惊涛骇浪，九死一生梦寐以求的理想彼岸——"蓬莱仙岛"就在远航者眼前，静候着漂泊者的到来。

索性我们联系这些传说遗迹，勾勒一下徐福停靠登陆的行踪吧。

如果徐福穿行对马海峡接近日本九州的话，最先登陆地应是九州西北海岸的佐贺。

佐贺北有玄界滩筑紫野，南临有明海，北部有筑紫山地，南部佐贺平原是九州最大的平原，史家推考，徐福"平原广泽"、"称王不归"的平原最大可能地就在佐贺平原。

西北部的东松浦半岛、西南部的多良岳、伊万里市，是天然良港，这曾是古时中国韩国与日本海路交通的重要口岸，徐福船队最先于此港登陆，这里有"波多津"、"烟津"等地名，均与"秦津"有关。关于佐贺之名，武尊来到佐贺见楠树茂密，遂称"栄（さかぇ）の国"，后变さが。关于さが的解释，可能因砂洲低湿地而来，音さが，地形"坂"也是さか，变成さが，或由现今嘉瀬川古称佐贺川得名。但更有可能是徐福上岸寻找，而日语里"寻找"即"探し"，难道"佐贺"さが是由"寻找"训读演化而来[1]？

在佐贺市诸富町搠东有祭奉徐福的金立神社、下宫旧址。

徐福行至今佐贺市北金立地区，率人弃舟步行登陆，地湿难行，徐福以长布铺敷于地，踩着布登陆，用布一千卷，因这个原因此地至今仍名叫"千布"。

从筑后川的河口，到现在的第二街（ふたつ目の町）、诸富町，徐福在这儿登陆，徐福卜算，掷盏于波涛间，故地名寺井津。在这儿有片叶的苇和齐鱼（片口いわし）的传说，据说，当年徐福船队的船舷碰了苇叶，

东渡

苇叶落入水中，变成了齐鱼。

徐福在武雄市黑发山东南杵岛郡山内町的天满宫登陆，没有淡水可饮用，徐福便令随从在诸富町挖掘水井，随从挖井打上清澈的水来，徐福便用井水洗手，于是在天满宫一座古石像底座处刻有三个汉字"除副社"，实为"徐福社"三字故作笔误，这道理同济州岛"四市过此"同，是故作哑谜隐语，以防秦朝的奸细了解徐福行踪。而诸富町井津便名"御手洗井"。在日本所有古老的神道庙观中，都有祭拜前专门用于洗手的"齐室"，徐福是"齐人"，当与其有关。顺便说一下，日语词汇和地名多用"御"字，可能是徐福建立山寨版王国自立为王多用御字突出其皇权威仪吧。

我们假设徐福真在佐贺登陆，他便令人建造半地穴式房屋、干栏式建筑、望楼（瞭望岛上土著是否来犯，特别是瞭望秦朝的海船是否追来）、城栅。

1986 至 1989 年 4 月，佐贺发掘出土地穴式房址 350 座，窑穴 260 个，墓葬 2350 座，瓮棺 2000 座，石棺 20 座，并发现一座大型坟丘墓。从出土文物遗存看，以陶器为多，兼有石器青铜器生产用具，这些被考证都具有弥生时期文化特征。弥生时期与徐福东渡时间正吻合，这些考古发现，可否怀疑与徐福的到来有关呢？

日本学者说徐福船队哪里有人会把自己视为是什么文明的传播者？不按秦始皇意图航行或擅自停泊者，无疑是自取其咎的亡命，将引来杀头之祸。徐福们自知触犯了严苛的秦律，死有余辜！唯恐被大陆发现。据此推想，他们安全到达登陆地后，再要行驶五百公里寻找到可以隐蔽的地区登陆，那将是最合乎徐福一行心理的逻辑推论。

佐贺濒临济州岛，与中国东海岸隔海相望，似乎缺乏安全感。为了安全起见，徐福率队向南航行，绕过长崎。顺便说一下，日本学者说这儿的渔船较特殊，在日本较少见，是右侧摇右橹，这种右橹船唯有在日本的长崎县和中国大陆才能见到。当是徐福带去的船只和行船方法。

东渡
-100-

徐福到达鹿儿岛的小港弯串木野，如果不包括大隅诸岛等，串木野是日本四大列岛中最南端的岛屿。徐福曾在串木野登陆稍事停留，停留的原因可能是在串木野市的冠岳山西峰，海拔 516 米，徐福在这儿建天坛，举行了封禅祭天仪式。礼毕，徐福将其佩戴的玉冠冕留在山上。从此，这座山便称冠岳。日本用明天皇（585～587 年），曾在东峰敕建顶峰院，奉祀熊野大权现徐福（今在串木野市区建有徐福礼拜所）。

冠岳祭祀毕，徐福又沿日本九州海岸北上，至宫崎县的延冈市今八幡宫北则，这儿有徐福登陆时的系船石，并于 20 世纪中叶在西都原出土的 169 号墓随葬品中出土过弥生初期远洋海船模型。1975 年日本"倭人研究会"曾以此模型仿制了一艘"野性号"海船，从九州至韩国釜山试航成功。

徐福从宫崎再往北沿海路而上遇到了暴风雨，漂至高知，登上虚空藏山，在山顶铺柴草过了一夜，次晨，他把佩剑插在山顶以示思念家乡后离去。高知县须崎市虚空藏山的五位山草坪上留有徐福显彰碑。

可能是外海风浪太大，于是徐福航队驶入濑户内海，到达山口县的祝岛，登上祝岛在此憩息，从此，岛上便有了梨桂，人们祝愿徐福一行寻仙药成功，便将此岛叫祝岛。

最后至和歌山县，徐福在和歌山县新宫市熊野川河畔登陆，距此不足千米处有阿须贺神社（曾立碑，后毁圮，1997年重立），徐福在这里建了宫殿。并死葬于此。现新宫徐福公园内有"秦徐福之墓"碑，徐福的七位重臣全葬于阿须贺神社南约200米处。

阿须贺神社　王弦 2009.7.15

阿须贺神社，这种建筑风格显示出古拙、森严和凝重。

一个非常有意思的现象是，在和歌山县北侧沿海的三重县也有熊野。三重县和秋田县都有徐福墓，三重是典型的衣冠冢，秋田在江户时代《游览记》记载："赤神神社附近有徐福冢"。难道徐福也像曹操那样故布疑冢三十六？从地理位置上看来，徐福从岛南部向东北发展，死于岛中东部也是合乎逻辑的。

传说徐福等人登陆三重县熊野市波田须海岸，散居于矢贺里一带。釜山在熊野市矢贺里境内，徐福在此地传授生活技术，冶炼烧制各种生活用具，考古学家曾于此挖掘出弥生时期陶铁用具文物。在波田须町矢贺丸山有徐福

祠，宋朝僧人祖元曾在能野灵祠献香作《祭徐福诗》说的就是这里。

纪伊半岛三重县徐福登陆地的熊野市还有波多须，音为はたす，而秦栖、秦住的发音皆为"はたす"。波多须与徐福有关。据说在这儿留有三件祖传的徐福遗物。

这地名与日本历史上曾有过很著名的"秦族"有着直接的关系。

据日本文献记载：古代日本从海外忽然来了一支名为秦族的庞大家族，为首的是一个名叫弓月君的人，他率领120县人丁，东渡来到日本的波多须。他们究竟从何而来？他们的身世究竟怎样？人们议论纷纷，猜测不一。有人认为秦氏与朝鲜半岛上的新罗有着密切关系。有记载说，朝鲜半岛的辰韩、弁韩等地区曾居住过很多流亡而来的中国秦人，这些秦氏自称是秦始皇的后裔。

这则记载虽语焉不详，但却是有史可查言之凿凿的。因为在《日本书记》中所载的在日本应神天皇时代发生的这桩事儿，显然有真实的影子。总之，波多须是秦朝中国大陆渡来者登陆停泊而留下的饶有意味的地名。

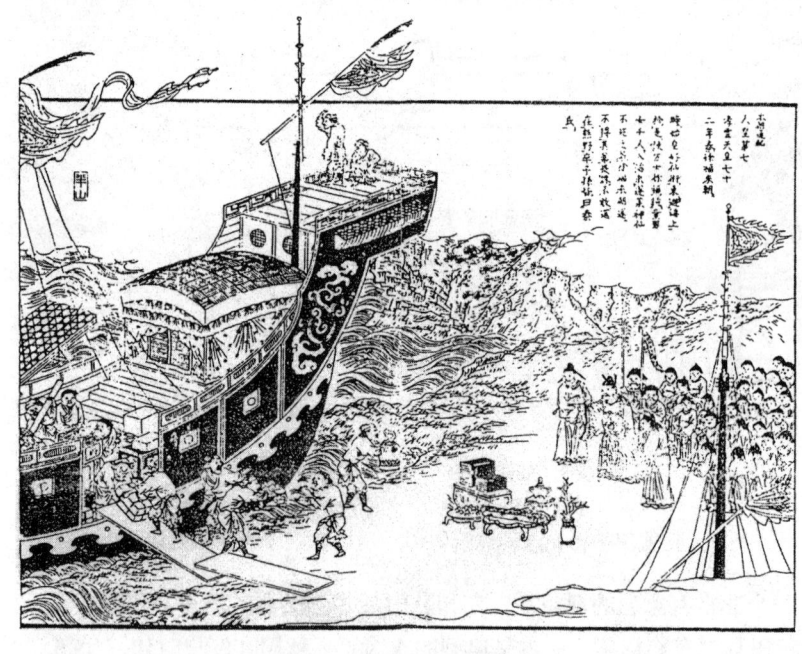

这是江户时代所绘徐福海船刚刚停靠日本岛岸的线描图

画中文字全系中文书写，为：

本朝通纪：

天皇第七，

孝灵天皇七十二年，秦徐福来朝。时始皇好仙术，东游海上，于是使方士徐福携童男女千人入海求蓬莱神仙不死之药，徐福来朝遂不得其药，恐诛，不敢还，在熊野卒，子孙皆曰秦氏。

左侧嵌章刻有"半山"二字依稀可辨。是日本幕府时期画家松山半山的落款。

既然渡来者是秦始皇后裔，为什么不说自己姓嬴，而说姓秦呢？说成秦始皇的后裔，恐有假托之嫌，是秦朝人的可能性或许更大？

他们为什么也要逃脱秦朝的疆域漂泊来到海外？难道会是秦始皇发现了徐福的意图和行踪，派人来剿灭捉拿徐福？还是为另谋生路远遁海外逃至日本？

不管是哪种原因，日本人中有姓秦者，这便证实了日本人中确有秦移民的后裔。

日本九世纪的《新撰姓氏录》的蕃别中，日本的秦姓人自称秦氏，为秦始皇后裔。在古代历史上，东渡氏族可能分散于社会各个阶层，他们把自己的专长知识和技术在各界贡献出来。弓月君带了中国大陆127县移民渡来，他们养蚕机织技术极优秀，（《日本书纪》《ホムタワヶ纪》、《ォホサザキ纪》）。这些人被认为是左京的太秦公的祖先，是始皇帝三世孝武王的子孙。对此，秦栖公跟ォォハッ〻セワカタヶ（雄略）申请要用从秦来的人，调查散居各处者，委派92部、1800余名养蚕，各地配置机绢的专门职司。这就是秦部、秦姓（はた）的起源。七世纪后半叶日本曾制定"八色姓"。制定"真人"、"朝臣"、"宿祢"，"忌寸"为四个等级。忌寸位居第四，从秦来的人也有得到忌寸姓者。

据日本学者研究：秦姓在平安京中心、近畿一带势力众大，并向全日本扩延。

今天，秦氏发音为"はた"或"じん"，写法用"羽田"、"波多"等汉字。

除了在纪伊半岛，三重县熊野市波多须有秦栖，秦住外，与秦相关的地名还有：

秦波止、秦屋敷、秦邑、唐船塚、市来、（"市来"读ふくきたる）四市过此（读しふかし）。

东渡

---

[1] 徐广影《从日本地名起源中探究徐福》。

第十四章　令人费解的海边 350 具古尸

日本西海岸意外发现的有的骨骸被确认距今约 2200 年左右，正是徐福率童男女出海年代的前后，令人费解的是，这些骨骸掩埋的方式都无一例外地面朝着西方同一个角度，用一条直线延伸下去，终端竟然恰好落在中国山东的临淄。既然生不能返回家乡，那死也要望着家乡，望着大海的那一边……

跟随着徐福的踪迹，我也登陆日本岛，首先将搜寻的目光聚焦在徐福一行人可能登陆的日本九州海岸。这一带是日本列岛距朝鲜半岛和中国大陆最近的地域。无疑是东渡者最易登陆的口岸。其中山口县的丰北町尤引起我的关注。

山口县的丰北町土井ケ浜遗迹，对于解释日本早期先住民的身份和来源有着重要意义。这一带原是海滨，沧海桑田，千百年前的涛声早已销声匿迹，昔日蔚蓝色的碧波如今早已幻化为黄褐色的沙滩。可有谁会想到，就在这黄褐色的沙滩之下，日本考古学者们竟然发掘出一具具沉埋千年的沙滩人骨。截止到我驻足日本的 2002 年那个樱花绽开的春季，日本媒体所公布的考古成果是：已经发现了沙滩人骨 350 具之多。

东渡
-104-

这 350 多具骨骸无一不是被发掘于土层之中。从骨骸测定结果推断，有的骨骸被确认距今约有 2200 年左右，那正是徐福率童男女出海年代的前后。所有骨骸经专家考证无疑皆为人骨，这一地区曾是日本九州的西海岸，与黄海那边的东亚大陆东海岸正遥遥相对。

更让人费解的是，日本考古工作者们将这些骨骸发掘后，发现这些骨骸埋起来的方法都呈现出一个奇怪的规律，那就是：这些掩埋于海滨的古尸骨骸，所有的 350 多具骨骸都无一例外地共同面朝着一个方向——西方大海彼岸的方向。那是一个什么地方呢？日本学者进行了一番精密的测算后，得出了一个令人震惊的结论：从北方向西 20 度，从地图上看，那显然是在面向着朝鲜半岛和中国大陆！

这些古遗骸被埋葬时为什么都面朝着西方呢？日本九州海滨沙滩上出土的这些面朝西方的 300 多具古遗骸与中国大陆上那些面朝东方的秦始皇

兵马俑，两者之间有什么内在必然联系吗？

日本考古工作者用电脑按照这些古尸头骨骨骸双目所望方向，用一条引申的直线一直延伸下去，结果，这条直线的终端竟然恰好落在中国大陆山东省的临淄，难道说这些长眠于日本西海岸地下的望眼欲穿者，或许与山东临淄地区有着一些不为人知的瓜葛？

于是，中国和日本的考古工作者、人类学家和历史学家们也将古遗骸解密探寻的眼光聚焦到了中国山东的临淄来。

果然，无独有偶，20 世纪后半叶，临淄城市飞速发展，一座座高楼广厦拔地而起，在高层建筑破土动工之初，常常有古遗骸被陆续发现出土，中国考古工作者们对临淄出土的古遗骸进行了测定研究，发现这些出土骨骸与发现于山口县丰北町土井ケ浜遗迹那 350 多具古遗骸完全一致！远隔万重波涛，早在 2200 多年前，两地的人骨居然如此相同，真是不可思议！难道仅仅是巧合吗？

山东省文物考古研究所的魏成敏，公开在媒体上指出说：在山东省临淄地区的考古发掘，第一次发掘，发现了 1500 人的人骨。后来陆续又有发现，一直发现三四千具。其中，被保存比较好的人骨约有 400 具之多。经过约 10 余年的调查研究，与此一样年代的人骨，在北京和西安等地也被出土发现。松下孝博，土井ケ浜遗迹人类学博物馆馆长，此课题研究专家，为了解开山口县丰北町土井ケ浜遗迹那 350 多具古尸遗骸与中国山东临淄以及其他地方出土的中国古尸之间的关系，专程来中国进行研究。把在中国各地发现的每一个骨头进行测量、统计。测量统计研究得出的结论是：中国大陆发现的古遗骸，与日本山口县丰北町土井ケ浜遗迹那 350 多具出土古尸遗骸二者相貌特征人种完全相同。

一系列人种研究表明，日本列岛的古代人种，分日本新人和古老的绳文人两种，二者有着明显差别，日本新人特征是：长脸，头骨宽。福冈人宽 96 毫米。而古老的绳文人宽 99 毫米。从下额到眉间，福冈人 127 毫米，绳文人则为 105 毫米，此外，绳文人鼻子的角度也似略高些。松下孝博认为从人类学的角度来看，日本新人所呈现出的体貌特征决不是从古老的绳文人进化的结果，日本新人与古绳文人之间的差异属于种属上的差异。

松下先生用科学的方法考查研究结果表明：与山口县人种更为接近的不是日本列岛久已生存着的绳文人，而是大海西岸的中国人。他指出，山口县出土的人头骨，鼻骨矮，比较平，不凸不凹，与中国临淄出土的古代人类头骨很相像，不属绳文人，而与中国人更接近。

说起山东临淄，那也是被推测徐福可能出海的地点之一。难道说，日

东 渡
–105–

本山口县丰北町土井ケ浜遗迹那350多具出土古尸遗骸，其中竟然真的有徐福探险船队的队员吗？

我的思绪又穿过2200多年的时间隧道，闪回到徐福船队驶入大海后所发生的悲惨一幕……

告别了在文武百官簇拥下，脸上透着热切希望却隐藏着残忍狞笑的秦始皇，告别了撕心裂肺生离死别的那3000童男女的爹娘兄弟姐妹们，徐福率领着挤在船舷上的童男女们向东驶离港湾。直到岸上送行的人群渐离渐远消失在视线之外，童男女们才恋恋不舍地扭转身纷纷离开甲板，回到舱中。

海面平和，雪白的海鸥围绕在船舷周边上下翻飞，一群群海豚玩耍嬉戏，追逐着海船翻卷拖起的白色浪花。海天相连碧波万顷，山川平原长大的孩子们，从不曾目睹甚至从不曾想象过人间居然还有如此的胜景。一时间很多孩子忘却了离别骨肉家乡的痛楚，尽情地饱览起古老年代难以想象到的壮阔海图。

然而，好景不长，当船队驶出平静的海湾，驶到大海海面上后，终于遇到了令人担忧恐惧的狂风巨浪。原本温和恬静的海面，被激怒了，一下子暴躁起来。狂风怒吼，仿佛万马咆哮，巨浪滔天，犹如玉山顷倒。原本看似很壮观的庞大船队，顶风破浪，伴着狂风洋流，顽强拼死抗争着，但无论如何抵抗不住海上发狂的巨澜。一艘艘大海船顷刻间化作狂飙中的落

我想象中的徐福东渡，如山巨浪，樯倒楫摧，似有葬身海底之虞。

叶，变成飘忽不定随时都可能葬身鱼腹的小舟。指南针失灵了，方向感没有了，寻找蓬莱仙岛的探险者们，匍匐于船舱中的各个角落里，任凭巨浪一会儿把船举上百尺波峰，顷刻又被甩入万丈波谷，童男女们除了与术士徐福一起祈求神灵的庇佑，忍受着风浪的肆虐折磨煎熬，别无他法。此刻，船队中应该有不幸的船只被狂风砸碎、被恶浪淹没、被暗夜吞噬……2200 多年前，这支古老船队究竟遭遇了怎样难以想象的磨难，我们怎样想象都不过分。船队中，除徐福外，几乎所有成员出海前的生存空间都只局限于大陆一隅，即使有齐越两国遗民，那恐怕也只是在风平浪静的海湾里打打鱼而已，驶出海湾来领略黄海上的巨风狂飙，对除徐福之外的每一个航海者而言，都是有生以来的第一次，对一些不幸者来说也是最后一次。等待他们的似乎只有死亡。他们只能九死一生地在海上辗转漂泊，呕吐，晕船，疾病，思乡。千辛万苦的心理挣扎，特别是由于各种疾病的折磨，比如缺少淡水和食物，由于缺少青菜维生素的摄入患上了坏血病，等等。越来越多的人，包括五种百工的成年人和 3000 童男女的部分人，陆续死去。每一个人临终前最后一句遗言几乎都是："不要把我扔进恐怖冰冷的大海，等船队到了蓬莱仙岛，将我埋入海边，一定要让我面朝西方，朝着咱们出发时的港口，朝着家乡。既然生不能返回家乡，那死也要望着家乡，望着大海的那一边……"

完全可以推断，徐福一行到达目的地上岸后的第一件事，就是赶紧掩埋好那些早已死在船上或奄奄一息到岸后才断了气的同行者们。当然，为了尊重逝者，给他们以希望和安慰，埋葬的方式绝对按照逝者的遗愿，千篇一律地将尸体面向西方，以了却他们的心愿。

固然，倘若我武断地说日本九州西海岸那 300 多具古尸就是徐福船队中遇难者的尸骨，似乎尚缺乏明证，他们也可能是徐福前齐威王齐宣王时或徐福之后从中国大陆东渡日本九州西海岸的登陆者。这些古尸向我们无言地讲述了那一幕幕东渡者与风浪疾患搏击的艰难险阻，让我联想到那些铤而走险者所付出的努力和代价，窥探出他们生命搏斗和心灵挣扎的痕迹，由此推究出徐福及徐福前后从中国大陆朝鲜半岛而去的早期登陆日本列岛的人种来源及所来之方位。

第十五章　DNA窥出千万年的隐秘

这个陌生的岛屿有人居住吗？徐福的担心没有错，这时的日本列岛已经有人类居住了……现代的DNA给出了答案：古代日本人的DNA有25.8%与中国人相同；24.2%与韩国人相同；4.8%与日本的本州人相同；16%与冲绳人相同；8.1%与阿伊奴人相同。

徐福船队终于靠泊了日本列岛，下船后的第一件事，徐福令存活下来的童男女们掩埋好同舟共济而来的但再也无法睁眼看一看这新岸的伙伴们。接下来的第二件事就是要考虑并回答这样一个重要的问题：这个陌生岛屿上有人居住吗？如果有人，那是些什么人呢？

徐福他们的担心没有错，这时的日本列岛已经有人类居住了。

只有孙悟空承认自己是从石头缝里蹦出来的，每个人都有血缘族系郡望归属感，这在史前蒙昧时代是一种本能，在文明日益进化的时代则是一种自信和力量的源泉。对于像中国这样一个内陆历史文明悠久昌盛的多民族大国来说，历史的寻根意识几乎是伴着历史的发展从未间断过。虽然也曾有个别环节后人看来似乎不甚清晰，但没人会怀疑这个民族最亮煌煌的文献典籍和一件件古锈斑驳的出土文物，无不证实着一个东方文明古国的历史足迹。

然而，对一些移民形成的岛国来说，历史的起源以及对历史起源的看法就不这样简单。日本学界通过考古学研究，也在发问和民族是从哪里来的？现在我们来看看日本考古界是怎样来解释他们的考古发现吧？这实际上也就是日本关于自己民族起源官方定论的一种说法。

与世界很多国家和民族的历史源头都淹没在神异光环中一样，和民族人种起源据日本《古事记》《日本书纪》上说，创世神伊耶那歧神和伊耶那美神兄妹，用天神赐予他们的琼矛，搅动海水，提起琼矛，琼矛上滴下的水滴变成四国、九州、对马、本州等岛国。

显然，神话并不等于历史，其实，日本列岛根据所发现的石器人骨遗存证实，一万年前的旧石器时代就有人类居住。但是关于这些人类遗迹和种属究竟是与创造了早期绳文文化的绳文人接近？还是与现代阿依奴人相接近？抑或是与近畿地方现代日本人接近？这些远古人类是在更新世后期或一万多年前由中国北部地区通过陆桥来到这寂无人迹的荒岛？还是从东南亚通过菲律宾、台湾、冲绳或是从中国大陆的山东进入日本？日本的语言学家则试图从语言学角度考查，有人依据日语语法结构与朝鲜语、蒙古语、土耳其语等阿尔泰语族颇有相似处，提出日本人的祖先经由蒙古、中国东北和朝鲜东渡日本；也有的语言学家则依据日本语词汇的元音结尾又深受东南亚和中国大陆文化影响的现象，提出日本人种由东南亚而来（关于对日本语的探究，后文第 30 章《迷失了的日本语之谜》将详述）。更有一说云：公元四五世纪匈奴、鲜卑族等五胡十六国以其彪悍席卷中国北部半壁江山的同时也东渡日本，成为征服者和胜利者的日本皇室骑马民族。

　　至于日本人关于自己历史的溯源，6 世纪前几乎全凭口传记忆，然而中国史书中却多有提及。其中以《汉书·地理志》最早，以《三国志·魏志》较详细。直到相当于中国唐睿宗的中晚唐时代，日本最早的史书《古事记》和《日本书记》才成书，到 1906 年 397 卷的《大日本史》才成为江户时代修史业大盛的标志。

　　随着经济迅速发展，文化素质的提高，日本人探究自己历史"寻根"意识愈益强烈，特别是近年来将高科技成果用于考古学、遗传学研究上，使日本的史学研究独辟蹊径，日本对通过利用 DNA 遗传技术的寻根探祖寄予很大希望。

　　佐贺医科大学对绳文人的骨骼进行了科学的研究，将绳文人头骨上留下的牙作为研究的突破口。因为遗传学的进步可以从牙中提取标本，他们把牙磨成粉沫提取 DNA。DNA 是每一个人固有的遗传过程，是从祖先遗传而来的基因。为了找到日本人祖先的明显证据，日本国立遗传学研究所专门建有一个 DNA 储存室。将世界各地 132 个民族的 500 多件的 DNA 样品存入这个储存室，分门别类加以登录。研究者们将佐贺医科大学提供的绳文人 DNA 与存放这里的 29 具尸体的 DAN 加以对比。

　　日本人通过从现代和古代日本人体中提取的 DNA 与从其他民族现代和古代人体中提取的 DNA 进行勘比研究，来推断解答日本人是从哪里来的。

　　NHK 制作了关于人类溯源的系列电视节目，共 6 集，第 3 集《日本人的分支溯源》，介绍当今科学家利用 DNA 遗传基因技术进行人种溯源研究。记得多年前，世界许多重要的传媒都曾报道过瑞士发现一具五千年前的雪中僵尸，我国报纸也曾报道过这则消息。NHK 的电视节目则跟踪着 DNA 研究，居然在英国找到了这具僵尸的后裔。从僵尸提取的 DNA 排列

方式与屏幕上那位金发碧眼的英国女士的 DNA 排列方式，竟惊人的相同。无可辩驳的实验结果，使这位屏幕上的女人和电视机前的观众惊诧不已。

既然 DNA 能证明血缘族裔，那么，从日本出土的古尸中提取 DNA 来研究日本早期人种构成又如何呢？学者们把冲绳人与北海道人、中国人、韩国人、本州的日本人以及北海道的阿伊奴人与北美洲印加帝国的印第安人进行比较。据日本公布的比较结果显示：绳文时代日本人的 DNA 有 25.8%与中国人相同；24.2%与韩国人相同；4.8%与日本的本州人相同；16%与冲绳人相同；8.1%与阿伊奴人相同。比较结果还证明北海道的阿伊奴人与北美洲印加帝国的印第安人（从木乃伊提取的 DNA）为共同祖先。

以 1871 年英国著名生物学家达尔文《人类的由来》问世为标志，人类不是上帝创造而是由古猿进化而来的观点日益被世人所接受，虽然关于人类起源说法有很多争论，但自 20 世纪 20 年代非洲发现了古猿化石后，学者们的目光便纷纷投向非洲。认为：那里辽阔的地域，复杂的地形，热带丛林和草原，高山峡谷和荒漠，促进了高等灵长类的分化。

从非洲，人类向世界各地扩散，随着气候、饮食的变化，导致人种外貌特征开始出现越来越大的差异。其中一支人类分支，由西向东，皮肤愈益变黄。

一种说法认为：地质学研究显示，早期日本与亚洲大陆相连接，是亚洲大陆突出在太平洋中的半岛。后来，由于气候变化、地壳运动、冰山消融、海面上升，约 12000 年前出现了宗谷海峡，割断了日本与大陆的联结，形成了日本列岛。出土文物研究也证明，日本有许多与中国史前相类似的文化特征。就在我停留日本期间，电视节目报道了日本考古界的研究新发现；绳文时代前期的出土陶器，——小牧野遗迹（小牧野位于日本北部），电视节目利用解说和画面将出土的陶罐、耳环，与中国辽宁牛梁河遗迹发掘出土的同一时期陶罐、耳环、进行比较，使观众直观地看到二者有着明显的相似之处。说明早在日本绳文文化时期，日本就与中国大陆存在着沟通交往。

人类进化全过程，正如一个人生命的全过程一样，从母腹中向哺乳动物胚胎的演变，到落地四肢爬行，再到直立行走；从童稚单纯到成熟理性。总之，一个人在短短的生命进程中浓缩并演示了人类漫长的历史进化。孩提时代，谁也不会留意自己的身世，愈到成年和晚年，便愈习惯于探究回忆自己的出身与经历。

人类社会愈是物质丰富文明进化日臻完善，便愈是格外认真严肃地想把那日益远离今天的自己早年的坎坷形状搞个一清二楚，这种寻根溯源在全球人类社会中带有普遍性和规律性。因为，人类在改造自然进化自身的过程中，也包括要回答"你是谁，从哪儿来"这个古老而沉重的命题。能否说，对于自身民族历史的探究，的确标志着一个民族在文明进程中的步伐。我想，很可能爱斯基摩人和一些太平洋岛屿上的土著部落，作为直立人，他们的历史也许不会比"四大文明古国"晚多少，但由于没有文字，便没有历史，便不能认识自身，便停留在物质简陋文明低下的水准上，于是排除生物学意义上的"人"，就文明和社会学意义上来说他们毕竟很晚才迈入人类文明之门。从这个角度来看：历史学、考古学是一个民族文明进程快慢的标志，中华民族曾经一度遥遥领先于其他民族，不仅因为发明了火药、指南针、造纸、印刷，也因其详尽浩繁的史书记载和孜孜不倦的追本溯源，使之在人类文明中占有重要的地位。20世纪90年代末的日本，很多日本学者对日本人种的早期描绘，虽然不尽细致精确，但我以为还算是相对比较客观和谨慎，还心存一种对历史的敬畏审慎之心。

至21世纪初，有个别日本人对自己祖先的描述，变得愈加大胆开放了。他们不再只满足于DNA的血缘比例，而是要将日本民族的起源描状得更符合自己的意愿和更具实用目的。以至于2000年11月5日，日本著名大报《每日新闻》头版头条曝出了轰动一时的旧石器文化研究所副理事长藤村新一自己事先偷埋好赝品自己再挖出的造假骗局。

好了，我们现在还是来描述一下徐福到达日本列岛前的日本官方常规说法吧。

大约距今两三万年前，冰河期的日本，九州与朝鲜半岛只有一河之隔，北海道与大陆连着。今天的日本，高楼鳞次栉比，人口众多，熙熙攘攘，几无立锥之地。但是，在两三万年以前，这些现代化的痕迹都被一种自然景观所替代，漫天荒草，满目凄凉。那时候这四座海中荒岛，岛上平均气温比现在要低10摄氏度，这种自然环境很适于针叶树在很多平原地区茂盛生长。就今天的研究来看，在此之前的遥远古代，并没有火山遗留下来的痕迹，是否可以确定，火山和火山爆发，是在两三万年之后才开始的？是伴着人类登上日本岛而同步的？

东渡
-111-

早期的日本史学界，通过大量史料研究后发表的正统说法是：他们一直认为最先登上日本列岛的人类（绳文人）是从东南亚来到日本列岛的。但随着高科技发展，DNA技术被广泛应用于史学研究领域，日本史学界通过对骨骼DNA等多方面的研究，发表了他们的最新结果，说各种迹象表明绳文人并不是从东南亚过来的，而是与现在的西伯利亚先住民的祖先，伯利亚特人一致。日本人认为，这个结果表明他们先祖中的一支是从遥远寒冷的西伯利亚而来。

第十六章　遥远之旅——猛犸象猎人
从西伯利亚出发

　　巴以鲁湖、玛利塔遗迹、萨哈林遗迹、猛犸象骨骸和地下花粉，告诉我们另外一个意想不到的苦寒之地——西伯利亚……俄罗斯的研究者揭开了玛利塔人长途跋涉追逐猛犸象来到西伯利亚之谜，而他们中的一小支，途径萨哈林最终抵达日本列岛……

　　西伯利亚，漫天风雪。冬天最低气温零下 60 摄氏度，这是我们这个星球上人类生存气温最低的地带。西伯利亚的巴以嘎鲁（バィカル）湖，是日本考古学家寻觅祖先视野最终锁定的聚焦点。

　　日本的人类学者们从今天生活在巴以嘎鲁湖附近的居民身上提取了遗传基因。

　　巴以嘎鲁人有着亚洲人的相貌，生活在湖周围。考古学家在伯利亚特（ブリヤート）人生活的附近发现了一处遗迹，那是大概 23000 年前的玛利塔遗迹。1928 年，依鲁库茨库（イルク－ック）大学考古学教授 G·梅特贝吉尔夫（G·メドベ－ジュフ）——一位学识渊博的老者——带领他的考古队员们对玛利塔遗迹进行了大面积考古发掘，留下相当数量的考古发掘照片等资料。G·梅特贝吉尔夫的发掘研究结果，引起了当时世界考古学界的一片震惊，考古学者们惊讶的是：按照传统常识，冰河期的西伯利亚是不会有人类生存。然而，玛利塔遗迹发现的人骨，推翻了此前的常识。

　　人骨旁发现了用动物骨头制成的装饰物。有人推测：在西伯利亚这块土地上，生存着高度文明的人类。日本考古学者认为：西伯利亚巴以嘎鲁人用石头做的刀，上面是楔形石核，与北海道遗迹发现出土的石刀比较相类似。札幌大学考古学教授木村英明致力于世界各种石器研究，从石器组成及打造技术角度来考察，木村英明用他所找到的论据证明早期日本列岛上的人类是从亚洲大陆东北部进入日本本土的。木村英明提出这种从亚洲东北部进入日本列岛的远古人类是构成今天日本人种的基础，在这种基础上形成了现在的日本人。木村英明教授还认为：这些从亚洲大陆东北部而来的早期人类与现在生活在日本四岛上的现代日本人的血缘关系很深。据此，日本官方说法强调：玛利塔遗迹告诉日本人，23000年前日本人的祖先就生活在那个地方。

绳文人的DNA，使日本人寻找祖先的脚步，迈向了遥远之旅的西伯利亚，迈向了那个玛利塔遗迹。

在玛利塔遗迹，日本考古学家声称找到了人类居住的房子。据称当时此处发现有七座房子。23000年前正是冰河期。今天的西伯利亚，寒风刺骨，滴水成冰。如此恶劣的环境中人类怎么生活呢？日本考古学家们据发掘结果用电脑做了测试，对外宣称说：23000年前的玛利塔部落，大概生存着40多个早期西伯利亚人种。他们顶严寒冒风雪，忍耐抵御着常人难以想象的寒冷顽强地生存下来。这些人类栖身的小屋被推测是用木头搭建再用麋鹿皮包裹盖上。

那么这些西伯利亚人类是从哪儿来的呢？

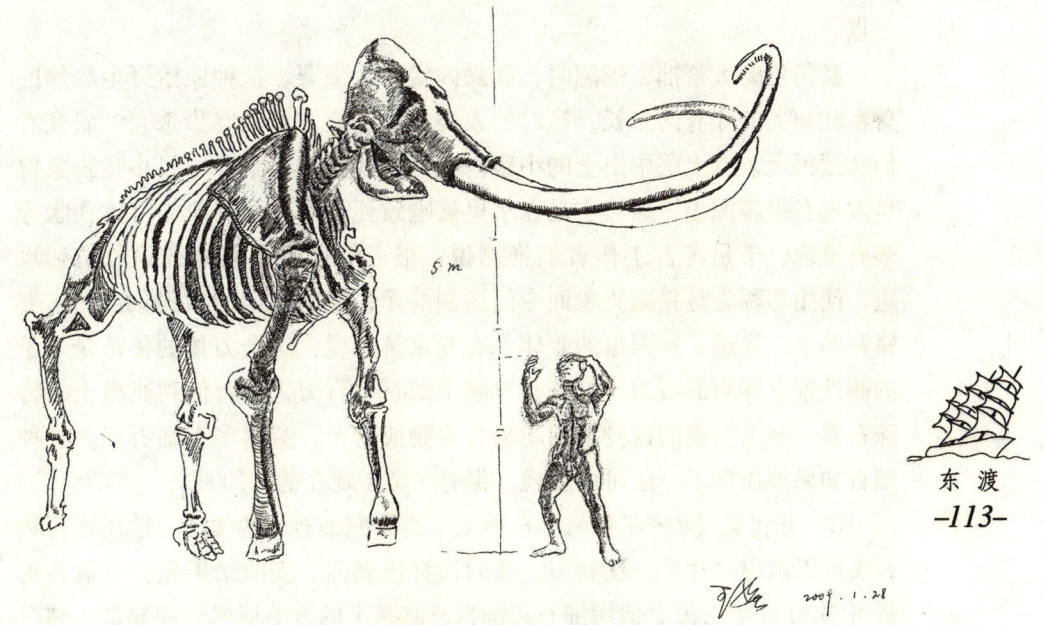

猛犸象（MAMOS）骨骸与人类的比例

非洲大地沟带是现代人类的直接先祖直立人的发源地。本能驱使着当时的人类寻觅那些气候温暖，易于生存之地定居下来以繁衍生存，但为什么会有少部分人徒步跋涉至那冰冷阴森寒气袭人的西伯利亚冰雪中去？是什么诱因驱使他们来到了气候恶劣的冰雪世界并在那里搭建了被今天考古

学界称作是玛利塔遗迹的部落呢？

俄罗斯依鲁库茨库（イルク－ック）大学的研究者们，对大量史料进行反复研究，为的是揭开玛利塔人长途跋涉遥远旅途之谜。在玛利塔遗迹，考古人员发现了猛犸象（MAMOS）的骨骸。

于是，俄罗斯依鲁库茨库提出这些远古人类是为追逐这种动物来到了西伯利亚。

他们用石头打那种名叫猛犸象动物的骨髓，吸吮食用。那名教授说。原来一直认为西伯利亚是不毛之地，谁知在玛利塔遗迹发现的骨头和地下的花粉，却打破了原来的观念，发现了意外的事实。

冰天雪地的西伯利亚，也有绿荫遮蔽的盛夏。在这生机盎然的夏天里，有数百种植物很多动物，有今天已绝迹了的原始野兽，动物们自由快乐地嬉戏奔跳于西伯利亚那美丽而空阔的夏季里。人类就是为了寻找猎杀这些动物中的猛犸象不知不觉中一步步来到了西伯利亚。那些在玛利塔遗迹猛犸象骨上的猛犸象图案以及采用猛犸象牙制作的人像无不证实了这一点。

猛犸象庞大笨拙，愤怒时，狂躁凶猛令人颤栗。这种原始野生庞然巨兽粗壮硕大的牙有两米长，当时的人类怎样进攻它并最终猎杀它？研究者们从猛犸永久冻土层中出土的小猛犸象身上找到了答案。一只小猛犸象胃里发现有很多泥土，显然它是在水里被呛致死，因为猛犸象的尸体在水旁多有发现，于是考古工作者们推测说：很可能那时人们把猛犸象引到水边，使用那种为狩猎猛犸象而专门磨制的矛，掷向水边的猛犸象，一支支锋利的矛，穿透了猛犸象的躯体。有专家解释说：这个力量的秘密是，矛的侧处置有锋利的石刀，这种石刀属于细石刃石刀，是西伯利亚出土的特殊石器，今天发现的这种采用动物骨头制成的矛，旁边多有细石刃。这种细石如果被损坏了，还可以更换，很有些类于现在的剃须刀。

E·奇利亚（E·ギリ－ヤ）博士一直研究细石刃的做法，他用鹿角和石头可以削出一片片刀状利刃，然后再押压剥离。实验结果是，一块石头竟可制50片细石刃。他用细石刃刮自己胳膊上的臂毛居然锋利异常。细石刃可以采用两种材料，一为石质，一为骨质。用石头制成的细石刃坚硬薄脆，用骨头制成的细石刃则富有弹性，倘若将两种物质合而为一，则会变成一种不易折损的细石刃。

手执这种矛，玛利塔人群起将猛犸象围追诱骗至泥泞沼泽处，使猛犸象难以迈动它粗壮笨拙巨大的圆柱形大腿，猛犸象吼叫着，晃动着，企图挣脱逃遁，但最终寸步难行。几天过去了，猛犸象仍在挣扎。人们则讨论

王怀庆 2009.1

　　俄罗斯依鲁库茨库（イルクーツク）大学的研究者们说远古人类为
追逐猛犸象来到西伯利亚，目标更多的是尾随伺机猎杀小象。

着狩猎攻击角度方法顺序和时间，最后，在猛犸象血流如注、狂吼逐渐变
作呻吟中，猎杀行动结束了。

　　西伯利亚奇寒的冬天，玛利塔人靠食猛犸象裹腹挨过了一场场西伯利
亚的暴风雪。

　　大约两万年前，玛利塔部落突然不知何故消失得无影无踪？生活在这
儿的人类痕迹突然全部消失彻底灭绝。以此为圆点，日本考古学者们搜寻
的视野向周边一圈圈扩散开去……终于，在与玛利塔相毗邻 3000 公里之外
的一个被称为萨哈林的地方，远古人类生存的痕迹才又重新进入了考古学
家们的视线中，那个地方冰河期与日本岛屿相连。

　　玛利塔消失了的人类痕迹，在这个地方重被发现，在这儿发现的碎石
刀与玛利塔毫无二致。无疑，这是西伯利亚猎人无意中留下的遗物。要想
解答玛利塔的消失和萨哈林细石刃的发现之间究竟说明了什么？答案或许
就在萨哈林的埃尼塞（エニセイ）川。那是一条在河口附近隐藏着考古答
案的河流。

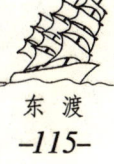

　　埃尼塞川，河口冰的厚度是 50 米，大概两万年前的冰至今尚未融化。
细心研究这些冰层的变化与年代便能得知冰河期这里环境的变化。仔细勘
查那些冰，冰层里有一个个小的气泡。那是冰河期空气在冰水中结冻的结
果。分析这一个个小气泡里空气的含量，便可知晓早已逝去的远古岁月冰
河期的气温。分析结果表明，两万年前，地球在冰河期里最冷时期，平均
气温比现在低 10 摄氏度，在极地沙漠，因极端寒冷，动植物生存的地域日

益地缩小，最终导致西伯利亚原始人类被迫大规模迁徙。他们中一支向东北，通过封冻的陆桥白令海走向北极圈今天爱斯基摩人的领地，然后再从阿拉斯加南折一直走向北美南美，成为后来的印第安人族系。

与本书命题相关的是西伯利亚远古人类中有一极小分支，途经萨哈林最终抵达日本列岛。

日本北海道千岁市，在这儿曾发现有早期人类使用过火的痕迹。柏台I遗迹，发现了细石刃。难道这能够证实远古冰河时期的玛利塔人，正是他们带着自己那特制的武器来到了北海道吗？

初踏上这人迹全无的古老荒岛，最先挡住探险者的水域便是津轻海峡。

冰河期的津轻海峡，水特别深，冰河时期也难结冻。但当北海道和本洲，寒冷气温下降至零下30摄氏度时，津轻海峡就有可能短期结冻，从而使那些最初登上北海道的人类轻易地徒步跨过横贯北海道与日本本州间的这条海峡到达日本各个岛屿。

两万年前，漂泊者们看到日本关东景象绝不像今天的自然景观，那时富士山还喷着烟，植被繁茂，景物迥异。野生动物自由地生活在丛林和原野上，最初登岛居民开始猎杀动物来充饥。

可惜，好景不长，寒冷的空气又从西伯利亚追袭至日本岛屿，比寒流更令登陆者不寒而栗的威胁是：恐怖和灾难紧随其后也步步紧逼而来。

可是当绳文人登陆日本岛后，气候又渐趋变暖不断攀升，21世纪初研究结果表明，在50年中日本列岛气温上升了7摄氏度。这便是现在通常所说的全球温暖化效应。很可能两万年前后气温回升的速度要比现在借助科学观测了解到的还要快。一座座冰山消融了，雪水汇成河流滔滔汩汩流入大海，海平面提升了，形成了今天我们看到的日本岛屿。与大陆性气候截然不同，日本岛屿的海洋性气候，使原来仅有一点点针叶树的草坪，随着气温的升高演变成了广叶树的森林。

东渡
-116-

这种海洋岛屿的森林化，使原本依恃狩猎大型野生动物而繁衍生息的登岛者们一下子陷入了生存危机。人类学家据动物化石对当时的动物生态进行研究调查，推断：岛上气候和森林突然骤变一下子把大型动物依凭生存的环境无情地夺走又面临被人类用细石刃日益捕杀猎尽，大型动物愈益稀少起来。在15000年前地层中发现的动物化石也仅有鹿、野猪、狐狸、老鼠等，更大型的野生动物大约都在两万年前的气候骤变中纷纷陷入种属的灭绝之灾。

气候破坏了生物生存的食物链，直接威胁着登岛者，造成食物严重不足的危机。为了适应岛上新的生存环境，登岛者一改过去制作猎杀大型动物的武器，制造出一种替换细石刃的新型狩猎工具，一种约两公分长的箭头，用这种箭头来射杀小动物应十分奏效。不过只靠食用这种小动物，登岛者很难果腹充饥。怎么办？他们开始企望寻找新的食物替代品。

那时候，森林中有很多被称作是"团栗"的植物。今天只要你随手翻检一下日文字典，便可查出这是绳文人赖以食用的一种植物。团栗含淀粉，不比大米差，是热量很高的食品。不过这些团栗都含有"单宁"（一种特别苦涩的成分）和五倍子，不能生食和烤食，那怎么办呢？

东京新宿百人町三丁目遗迹发现了约12000年前的土器，可以推测团栗也是用这类器具来烹煮食用，以解决食量不足的问题。

其实，登岛者可能早在距今13000年前的西伯利亚阿木鲁（アムール川）河流域就已使用土器了，在嘎亚（ガシーャ）遗迹人们用这种土器保存鱼油。不过，西伯利亚土器与日本土器仍有很大不同，西伯利亚土器厚，平底，略呈圆柱形；而新宿发现的土器薄，略近圆锥体，西伯利亚土器被带到日本后不知为什么改变了式样？明治大学的研究者们注意到了两种土器厚度差异，说："在新宿发现的土器厚度有0.5公分。是阿木鲁土器的三分之一。"土器越薄，燃料越少，煮团栗效果越好。但薄易碎，用火烤时更易于破损。煮食物的效率效果，秘诀在于用土。通过显微镜观察，可以看到土里含有动物毛，这就由储藏物品土器变成烹煮食物土器。这一改良，改出了一万余年的绳文时代。

说了半天，最早登陆日本岛的这些从西伯利亚来的人类，究竟是哪种人呢？他们是今天哪个人种的祖先呢？谜底留待后文"忽如一夜春风来，千树万树梨花开——是谁开启了弥生时代之门"一章再行揭晓。

岁月流逝，时光暗转，从西伯利亚长途跋涉而来初登日本岛上的绳文人，经受住了"乍暖还寒时节"，动植物生态平衡的改组，掌握了土器制作使用技术，俨然成了荒岛上的老住户。他们那日臻完美地使用土器的技术，也随着经验的积累和土器的制作使用，逐渐成为一种风俗和文化，被保留传承下来。这是一种徐福登岛之前沿袭了万年的所谓的"绳文文化"。

东 渡

-117-

第十七章　火山爆发吞噬了黑潮之民

　　从菲律宾过太平洋有一股温暖的由南向北流动的巨大潮流，海洋学家称其为"黑潮"……港川人在遥远的太古时代是如何战胜惊涛骇浪从菲律宾漂至冲绳的呢……巴家坞族海上漂泊，每天行 600 里海路，夜观星星和季风，借以准确判定自己船只所处方位……萨摩硫磺岛在 6300 年前的某一天，突然狂怒咆哮，炽热的岩浆无情地抹去了乘黑潮而来的人类哪怕是极微弱的印迹，唯留下今天岛民语音中稀微的遗痕……

　　除这些从亚洲东北大陆来的冒险登岛者，在徐福到达日本列岛前，还有另一群从西南海上来的不速之客——黑潮之民。

　　从菲律宾过太平洋有一条 500 公里温暖的水域，这是一条由南向北流动的巨大潮流，海洋学家称其为"黑潮"。

　　黑潮仿佛是从太古至今一直从南往北裹携着丰富海产品的高速公路。从南洋群岛迁徙日本的一些马来人种，大约 12000 年前就是乘着这条黑潮顺流而下来到日本。他们被后来的日本人类学者们称作是"黑潮之民"。这些黑潮之民漂泊到了现在日本九州，建立了自己独特文化。最显著者如那些用贝样花纹来精心制作的土器。不过，黑潮之民所建立的南九州文化，有一天突然令人匪夷所思地消失得无影无踪。

　　究竟是什么原因使这些黑潮之民突然有一天像恐龙的灭绝一样消失得无影无踪了呢？

　　近年来，在九州发现了"黑潮之民"的痕迹。樱岛（鹿儿岛）北部有一个海拔 250 米的高地，1997 年，在这儿，使考古学界惊讶的 9500 年前的部落遗迹——上野原遗迹——被发现。

　　遗迹中有鬼界加鲁特拉的火山灰层。黄色下边是约 9500 年前的土层。在上野原，发现人类居住过的遗迹有 50 多个。不仅比关东东北的绳文遗迹要早得多，且规模也大。上野原遗迹，已经有壶型土器出土。比其他地方出土的同类土器早 5000 多年。原来一直认为绳文文化是以日本岛的东边为中心而发展起来的，因为发掘的大多数遗迹都集中在关东东北部。但，南

　　萨摩硫磺岛位于南九州，这座火山喷火口有一部分位于海底，那是大约
6300 年前火山喷发后留下的痕迹。火山喷发，灰烬掩埋了九州土地，也掩埋
了黑潮之民建立的南九州文化。留下了一个绳文时代开启之初，南九州文化建
立者究竟是些什么人的巨大问号。

九州出土的文物推翻了人们以往常识性的概念。通过南九州出土的复原住
居建筑可知：一个建筑里能容纳四五人居住，一个部落最多时约有 50 人。
通常人们推想 9500 年前后原始人类要依靠猎杀动物来生存，过着漂泊不定
的迁徙生活，但，上野原人类迹象显示，那时候岛民似乎已经定居在这个
地方并建立起了自己的文化。

　　房子的周围也发现了做饭用的炉子。这种炉子的烹饪方法可能是把石
头烤热后，在石头上放置用草包起来的肉，烧考后加以食用。这种料理方
法今天在日本南部的小岛上，还偶可见到。在遗迹中还发现了熏肉的炉
子。在上野原的文化中最具独特性的是：岛国南方黑潮之民们独特的花纹
土器上面印有波浪文饰，通常发现的绳文时代的土器，在文饰上都印带有
绳子做的花纹。上野原的土器则一反常规地采用贝壳制作花纹，这种采用
贝壳印制花纹的土器在南九州多有出土。

　　人与海有明确关系的出土石器还可举丸ノミ石斧，这是一种在鹿儿
岛·かこいノ原遗迹出土的文物。因为这种石斧的刃呈弧形，估计当时采
用整棵树木制作小舟，用这种石斧砍制。宫田荣二是位实验考古学者，他
在鹿儿岛县立埋藏文化财中心工作。根据出土文物，他实验制作那种刀。

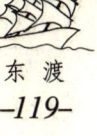

他惊讶这种古代砍削工具的完整程度，出土的丸ノミ与现代仍在使用的丸ノミ，在形状上几乎是一模一样，今天的丸ノミ其用途也是用来把木头挖空。

丸ノミ在冲绳国头村也有出土。冲绳出土的丸ノミ和南九州出土的一样，冲绳也形成了自己独特的文化圈。

那么，南九州冲绳，带来这种独特文化的人都是些什么样的人呢？

答案在冲绳志头村港川遗迹寻找。

1970年在此处发现了人头骨。这种人头骨被称作"港川人"，他们生活在距今约18000至16000年前。日本国立科学博物馆人类研究部部长马场悠男，一直致力于研究人骨化石，他认为港川人是从亚洲南方漂泊过来的人种。他把年代相近的人骨作了比较，在中国南方发现的柳江人，北方的山顶洞人等的人骨，后边突出，与港川人有很大差别。港川人头骨与印度尼西亚发现的瓦家库（ワジャク）人头骨很相像。两者相较，几个颇为相像处为：眼眉骨颇近似，颧骨高。如果单纯从相貌考虑，可以推断：有可能是印度尼西亚人来到九州，或者不是他们直接来到九州而是他们中的部分血缘混入南九州。因为印度尼西亚与南九州一带的来往比较频繁，所以慢慢地人种混在一起了。

印度尼西亚，17000个岛屿。瓦家库人的骨头在印度尼西亚爪哇岛被发现。在爪哇岛中部的瓦家村头，1889年，荷兰人类学者几勃哇考查了瓦家库山洞。这是一个长约30米的天然洞穴，在这里瓦家库人的头骨得以被发现。F·阿吉兹（F·アジズ）博士对古生物学极有研究，供职于印度尼西亚地质开发中心。他认为瓦家库人在这儿生活的理由是这里具有很适宜的生存环境。因为冰河期的亚洲到处寒风习习，而这里却温暖如春。

爪哇岛，世界上有名的人类化石宝库。仅从瓦家库等地发现的人骨就有约100具之多。可以推测在遥远的太古时代，很多人曾聚集于此。但接下来的问题是：爪哇岛周边环海，这些聚集于爪哇岛上的人类是怎样渡海来到日本的呢？荷兰人，地质学博士毛林库拉夫（モーリンゲラフ），试图解开那些人是怎么渡海而来之谜。他在1980年以前，通过海底地图发现了一个重大的事实。他发现：在海底居然有河流的痕迹。难道说那一带过去不是海？冰河期北半球结冰，海面比现在低100米。所以东南亚一带是一个次大陆。

如果说，约10万年前人类从非洲大陆上可以到达爪哇岛的话，那么，在冲绳等地方发现的早期人类也应该可以是从非洲大陆上漂泊而来的探险者。

　　从爪哇岛往北约1000公里处，有个勃鲁内奥岛的尼牙（ニア）洞窟，这儿是陆地的北部，这儿发现了大约30000年前人们生活的痕迹。这个洞窟在热带森林里是一个很巨大的洞窟，高有60米，有两个棒球场那么大。1958年，在洞窟的入口附近发现了大约30000年前的人骨和动物骨，其中有犀牛骨、野猪骨，等等。毫无疑问，冰河期这里有草有树，很多动物在这里休养生息，人类也在这样的环境里传宗接代。日本学者们推测说：冰河期西伯利亚和次大陆是人类两大繁衍地。大约两万年前开始的寒冷期后，次大陆的繁荣有所改变，地球变暖，北半球的冰峰融化，海面提升，次大陆被水淹没，人类开始学习航海技术。在印度尼西亚的斯拉无埃希（スラウェシ）岛，澳大利亚国立大学人类学博士阿兰·松（アラン·ソン）致力于调查远古的航海技术。东南亚有一百种竹子，博士认为次大陆时代人类可能用这些竹子来做船。东南亚有几千条河流，在遥远的古代也有很多河流。据此有理由推测，古代人类可能利用竹筏来渡过湍急的河流，河流的尽头那就是大海，漂至大海就可以漂到下一个岛屿，很可能这样的偶然性迁徙使人们学会了用这种方法在海上飘移。这位博士还注意到了一个海上部落，叫巴家坞（バジアウ）族。

　　巴家坞族在近代一直用船来做房子过着海上漂泊生活，今天他们驾船捕鱼，每天平均要行600海里海路。白天可通过海鸟和洋流，夜晚通过观测星星和海上季风，借以准确判定自己船只所处位置和行驶方向。这些原始的感性经验一代代口传心授从祖先传承下来。在悠久的岁月里，有多少人无畏地挑战海途，与风浪搏击，其中不少人可能葬身大海。但正是这种牺牲才换取了如此丰富的航海知识。伴着岁月潮汐，漂泊航海工具也由竹筏渐变成用树制成的舟船，这样的船，载乘的人数，可以增加到很多很多，航行的距离，可以变得很远很远。

　　文明的繁荣昌盛与人类的繁荣昌盛同步。岛屿上人口密度在增加，迁徙便成为了一种必然。有的人去了澳大利亚，有的人去了菲律宾。在菲律宾东北部的勃利辽（ボリリョ）岛，岛上素有被称为从海上来的人——渡马嘎陶人（ドゥマガット）。人类学家们对他们的血液进行分析后，得出结论说，他们是次大陆行将淹没时代，从次大陆飘移到岛上的居民。

　　对这些居民而言，在岛上生活，舟船是再重要不过的生活资料。他们采用原始的制作工艺，将一棵棵粗壮的树干挖制成一艘艘舴艋舟。太古对次大陆上那些面临灭顶之灾者，网开一面，为可怜的人们打开了海上漂泊之路，缔造了一群又一群的海洋漂流民族。

　　从菲律宾到冲绳有1000海里之遥，何其遥远！那些漂泊者们有再高超

的航海经验和技术，要想平安轻易地横渡这段距离，也是九死一生，谈何容易！

那么，被发现于冲绳的18000至16000年的港川人在遥远的太古时代是如何战胜惊涛骇浪从菲律宾漂流至冲绳的呢？

答案是——黑潮！就是因为凭借这种黑潮，10000多年前的航海冒险者们才有可能从东南亚的菲律宾漂泊至东亚的冲绳岛。

黑潮，宽200公里，深1公里，是世界上最大的潮流。

黑潮，从菲律宾开始有5000公里的海流，从泰国一直把南方生长的鱼虾等丰富的海洋生物携带到北方，在菲律宾国立博物馆，至今可以看到菲律宾与冲绳连接起来的那件极有趣的文物——在菲律宾被发现的丸石斧——一种制作早期船只的原始工具。这个石斧的特征，与在冲绳发现的极为相像。东京都教育厅文化课考古学专门研究黑潮文化圈的小田静夫提出：冲绳出土的文物与菲律宾、东南亚出土的制船工具很相似，说明两地在久远的年代就已开始频繁交往。很显然，那些航海者们是带着这种制作舟船的石器工具乘着黑潮由菲律宾来到冲绳的。

可以想象出，菲律宾至冲绳有1000多海里，海上航行要花费几天的航程。在这几天的冒险航行中，可能有很多人被大海吞噬掉了宝贵的生命。在这些不定期的海上黑潮冒险之旅的人们中，就包括有幸存的那些在冲绳16000至17000年后才被发现的港川人。

九死一生者，侥幸抵达冲绳后才知道这个荒岛也不是乐园。人类学者马场从港川人的骨骼来研究他们的生活。在被发现的9具人骨中，只有1号人骨完整，马场以此推断为成年男性人骨。与现代人骨骼加以比较就会发现，远古冲绳人又矮又瘦，成年男人身高只有153米。从这点比较来看，这些冲绳人营养状态不良，胳膊与肩都较窄细。据此，似乎有理由推断那些远古时代的冲绳人他们不太搬沉重的东西。比起上身来，他们的下半身却往往显出比较强壮，显然为了寻找食物，他们要走很远的路才能找到食物带回住地。还有，从港川人人骨的X透视底片观察，那骨头上有好几条隐约可见的横线。通过这些横线，可以看出冲绳港川人生活很艰苦，他们经常会遇到因为食物短缺找不到食物影响生长的时候。当人体一旦停止生长时，便会在骨骼上留下这种可观察到的横断线条。考古学者们至今不曾在港川遗址居住地附近发现有食物的痕迹，也几乎找不到一丝可资证明港川人生活资料丰富、生存环境良好的痕迹。找到的只是野猪和鹿的骨头，而且也都很小。最大型的动物要算琉球鹿了，就是这种在冲绳岛算是大型的食草动物，也要比一般的鹿形体要小，高仅一米。而且即便是这种琉球鹿，当港川人渡来之后便也频临绝灭了，因为登上荒岛的人要解决饥馑问题。

港川人与那一时期几乎所有的人类一样，生活方式是流动的。不过，他们却没有来到过九州。因为至今尚未在九州发现过港川人的痕迹。从菲律宾至冲绳何其遥远，可是人类的迁徙路线清晰如缕，从冲绳至九州，并不算太远，却为何看不到人类渡海迁徙的痕迹呢？

要想解释这一疑惑，答案还在黑潮。

约20000年前，正值冰河期，黑潮在冲绳北方拐弯。那一时期，即使如果能赶乘黑潮顺流而下，也不会到达南九州。当冰河期已过，寒流在减弱，黑潮往日本本岛而去，能够到达九州时，这时的黑潮之民才开始来到九州。当他们抵达九州时，气候温暖宜人，到处生长着照叶树，黑潮不仅给日本列岛带来东南亚的漂泊者，也给日本列岛带来了最早的照叶树。在照叶树林中，人类可以生食诸如山桃之类的果实。9500年前，人们可能开始以定居方式生活在南九州了。人们抛弃了原来为获得食物而迁移的生存方式，开始在一个地方比如像上野原这样的地方定居下来。

这些原本是海上之民的人类，从南方漂泊到日本列岛后，变成森林之民，他们用石刃来伐树，敲击打磨树干。将海上的生存工具改成适合森林生存需要的各类大小工具了。

在上野原发现有7500年前的壶形土器。一般人们认为土器皿是2300年前弥生时代才出土。日本古环境研究所对之进行研究认为：弥生时代有稻，作壶形土器可能是用来保存杂米的。那是7000多年前的一种杂粮。

水深30米的地方也有不可思议的东西。细细探查才知那些像石头一样的东西竟是一棵棵树，这正是要调查的8000年前绳文时代的树木化石。冰河期之后，海面提升，海边一片片原始森林都淹浸在海水中。那些树木在冰冷的海水中沉睡了8000年，它们以无言的方式告诉后人，绳文时代这儿都是森林。近年的研究使人们了解到：绳文时代砍伐森林的范围可能远比我们想象的要更为广泛，绳文人用这些砍伐下来的树木建造了很多的建筑。从而丰富了森林绳文文化，绳文人与森林的关系从这个角度来探索，约有10000年的不解之缘。

南方乘黑潮而来的黑潮之民在这儿生活了3000多年。可是有一天突然完结了他们的生活，消失的无影无踪。其原因就是前文提到的位于南九州萨摩硫磺岛那座巨大的火山。在6300年前的某一天某一时刻，这座火山突然狂怒咆哮，暴跳如雷，炽热的岩浆以排山倒海般的灼浪无情地涂炭毁灭了大地上的一切生灵，火山爆发的规模是菲律宾1995年火山喷发的15倍。

这次火山大爆发，抹去了那些乘黑潮而来的人类哪怕是最后一点极微弱的印痕。直到20世纪下半叶，黑潮之民的痕迹才重又在日本列岛太平洋沿线被发现。在东京多摩则有204个遗迹被发现。这些出土的早期人类印迹，仿佛在述说着久远缥缈年代里，南方而来的黑潮之民与当地已有的绳文人是如何和平相处共同生活；如何把他们的航海技术与西伯利亚追寻猛犸象而来的那些北方人的狩猎技术交织在一起，共同来编织着绳文文化的故事。

在东京多摩，发现了距今13000～2300年前的绳文时代遗址。到现在确认的绳文遗迹约有800个，共有1000多个聚集地。绳文人使用土器等生活竖穴住居的痕迹也被大量出土发现。这些竖穴住居迹的地方都有柱子，大概在有日本十个榻榻米大小的地方有五六个绳文人住在一起。原来狩猎生涯转变为定居方式，从南方逐步扩延至关东地区。在一处绳文中期的住居迹中，大概有二三十个家庭在这儿生活。

到处生长的针叶树和落叶松果实，可以维系人的生命。但遗憾的是这种果实数量有限，人们必须从一地到另一地移动生活。直到有一天，森林突然发生变化，才彻底地改变了人们的生存方式，开始了彻底定居一处不再移动的生活。

森林突然变化的原因与日本海密切相关。最近研究结果使人们了解了这一事实真相。有关人员从海底取出的泥土中研究当时的环境变迁：在秋田县，黑色的土是冰河期的，后来颜色发生了变化，可证植物活跃了；8000年前的土中发现有温暖的种子，可证气候温暖了，黑潮来过了。

日本列岛受海洋影响，气流上升，而北方日本海那边则仍在雪花飘飘，一年开始形成四季的变化。温暖潮湿，这种气候最适宜植物生长。这使得12500年前，温带植物由南向北蔓延，6000年前变成了一种相对固定的样式。多摩遗迹原来也是原始森林，到处都是宽叶树。这大片森林一年四季的变化，将食物给予了人类。夏天，河里的鱼儿嬉戏浅游，为人类提供蛋白质营养。秋天，熟透了的栗子磨菇，使依靠森林生活的人类可以尽情享用大自然丰厚的赐予。人们完全有条件储备下充足的食物挨过那寒冷萧瑟的冬天。一年四季，一直有食物供给与保障，这种环境，人们可以稳稳地定居，安心生活了。

大量磨制的石斧被发现于多摩。在没有铁器的绳文时代，人们都是采用这种石斧来砍树建房。东京都立大学的山田昌久参考福冈出土的大约5500年的文物，用一种树木来制作斧柄，复原了这种古代石斧。建造一处房屋需30棵树，每棵树需直径约15公分左右，砍伐一棵用来做柱子直径

约为 15 公分的树，再将那些砍下的树木复原成古代的房子，搭建一个房屋，砍伐所有柱子只需 30~40 分钟即可。那时的人们大概每 20 年要重新建一次新房。树木 20 年一周期，他们砍伐树木的周期也正需要 20 年。青森县三内丸山遗迹是在 1994 年被发现。像半个球场大小的地方共有 7 处。在遗迹中间一根柱子的直径是 1 米，在日本最大建筑物可长 32 米，共有 6 处，可容纳 200 人，发现的土偶有 1500 个。

漆器，耳饰，最大的器物竟有 15 米高。从中国大陆渡海过来的翡翠也被发现出土了。在十胜，长野佐渡，系鱼川等地皆发现从中国飘渡过来的翡翠。中国翡翠沿日本海一侧发现者为最多。当时海平面比现在高，水流也快，人们利用海流往来贸易。只是我们现在还不好推断这些翡翠是徐福带来的抑或是徐福之前就已被人携带而来？

从 4200 年前开始，绳文文明衰退得越来越快。为什么会这样呢？原因还得从植物说起：

距今 4000 年前泥土里的植物形状发生了变化。温度低了，植物纷纷进入冬眠状态。东北部地方有三四度的温差变化，栗子树果实产量锐减，使岛上居住民以栗子果腹的生存状态，逐渐出现供不应求的现象。

原本森林中那些依存栗子树的部落，由于栗子树的凋落，必然导致部落的衰退。

温度低了，北方开始结冰了，海面低了，更多的平地逐渐裸露出泥土的本色来。在徐福到达日本前，日本岛上那些早期的居住者们纷纷走出森林，开始去适应平原上的生活。

日本列岛上土著人新的生活地域，近年来在关东地区也被发现了多处。因为栗子被食尽，人们开始食用栃木类植物果实，虽难以吞咽，但却因此而学会了将那类果实敲碎后携到水边洗涤煮沸，住在森林里的人群，每日来水边洗涤栃木果实，就像上班族一样，规律准时。人们较多地聚集在水边，并在水边建立起相应的设施来。

在徐福到达日本列岛前，日本岛上的人类文明程度基本上如上所述，当时的人类基本上没有脱离开森林生活，今天，森林仍被日本人认为是自己的故乡。

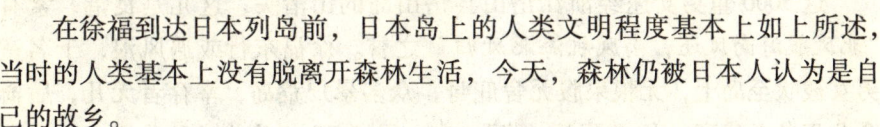

第十八章 童男童女的下落

在中国是三千，为何到了日本成了五百……日本曾有的华族，其滥觞是那些渡海而去的童男童女吗……筑紫野市天山"童男女船系石"，被落日余晖映照得分外好看……童男山古坟、八丈岛令人心酸凄婉的女声童谣，向我们诉说着孩子们多舛的命途……

徐福带去的童男童女，究竟下落怎样？结果如何呢？其实，童男童女的下落也许是人们最为关心的话题。对他们最寄厚望也是祈福的要算明人宋濂了，他在《日东曲》一诗中说：

红云起处是蓬瀛，十二楼台白玉京。

不知秦世童男女，还有儿孙跨鹤行？

之前有白居易推测他们不敢回来就老于海船之上："不见蓬莱不敢归，童男丱女舟中老。"这还算平安。唐人陈陶就不这样乐观了，他说："惜哉千童子，葬骨于眇茫。"确实如此。

传徐福在千童城带出 3000 童男女，不仅《史记》说"发童男女数千人""遣振男女三千"，《汉书·伍被传》也说"童男女三千人"，直至清末吴功补《自奈良至新宫访徐福墓绝句十五首》中说"海上君王朝百二，来时男女众三千"。还发出疑问道："继岸风凛着舳舻，里人犹自说秦须。三千入海童男女，知否当年尽到无？"是啊，3000 最后到了多少？

这 3000 童男女途经浙江岱山县岱山岛的山渚头，这儿是良港，素有"北风航海南风还，南风航海北风归"之誉。徐福东行或遇风浪，千名童男女被吹至岛上，无粮果腹无舍庇身，众多暴尸荒岛，幸存者无几，后裔念此于岛上建亭，名"海天一览"，有一楹联云："停桡欲访徐方士，隔水相招梅子真"。据传曾有光绪 24 年仲夏碑铭大意云："秦徐福奉皇帝命，求仙药涉足于此，属东渡驻舟首站，上岛找药者千名，幸存无几……"

看来 3000 童男女很难悉数活下来，不过，有一位名叫"水"的儿童活下来并到了日本，岩田达治（《丹泽山麓·秦野的传说》）载唐子从中国来，定居现秦野市中心街——本町，水与唐子同来，水是位法师，应是童男女中的一位童男或童女？

在日本，有关童男女传说更多集中在筑紫海一带。

筑紫海，有南北长 60 余公里、东西宽约 10 公里辽阔的海域。现在的福冈、熊本、佐贺、长崎四县濒临这一带海面。其中，天草上岛与南北宽约 50 公里的八代海（即不知火海），遥相连属。岛原半岛和天草下岛像两个大门柱，构成筑紫海即八代海南北百余公里的长大玄关口。从天草冲到中国大陆的最短距离是 600 公里，从这儿，大型台风半日即可到达中国大陆。作为日本列岛的西玄关，这儿遗留有公元前 3 世纪到公元 7 世纪的文物遗迹，以及约 2000 余年的饶有趣味的传说。

在佐贺、福冈两县及鹿儿岛县附近的八代海南面 50 公里地带，有八代的河童传说、鹿儿岛县祁答院町的"异国的空觉上人"佛教传入说、串木野市的冠岳阿子丸上人开山说等 6 世纪前后的佛教传入说。当然，这一带也流传有徐福和那个格外令人关注的童男女传说。

石仓昭重《丹后的徐福传说》载：日本西侧的丹后以前叫丹波，历史上是众多大陆人通过朝鲜半岛或渤海湾移民的登陆地，徐福通过《易》筮得知丹波便在新井崎登陆，当地黑茎蓬蒿和九节菖蒲就是徐福所求的仙药。与此同时这里也有了关于童男女只言片语的记载。《新大明神口碑记》说到祭祀的童男女，丹哥府志《童男女宫》说："据传祭祀古来秦徐福，俗称新井崎大明神……即使非徐福漂着地，亦与其携来之童男童女相关。"

在筑紫野市天山有童男童女岩，流传着徐福携童男女东渡的传说。

九州的福冈县，无疑离徐福及其他中国大陆远航而来的东渡者登陆距离最近。而筑紫野就在福冈县境内。筑紫野市天山有童男童女岩，当地叫"童男女船系石"。或有语音与童男女船系石相近的"东西冠者"。当地所说的童男童女船系石位置距今天的博多湾及佐贺县的吉野ケ里各 30 公里之遥，位于大宰府天满宫南约 5 公里的宫地岳山腹。

筑紫野市天山的童男童女船系石由三个巨石组成。"船系石"是位于海拔 150 米处的高地巨石。在海拔 150 米处的山腹处。晚秋时节，绿叶稀疏，微风徐来，高木神社静谧幽远。这座古刹，距那个著名的童男童女船系石约 10 公里，从这座神社往数百米高的山上望去，便可清晰地望见那被赋予了传说的巨石，那块最巨大的顽石高耸超过 5 米，与山石并矗一处。

日本学者主张船系石似为古代的巨石信仰，但它最惹人注目的却是有关童男童女的传说。

20 世纪初，即大正初期，附近还有花名あやめ，为野生植物，别称イツソ。当地的人们说这种花即是长寿不老药，采集者颇多。遗憾的是，

东　渡

这种名为あゃめ的植物至今已经灭绝。

距这里往西南 1 公里处，有南北流向的宝满川（现宝满桥，即柴田桥）海拔 34 米，宝满川是筑后川的主流分支，流入有明海（即筑紫海）。从这儿，宝满川流入有明海（筑紫海）有大约 50 公里的流程。童男童女船系石所处地理位置表明这儿从海边向内陆纵深了一段距离，难道徐福率着童男女们从海上登陆后真的是向内陆腹地行进深入了一段距离吗？还是沧海桑田，昔日的海岸线变成了今天的内陆？

原益轩编纂的《筑前国续风土记》卷 9 御笠郡下塔原的下面有一段关于"天山"的描述。盖古日语，难解，试译其大意为：

藻盐草，雨山筑前，有古歌，然也，此即天山。天山村之上有天山及云山，雨山有云，阴云之时宜观之。天山中有西方寺伴云所处，上斯山，山中有石岩两个，上皆磊石重叠。巨岩之下，十二间（计量单位）许处，有似うつほ船之石，长两间，宽一间许，石为上下朝西。向下石处，土民云：此童男童女岩。今问村中老者，何以此说，无人知晓。童男童女盖秦徐福渡蓬莱之时，所携船上童男女之意。此即童男童女之所云。筑后国上妻郡河崎里和丹后海边皆有。当为附会之说。

这段话应是关于童男童女传说较早的一段文献记录，据这段话来看，多少年来，这一带的当地居民都流传着"童男童女岩"的说法，但是连村中的老年人都不知这种"童男童女岩"说法的来历。

关于童男童女船系石，作者描绘说：

本村高木神社之上，三町许山上有大岩二，上复有石叠之，上石高二间，宽一间许，厚四尺，下石高二间，宽一间、厚四尺，其上层三尺四寸许，此二石传为船系石。此外，尚有石多多，巨岩下，十二间许，唐船如船之石复有。近割切取走之。石皆西向。有石处，农民呼为"童男业女岩"。由来不明，鞭挂东宫道侧小山，有金刚城者，土中有盐气，故往古时当为海畔，见原笃信云：童男业女为秦徐福来蓬莱时船上之童男业女，故有此云。

这里边说船系石都是向着西方，在作者记述的时代，有些石便已被当地人割切取走，真是十分遗憾，特别值得关注的是：作者通过土壤中的盐分，判断这里在徐福时代应是海边，这点应该是有道理的。

赤崎敏男研究认为八女徐福传说最早见载于江户初期。他引文献如下：

原笃信《扶桑记胜》卷 6 "丹波丹后" 1650 年（庆安三年）说：

丹后国海边有童男童女神社……筑前御笠郡及筑后亦有童男童女之大

东渡
－128－

岩。甚是称奇。真边仲庵《北筑杂薹》1675 年（延宝三年）记载说：其
下有川崎邑，邑人语曰：昔童男童女，船此处，弃船化为石，故以为名。
余往观之，则世俗所谓塚穴云者，内有石槽，涂以丹漆。一个其长八尺二
寸，径四尺四寸，深一尺有七寸。一个其小数寸，所谓秦船。窟中户以北
三丈余，东西一丈二三尺，二槽居其二分北。

又说：

在御笠郡下天山，天山之内，在西方寺上面的突出地方有两块大岩
石，上下错落，其外岩石数多。又在大岩石下有 12 间房子大小的地方有酷
似船形的石槽……（原笃信《筑前国续风土记》卷 9，1703 年、元禄十六
年）

西以三《筑后地鉴》上卷 1683 年（天和三年）也说：

上妻郡童男童女，川崎邑外，高阜处有冢山土俗呼童男童女，邑人语
曰，昔者童男童女自秦来时，弃船于此处，船化为石，故以为名。

此外，杉山正仲、小川志纯《筑后志》卷 3、1777 年（安永六年）也
载有相类传说：

山内邑石屋

在上妻郡山内村，窟中南北三丈余，东西一丈余，二分其内，高一丈
五尺许，中壁乃自然形成之大石，内有二石槽，一个长九尺、深二尺，一
个稍小。据俚俗传言，秦始皇遣方士徐福将童男童女数千人渡海求仙药弗
得，遂止此洲，弃船于此，船化为石。此乃愚蒙之戏言，不足以辩。据易
之系辞载，上古穴居而野处后世圣人易之以宫室上栋下宇以待风雨，太古
无宫室之制，穴居与汉相同，存当州之石窝不知其数其制金一般。据伊蕈
子（藤井懒齐）言，彼石槽盖之而为石棺，其一小槽为其附葬品云云。

伊藤常足《太宰管内志》"筑后之六（上妻郡上）"：

山内村犬尾城。

……追拂黑木或追伐获八十三人首童，男山侧悬之从是。黑木·川崎
成胡越……

《筑后秘鉴》著者氏名不详，1865 年（文政四年）久留米服部氏
临摹：

童男童女在山内村东北之山，岩屋内有石船，福岛城修缮时多取其
石，尚仅残留。有童伯父姥之墓……

矢野一贞《山土产》二卷 1825 年（文政八年）：

童男山塚穴在山内邑北极之山中，从左循图入，窟中有三间，最里面
一间深处有切石，中如石柜物二个，其一正面覆盖，形似神社，又有石佛

东渡

-129-

像是也。……此乃其泊船之地，亦有童男童女之塚说。此窟之大小和高市郡倭彦命之窟相似，五塚有也。

矢野一贞《筑后将士军谈》56 卷 1853 年（嘉永六年）

山内村古塚。宽延记云：村东北山有童男童女，岩室长一丈五尺……无石人石马石猪，童男下有伯父姥二塚，委图卷出，石棺有二当为合葬……[1]

从上述这些所引文字看，从 1650 年至 1853 年的二百年间，关于系童男女泊船岩石的传说一直盛行不衰，且不论这童男女船系岩石究竟是否真有史实依据，至少表达了人们对童男女命运的关注。

筑紫野属天山地区，按今所在辖区当为福冈都市圈，东侧有海拔 330 余米的山脉位于中央地带，在远贺川流域西侧 257 公里处有山脉及丘陵，这些山脉和丘陵将福冈平原一分为二，从博多湾岸的角度来看，登岸者是面对山阴一侧的。从这一带往内陆行走约 10 公里处，便是著名的古代春日市冶炼技术基地的发掘遗址。（后文中将根据春日市等出土的文物，论述徐福等人有可能在春日市一带冶炼兵器，准备与土著作战）。倘若承认这带传说和这一带出土文物有必然的关联，那么，就承认了徐福率童男女在这一带登陆，把一些患病的童男女委托给当地人照料，于是，传说被流传下来。同时在这一带寻找矿石冶炼兵器，于是，文物被遗留下来。

为找到适宜农业，特别是适宜青铜器、铁器作坊的地域，徐福可能上岛后越找寻越深入。在日本列岛，几乎所有地方都有木材可供燃料，但要想找到适于冶炼金属器具的铸型所需要的矿石却并不容易。日本与大陆的生态地质不同，在四季草木复盖之地，选择制作铸型的岩石要花很多时间，要从童男女船系石处往纵深地带深入探查极为艰难。

我们可以设想：假如站在西九州的方位来看这里，从东中国海沿着长崎西边顺川进发的徐福船队，他们进橘湾后，正面对云仙山。云仙山呈南北走向，南面的水域，将濑户置于了东边。3 世纪前，那时从云仙山北侧的岛屿与现在的爱野町四五公里处，乘渡船划入这一带水域可能很容易。

从岛原湾向北走，即使驾乘大船，也要花费两三天时间才能抵达有明海北侧的位于今佐贺县境内的吉野夕里 10 余公里处。

虽然筑后川主流是往东折拐，但筑后川的支流——宝满川却是向北蜿蜒而去。筑紫野市的宝满桥附近，与向西的山口川分开，此处宽 50 米。西边鸟栖柚肥（安永田），东边的甘木、平塚等，夹裹着的海拔 16 米的小郡市地区就是后来大量日本古代遗迹出土点。在这一带，位于川宽流缓河畔的小郡市出土过最古的铁壶，宝满川出土过弥生中期的铜戈，西小田北侧出土过铜剑。这些金属文物的出土，标志着这一带曾经是文明曙光在日本列岛最先升起的地域。

假如徐福船队或船队的小分队，从有明海向北走的话，大翼船不可能逆流而上，行到这一带时大船的船底有可能搁浅，一行人中有的是在河口探查平野，有的分散向北，向东，分成小组探索前进。这时徐福一行只好更换较小的圆木船继续航行。再往前走，就更困难了，于是，徐福等人找来当地的土著居民拽船努力前行。

每当夕阳西下，余霞满天的时刻，海岸东北约30公里处的筑紫野市天山的巨石——"童男童女船系石"，便被落日余晖映照得分外好看。日本研究徐福的学者认为：在日本流传的各种传说中，童男童女的称呼并不多见，这也可能是童男童女随着徐福来到日本后开始长大成人，不再被称为童男童女，或有后人乡土美化之含义，所以，童男童女船系石的传说就弥足珍贵，具有不能摒弃的意义。

东渡
-131-

童男山古坟1号坟（福冈县八女市大字山内），为把古坟画得更清楚些，索兴将树干枝叶全都略去不画了。

与传说中的童男女船系石不算太远的八女市，还有著名的童男山古坟
（どうなんざんこふん）遗迹。

倘若你从现在的矢部川的河口往内陆走，行至30公里的地方，便能见
到童男山古坟的位置。

福冈一带有两个关于徐福等人的传说地：一个是偏北的筑紫野市，另
一个是偏南的八女市。两个传说地域相距30公里左右。但从筑紫野流过来
的筑后川的河口与从八女市流过来的矢部川的河口之间只有10公里。可知
两地很容易发生传说上的联系。

假如徐福真的抵达至八女市一带，那应该推测徐福等人是从当时距海
岸约10公里处的上游顺流而下过来的。徐福所率之一部分船队来到这儿
后，由于海上飘流旅途奔波，船队中有很童男童女病倒了，病故了，徐福
将这些病殁的童男女埋葬于此。

这一带6世纪后半叶，童男山古坟群落形成，至今为止有27座已被确
认的墓穴。其中位于中心的1号坟，直径约48米，高约6.7米的坟墓，为
复室的横穴式石室，玄室为凝灰岩建成的巨形石屋形状。石棚、棺床、石
棺具有很突出的特征。

这座童男山古坟位于福冈县八女市山内的山丘上，相传为徐福所带的
童男夭折者所葬处，数座古坟并存一处[2]。每年1月20日，当地的孩子们
把一种名叫"ヨモギ"的植物做成松明火把，举着走以重现当年的仪式。

一说徐福船队触礁，有部分人被风浪卷进山里，附近的村民发现后，

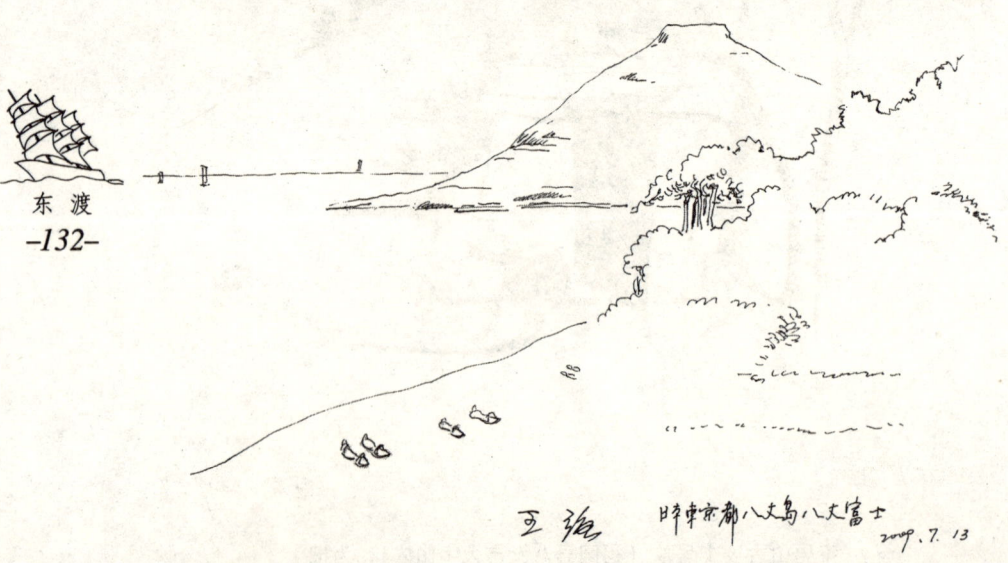

东渡
-132-

日本东京都八丈岛，童女们编好的一双双草鞋悄然静候着远处驶来的星帆樯影。

点燃一些枯枝落叶想温暖救活奄奄一息的待毙者，可无济于事，徐福只得在这里安葬了童男，从此，童男山燹仪式被延续下来[3]。

当徐福船队到达现在九州的福冈县八女郡八女市一带时，遇飓风船队失散，有一只载有八名童女的船漂泊至此登岸，于是此地就名八女町，后又叫八女郡和八女市。

徐福在纪州熊野登陆后，派1000名童男女乘船北上登上八丈岛，寻长生不老药。童女们住在东京都的八丈岛，童男们则住在八丈岛南约70公里的青岛上，童女编好红带草鞋一字排在海滩上，唱着民谣道："南风吹，南风吹，大家都到海边来，红带草鞋一字排。"企盼着每年春季，南风吹起，童男们被允许航渡到八丈岛来与童女相聚。

14世纪后半叶，描述日本南北朝时代50年战乱的《太平记》共40卷，小岛法师作，书中写有始皇帝派徐福、童男女出海事（26卷"妙吉侍者事"日本古典文学大系36岩波书店）。显系从《史记》始皇帝用大弓射巨鱼事实采录而来，但却也看出童男童女事至迟在14世纪已被写入日本史书中。

《尾参乡土史》孝灵天皇条有记录如下：

天皇之二十七年秦人徐福来到"木国牛间户之凑"，后转到三河的宝饭郡海边御津浜称为六本松的地方上陆。……而随行的童男童女长大成为当地居民，称为秦氏，这也是东参地区秦氏很多的原因，该民族建立了长山神社，祈祷天长地久……随行的童男童女全居住于三河，为了隐瞒移民之情，最终失掉了家系。（前田丰《爱知县东三河的徐福传说》）

室町时代的僧惟肖在《东海琼华集》中记有徐福东渡事。冈山出身的惟肖是镰仓五山僧，是最优秀的汉文学家，他居京都、摄津时撰有文集。《东海琼华集》作于1395年（应永二年）其中第二节云：

东渡

"世传秦徐市上书秦始皇，请与童男女五百人入海求三神山不死药，而得海岛，遂留不还，即我朝尾州热田神祠是成。"

如果僧惟肖《东海琼华集》中提到的"热田神祠"就是今天爱知县境内的热田神宫，那么，室町时代，童男女传说不仅在福冈流传，而且也在爱知县广为流传。

在日本曾有华族，亦即日本的贵族，身为贵族阶层的华族，直到20世纪才被废除。难道那些渡海而去的童男女们就是后来日本华族的滥觞吗？

值得注意的是，在日本徐福的传说内容宽泛，地域广泛，遗迹坟墓各不相同，而童男女的传说却只流传在福冈、爱知、东京都八丈岛三处。相

比其他徐福传说流传地，福冈的筑紫天山和八女市是距中国大陆方向最直接最近距离的地域，是从济州岛东渡而来最先驶靠的日本岛岸。由此，徐福登岛伊始系船停泊，埋葬已故童男女，从时间和地理位置序列上来推断，都是很合乎徐福东渡的史实逻辑。

---

［1］赤崎敏男：《童男山古坟与徐福传说》徐广影译。

［2］也有日本学者推测实际上可能是 6 世纪左右的古坟。

［3］一说这原是一种游戏附会到徐福故事中来。

东 渡

第十九章　发现了杀人凶器

　　1997 年神户新方遗迹出土的绳文人身上有石镞共 17 枚，很明显是被同类射杀……无花纹的渡来系土器与绳文人数量众多的绳文系土器，渡来人较小的石器与绳文人打制的石锹被同时发现……弥生人与绳文人一起生活，徐福与土著部落变成了朋友，友好和平取代了战争攻伐……水稻技术与旱稻技术合二为一，漫长的演变，直到今天日本民族仍被公认是最善于学习和模仿的民族……

徐福船队登陆日本列岛后会发生了什么呢？

　　今天日本考古学者在对弥生人东进遗迹搜寻考察过程中，居然发现了 2000 多年前的杀人凶器——石镞。

　　这些石镞发掘出土于大阪的山贺遗迹，这里被认为是渡来人（"渡来人"，是日本考古界对徐福等从中国和朝鲜半岛渡海漂移至日本列岛人的统称）的部落遗址。这种石镞长 6 厘米，比绳文人使用的石镞长出两倍。虽然都是石镞，但性质可迥然不同，渡来人的石镞不是为了猎杀野兽，而是为了射杀敌人，也即是绳文人，是为了战争。1997 年在神户新方遗迹出土的绳文人骨头、胸、腿、腰等有石镞共 17 枚，皆弓矢所致。此前没有发现过战争痕迹，故日本学者推断在弥生人（也即是徐福等人）来到日本前，日本列岛一派和平景象，区域性的单一单纯民族，只知道为了生存可以猎杀兽类，没有人知道为了生存也可猎杀同类。

　　日本考古学者认为：渡来人将文明中的战争方式也一并带到列岛上来。松木武彦是冈山大学助理教授，专攻考古学。他解释说：带水稻来到日本列岛的渡来人（包括徐福，或主要应是指徐福），本来他们生存环境里有战争，所以用战争的观念来解决问题，用战争的方式来得到自己想要得到的东西。渡来人对做武器用的石头考虑得很细致，阪出市（香川）前香川县埋藏文化财调查中心的莲本和博认为：这一时期在近畿地区发现的石镞是产于阪出市。这种石的名字日文叫サヌカイト。渡来人需要这种石头，采集范围是从近畿地区到四国。

今天的考古学者用这种サヌカイト石进行实验，发现它可射穿猪肉。2000年前，原来绳文时代不曾见到的战争场面凸现出来。从大阪平野蔓延而来的渡来人，一直扩散到浓尾平野、名古屋附近。

但是，日本考古学者们也发现，渡来人进攻到这一带却不知为什么忽然停止了他们前进的脚步？一种解释认为：浓尾平野往东森林茂密，遗迹的调查结果显示从东海地区以东到北方都是山（东海地区是伊豆、箱根等地，就是新干线路径之地），里边生存着绳文人。进入森林消灭隐藏在那里的绳文人，困难重重。

渡来人靠水田生活，可能进入森林便离开了赖以生存的水田，且森林中绳文人人口密度也很高。所以对渡来人而言，森林乃是不宜涉足不可贸然挺进的区域。

在本书第29章将叙述到的那些神秘的肃顺人，我们会对肃顺人的弓箭惊诧赞叹，但徐福时代的中原，长于箭法者也屡见史册。

在日本南方，把那些被发掘出土的石镞弓箭归属于徐福所率人员，这难道讲不通吗？

按说徐福时代，中国的冶炼技术已相当发达，殷商时代青铜器取得了辉煌成就，而在秦穆公时代商鞅变法时期，秦国已开始使用铁器制做武器了。徐福到达日本的确有可能带着冶炼技术和用金属制造武器的秘诀来制造金属箭镞。（关于徐福冶炼金属武器，本书第22章中将详述。）可为什么徐福非采用古老的石器作箭镞呢？

恰当的解释是，秦并中原后，收天下兵器于长安铸铜人十二，民间严禁私藏兵器，以海外求仙为借口的徐福很难带有大量武器出海，即使带有一部分金属箭镞过海登岛，其数量也当有限。很可能当时的金属武器不够用，而从冶炼到铸造，总需过程。取石磨矢，乃权宜之计。

西边渡来人与东边绳文人对峙状态约当200年之久，这种状态也发生过新的变动：

在伊丹市的兵库，口洒井遗迹发掘出土了土器片，土器片上的条纹是以前没有出土过的。很罕见的条文是从哪儿来的呢？

小林青树，国学院大学栃木短期大学考古学专任讲师，他调查了有无与此一样花纹的土器，后来发现了意想不到的东西，那就是在长野县到日本东北的南边，有冰式土器出土，兵库县与长野县冰式土器，花纹一致，冰式土器是绳文式土器。平地是渡来人，山地上是绳文人，为什么平地渡来人的兵库县也有山地绳文人的土器呢？起初，小林认为是从东边带过来的，但土器并不是东边泥土所做，而是取材于当地泥土。纹样是东日本的，黏土却是西日本的。可以肯定地说，这是东边的绳文人来到西边做出来的土器。

再有，冈山文物，出土于津岛冈山遗迹。冈山本来是渡来人的地方，但也发现有绳文人的器物。显然，绳文人从东向西而来。这个冈山发现的花纹与岩手发现的花纹颇为一致。据此可以推测：冈山的土器是绳文人来到冈山在当地制作的。还有其他约 50 个地方发现了绳文人在当地做的土器。这其中也有绳文人行走 1000 公里来到渡来人当地制作土器的证据。

小林推想，这时由大陆来的渡来人正在种水稻，也带来了很多最先进的技术，渡来人开始进入绳文人居住地调查、访问、交流。在距今约 2100 年前，渡来人出现在关东地区。神奈川县的小田原市 1998 年因要建规模很大的商场，大兴土木施工中，渡来人的痕迹被发掘出来。这就是位于神奈川小田原市著名的中里遗迹。该遗迹有 60000 平方米规模。带有水田的如此大规模的遗迹以前从未被发现过。从遗迹看，人多时可达约 200 人在此生活。观察这儿的建筑还会发现，这里的建筑有些与西边渡来人的部落建筑几乎一样，渡来人与绳文人生活在一起，和平相处。无花纹的渡来系土器与绳文人那种数量众多的绳文系土器、绳文人打制的石锹与较小的渡来人石器一起被发现，可知弥生人与绳文人一起生活。而在中里部落生活的更多人种，被推测应是绳文系人。所有这些，显然是渡来人与绳文人一起生活的证据。

徐福进军到小田原一带，与土著部落的敌人变成了朋友，友好和平取代了战争攻伐。

徐福在北九州驻屯了 12 年，由于徐福为当地原住民带来了很多先进技术的推广，原住民为了感谢徐福，特意从自己居住部落前往渡来人驻屯地徐福执政的地方迎接徐福，举行谢恩祭。

后来，这种行为变成一种仪式，就是今天日本的"神马渡御式"——每年 10 月 15 日上午，将保存于速玉大社的"神宝馆"的"徐福马鞍"以"金銮之布"盖上，由速玉大社运往阿须贺神社。蓬莱山阿须贺神社即熊野川河口，上流 2 公里处为速玉大社。下午一时半，饲养于速玉大社的"白色神马"由同神社"宫司"率领"祭典人员"一同，牵到阿须贺神社。这一古老仪式，据彭双松调查推断说：这是原住民到徐福驻屯执政的地方奉迎徐福神灵到原住民部落，举行谢恩祭，以感谢徐福传授稻作技术之恩。这说明徐福为原住民带来福祉已成为原住民的神祇。

渡来人本来在名古屋停止了推进，可为什么又会向关东发展呢？因为绳文人有砍伐树木开垦平地的技术，渡来人利用并学习了这种技术，与绳

东渡
-137-

文人一起向东发展延伸开去。玉川文化财研究所所长户田哲也认为：在小田原几乎没发现石镞等武器的东西，这无疑证明了渡来人与绳文人他们两种人之间已经和平地生活在一起了。

来到关东地区，渡来人的栽培水稻技术和绳文人的旱稻栽培技术，两种技术合二为一，绳文时代不曾有过的全新生活方式开启了，出现了后来所说的弥生时代。

渡来人登岛后并没把岛上的土著绳文人赶尽杀光，而是与土著人一起创造了新文化。渡来人与土著人的融合，最终形成了后来日本人的血统。

アバケチ洞穴，岩手大迫町。1996 年，日本考古学界宣称在这些洞穴里发现了日本人诞生的证据。被埋藏的人骨中能找到几乎所有人种的人体骨架，时代大概是两千年前的弥生时代。东北大学研究员对发掘的人骨进行复原，日本考古学者将他们划分为绳文系和渡来系，将这两个系孩童的骨骸特点加以勘比，他们找到一具身高 1 米的绳文人骨骸与一具同样身高的渡来人骨骸，对这两具尸骨详细调查后，发现了弥生人的眼眶是圆的。而早期的绳文人则是方的。圆眼眶无疑是渡来人的特点。绳文人面部突出特征则是鼻梁很粗壮。铃木敏彦，东北大学人类学助教，他认为：在绳文人的基础上那一时期凸显出了渡来人的特点，日本列岛上这种具有新特点的人类正是现在日本人的祖先。

国立科学博物馆分馆位于东京新宿区。弥生时代开始的人种混合，结果出来的是什么样的人呢？国立科学博物馆人类学研究官松村博文，他致力于牙齿研究，他从牙齿研究调查入手来研究日本人的特点，因为牙齿的大小和样子是从祖上代代遗传而来，他发现，绳文系牙齿小些，渡来系的牙齿大些。他对从古代人到现代人的 2500 人的牙齿进行调查，分析绳文系牙齿和渡来系牙齿，看看双方各具备什么样的要素，并考查分析双方人类的特点、地域、规律等。他发现：混血的比例每一个地方不一样。松村认为：渡来人更多的是集中在日本的西部，而在东部，绳文人的活动遗迹会更多一些。

在奈良大和盆地，围绕着西部中心开始建起了好几个部落，后来变成国家，在奈良出现了古代的国家。缠向遗迹，位于山阴东海的濑户内，在这儿出土有各种土器。证明有很多各种各样的外地人来到了缠向，在缠向生活。多次从外边来的渡来人，一次次地与当地人混血，这样的融合过程一直延续到今天。

从第一批由西伯利亚追猎猛犸象的绳文人，到大多数被火山吞噬掉的那些从南洋乘黑潮而至的黑潮之民，再到徐福等从中国大陆、朝鲜半岛来的弥生人，日本列岛上的人类经过了约 30000 年的漫长演化进程。从西伯利亚、南洋群岛、到中国大陆和朝鲜半岛，从亚洲各地而来的移民们带着各种各样的技术，因着这样或那样的原因爬上岛岸，在这个全新的孤岛上建立起了自己独特的生活方式，新技术新文化新语言新观念，全部学习模仿拿来，从不拒绝，直到今天，日本民族仍被公认是一个最善于学习和模仿的民族。

东　渡

第二十章　有一个美丽的传说

佐贺的土著部落首领源藏有一爱女阿辰，聪慧姣美，对徐福心生爱慕……他把冠上的紫色绳子放在山上，故山名紫尾山……遍寻草药，寻得"东南观者"的草药——とうなんくわんじよ，日语与汉语音同。还有一种长生不老药，日语"フロフシ"，即"不老不死"的谐音……石经岩、官下文书……传说亡风刮过之处，便有遗迹如飘落地上的枯叶，二者吻合重叠，静默地暗示着匆匆走过的世人：倘若对悠久的它们付之一笑，那再容易不过，但是，之所以流传至今，定有深层的原因……

当徐福驾着海船携着那些童男童女，神秘地消失在东海地平线尽头之后，对同时代的秦始皇来说，的确不啻于从此一去便是泥牛入海音信杳然。但对历史，除了司马迁《史记》严肃的笔录外，还留下一串串徐福东渡的传说，一直越过大海，流传到了日本列岛的多处地方……[1]

如果说，先秦时山东半岛与日本列岛、朝鲜半岛西岸、西南诸岛、文化交流有文物证明，（如かめ棺和山东城子崖发现遗物极相类），那么两地徐福传说是否也可表明这种非物质形态的口头文化遗迹彼此之间也具有内在联系呢？

针对日本列岛广为流传的徐福传说，也有日本学者如江上波夫等人，提出上述徐福传说，疑为后人伪托附会。尽管如此，徐福渡来的传说仍不胫而走，扩散蔓延，至今流传不衰。

这些传说像海风一样，穿行流动在山梨县、青森县、秋田县、广岛县、八丈岛、青岛等沿海地域。

在传说亡风刮过的地方，便有遗迹像飘落的树叶一样掉在了地上，与地上徐福似曾走过的足迹吻合重叠，沉静地观看着匆匆走过的世人听到这美丽的风闻会不会像日语中那句"马耳东风"，无动于衷，看世人对那些因徐福走过的印迹是否驻足。

按照"理想彼岸"一章，徐福可能最先在佐贺秘密登陆，想象他可能沿着南北走向，挖了内外两道壕沟环绕两圈，人住扎在里边建了350座半地穴式房子，建造瞭望楼，可能是警戒海上秦兵和岛上土著的瞭望塔吧？
为了存放稻种还仿建了60座中国江南干栏式建筑，将两千多名故者墓葬，
为躲避秦兵，没有留下任何身份标记。直到1986年开始挖掘才被人发现。
虽然没有文字表明是徐福一行所为，但从弥生时期的年代，佐贺地理位置，
特别是佐贺传说中伊万里市秦津等地名来看，很可能是徐福一行在佐贺留

东渡

熊野古道
2003.6.9

灌木丛林荫蔽下的熊野古道

下的重要的弥生文化遗迹。再如熊本县斋藤山遗迹和山口县山ノ神遗迹等与弥生时代开启有关的日本遗址发掘和文物遗存，也很可能与徐福东渡有着明显联系吧？

三重县熊野市波田须海岸是徐福登陆地之一。

熊野市矢贺里境内的釜山曾传是徐福冶炼金属器具，烧制陶器的地方。这里曾挖掘出土弥生时代的陶器，故称此地为釜所。宋朝僧人祖元曾来日本向波田须町矢贺丸山的徐福祠献香，作《祭徐福诗》（见第十一章"两千年的悬疑"）。

不管是为秦始皇还是为自己，徐福跨海目标和借口都是寻找长生不老药。到日本后他先看中了距秘密登陆的伊万里市40公里的佐贺武雄市市郊海拔百余米的一座山峰，上山寻找仙药。他走后人们在此山上修建庙宇纪念徐福，索性名此山为"蓬莱"（在日本蓬莱山之名不只一处）[2]。

新宫郊外古代石垣、佐贺县金立神社遗迹有《金立神社缘起图》，在祭神的一根柱子上有"徐福王子"字样被记刻流传下来。

徐福登陆诸富町搦东的金立神社位于金立山巅，奉祀的神是徐福。徐福到这里时改名称"金立大权现"。神社建于日本延喜年间（901年～903年），据《金立神社由绪记》说："本神社是神武之朝振兴时之创设"，贞观二年（860年）在《三代实绿》里有神社规制的记载。一说徐福故乡有金山，又名龟山、泊船山。金立山和金山，难道又是巧合吗？

这里2000年来，每50年举行一次纪念大祭，称为"氏子节"。在1930年（昭和五年）和1980年（昭和五十五年）还举行过盛大仪式。凡参加者都自称是徐福后裔或徐福信奉者。这里的人们为感谢徐福传授五谷杂粮稻种、农具及至今盛行不衰的捕鲸法，每年1月15日，民众都用七种谷粮煮成粥举行御粥祭，以祀佑风调雨顺五谷丰登。每年12月15日还要举行收获祭感谢徐福。

东 渡
-142-

曾仕于江户幕府，著有《罗山文集》的林罗山之子林春斋有《金立秦祠》赞曰：

金立遗迹西水浒，曾闻徐福暂留船。斋书幸避虎狼国，觅药遥望乌卯天。

宫构阿房才二世，词存殊域已千年。渺茫云浪熊峰隔，仙驾追风乃息焉。

在佐贺，徐福还有一桩风流公案。他上岸后拜会了土著部落首领源藏，源藏有一爱女，生得聪慧姣美，取名阿辰，徐福会晤源藏，大概阿辰看中了徐福，心生爱慕。但徐福或要继续寻找仙药，推广稻作，或要东征

日本祭祀徐福仪式

北伐，何况还二次反回大陆，阿辰独守空闺，相思病重，最后竟一病不起，香消玉殒。于是在千布观音祠内塑下阿辰观音泥身，她含情脉脉，望眼欲穿地企盼着徐福回到身边。

据日本人推测：徐福前278年出生，秦始皇前259年出生，则徐福比秦始皇大21岁，前219年徐福首次出航，那时徐福已经59岁了。这种推算不知何据，未必准确，年轻的痴情女子未必看上一个年过半百的方士吧？但有一点，徐福首次谒见秦始皇后出航，似应不能带有家眷，人质出身的秦始皇，控制徐福的唯一办法就是扣押人质。所以徐福的妻子（术士也应有妻子，就像今天日本的和尚是可以娶妻生子，而且娶的妻子通常都比较漂亮。）应被扣为人质留在秦始皇的琅玡台或骊山连绵的行宫里。单身的徐福登岛与土著女子萌生恋情也是合情入理的吧。

东渡
–143–

以后的章节中将涉及徐福第二次回大陆寻找金属兵器和矿砂，他在位于福冈的八女郡矢部村的鲷生金山开矿，进行冶炼，锻造兵器和生产工具。这里成为日本生产黄金和铜矿的矿山。现在矿井已废弃，但传说却恒久不灭。

福冈与中国大陆近便，也与徐福有关。此时，已至日本的徐福为避秦始皇追杀，改"市"为"福"。福者，两重含义，一曰祈祷有口饭之田，

荒岛初至，求田吃饭乃当务之急；二曰是食人间烟火之神，以神权统御民众正乃是方术士之本。传徐福有子 7 人，名福冈、福岛、福山、福田、福烟、福海、福住，另一说为：徐福长子福永，次子徐方，三子徐山，四子福寿，长女天正女，次女春安女，三女安正女，四女次正女，孙一丸，孙女福正女、白莲女。据渊胁次男《徐福与宫崎》（日本医事 1994）一书说徐福前 4 子生于中国，后 3 子生于日本，分别是：永、方、山、寿、畑、海、住。

据富士古书，福冈姓氏是徐福长子福永后代。徐福子孙曾居山梨县南都留郡山中湖村冲新田区，因 1170 年前的延历 19 年富士山火山喷发，而移居至神奈川县秦野市。

难道"福冈"是徐福来到这个高冈名曰福之冈？冥冥中是两千年后的应验巧合吗？徐福曾以富士山为蓬莱山，福与富，音何其相近？就像瀛洲之瀛与秦始皇嬴政之嬴，音同实属偶然吗？

说到蓬莱，徐福在鹿儿岛登陆后，先是在串木野市封禅冠岳，冠岳封禅遗址也叫天坛，是冠岳山的西峰天坛，长 30 米，宽 20 余米，方形，徐福船队到来后在此建天坛，举行封禅仪式，徐福曾将佩戴的玉冠留在山上，故得名冠岳。天坛海拔 516 米，是东岳、中岳、西岳最高峰。东岳有"顶峰院"，用明天皇 585 ~ 587 年，在东峰敕建，这儿祭祀的是被称为"熊野大权现"的徐福。它的由来被说成是阿子丸仙人开山，"熊野权现初降临灵地"（《三国名胜图绘》，据《旧事记》）。桂庵禅师对此赋诗道：

徐福曾从海外来，初知日域是蓬莱。

从一神人来脱冠，仙工景象尧天坛。

之后徐福去紫尾山，把冠上的紫色绳子放在山上，故山名紫尾山。在串木野市北方的出水市等，有"紫尾"的姓尚残存。

徐福登岛后继续踏越奇峰，遍寻草药，在宫地岳西南 2 公里处，海拔 340 米左右，有"东南观者"——とうなんくわんじよ，日语与汉语音同。有日本学者研究后说这一名字是当地方言的地名。雁过留声，那很可能是徐福在此留下的声名。

徐福找到一种长生不老药，日语名为"カンアオイ"，但这种植物在此处的别名却为"フロフシ"或"フロフギ"，即"不老不死"的谐音。这种植物在当地已变成一种名词。这也是徐福等人留下的声音吧？

当然，实物的药材还是有的，天台乌药，是新宫市天然药材，叶呈三条叶脉圆形，花蕾小，4 月前后开花，春冬可采挖根须，属樟木科常绿灌木，晾干后入药，具有除活性氧功效。

徐福跨海赴蓬莱就为采集这种天台乌药，以求长生不老[3]。

　　宫崎县位于九州东海岸，这里除了延冈市今八幡宫（八幡，やはた，はた与"秦"和"织布"同音，似绢织技术亦徐福传入？采须田育邦说）北侧的徐福登陆时的系船石，名徐福岩外，还有 20 世纪中叶在宫崎县西都原出土的 169 号墓随葬品船形黏土模型，经考古专家判断该船是弥生初期远洋航海船只模型，1975 年日本倭人研究会仿此船建造了野性号，在九州与韩国釜山间试航成功。

东渡

　　徐福带去了很多先秦经籍，北畠亲房《神皇正统记》说："秦始皇即位，始皇好神仙，求长生不死之药于日本，日本欲得彼国之五帝三王遗书，始皇乃悉送之。其后三十五年，彼国因焚书坑儒，孔子之全经遂存于日本。"《罗山文集》记说：

　　徐福之来日本，在焚书坑儒之前六七年矣，想蝌蚪篆籀书添竹牒，时人知者鲜矣。其后世世兵燹、纷失乱坠，未闻其传，呜呼惜哉。

看来徐福带典籍来日本的说法很普遍。那徐福将这些经籍怎么处理的呢?

传说徐福把书卷等保存在建于小室高座山的宝藏里作为阿祖大神宫的宝物,更突出的说法是徐福行至京都府丹后半岛与谢郡伊根町新井崎神社附近的山中,把他带来的部分经籍深藏于岩石下洞穴中,现此岩取名为"经石岩"。他日哪位有志者或许能找到徐福藏之深山的秘籍亦未可知。

徐福东渡还带有其妹,在丹后半岛新井崎神社与谢郡伊根町神社内供有0.3米高的两尊神像,一为徐福,一为徐福的妹妹,据说徐福在此与妹妹走失,便等候多日,当地人推徐福为邑长,不知徐福找到其妹没有,也不知是胞妹还是情妹,总之徐福去后人们奉徐福为"产土神"祭祀他。

徐福上岛后官称开始叫大权现。难道是离开秦朝,自己的权力显现出来不成? 镰仓时代(1205年~1333年)在东京都北区建立的王子神社,奉祀徐福熊野大权现,藏有《若一王子源起绘卷》,描绘神社源起,画于日本宽永11年,即1634年,绘卷中描绘了徐福一行到达日本时的场景。

徐福往东北方推进,在山梨,这是一个靠近东京都地区的县,在这里推广植桑养蚕纺织技术。在山梨县富士吉田市新区山丘上,为纪念徐福,有高2米制作年代不详的石雕徐福祠。

富士山麓的山梨县也有几处流传有徐福的传说,有名的浅间神社就与徐福有关,有所谓富士古文书的"宫下文书"。10世纪左右的《义楚六帖》也传说徐福进入富士山麓居住下来。

秋田县南鹿市东南有赤神神社,奉祀的神位是"权现徐福"。

青森县是除日本北海道外日本最北边的县了,位于日本海岸北部,在青森县津轻半岛小泊村一个高台,这里原称蓬莱山,徐福一行在此采集一种叫"小连翘"的植物,改名叫"权现崎"。

东渡
-146-

东海爱知县名古屋市热田神宫流传着蓬莱岛的说法。热田神宫,又称"小蓬莱",徐福曾住于此,明朝时日本僧惟肖《东海琼华集》说:"世传徐市上书始皇,请兴童男女五百人入海,求三神山不死药,而得海岛遂留不还,即我朝尾州热田神祠也"。今天热田神宫是都市化的萎缩,但据古地图来看,绿荫繁茂之处应该比周围要高,在伊势湾堂奥处接近内陆,在伊势湾南边的地方有伊势神宫,与热田神宫遥遥相对。从这儿往北,日本海岸的敦贺有气比神宫,这三神宫是东国范围的三大政治中心点。而其中的热田神宫据传便是徐福时代的蓬莱仙岛。

有人说:镰仓时代,熊野地方作为徐福东渡地点引起了世人的关注。可能与这时熊野修验道及熊野被视为神圣地的观念有关。在日本颇有影响力的《熊野权现缘起书》（承保二实书）中对蓬莱岛、徐福庙均有记述。此前，中国的高僧义楚就曾将富士山视作蓬莱山。来日本的无学祖元更把熊野当做徐福停居地，中国的吴莱"客熊野徐市庙听语"诗以及明太祖朱元璋与日本高僧绝海中津的诗都使熊野与徐福的关系更为真实。江户时代以后，纪州藩祖德川赖宣非常热衷徐福信仰，奉"徐福来熊图"给速玉大社，下令修建徐福陵墓。

青山处处埋白骨，在日本的徐福墓也不止一处。

据说徐福死于孝元天皇七年，前208年的2月8日。场所是富士中室，遗体被埋于麻昌山，后来因富士山火山喷发，与众多遗迹一起被埋掉了。一说"孝灵天皇孝安之太子也，元年辛末，七十二年壬午，秦始皇遣徐福入海求仙，福遂至纪伊川，在位七十六年，寿百十五。"（申叔舟李氏朝鲜成宗二年，1471年撰《海东诸国记》）

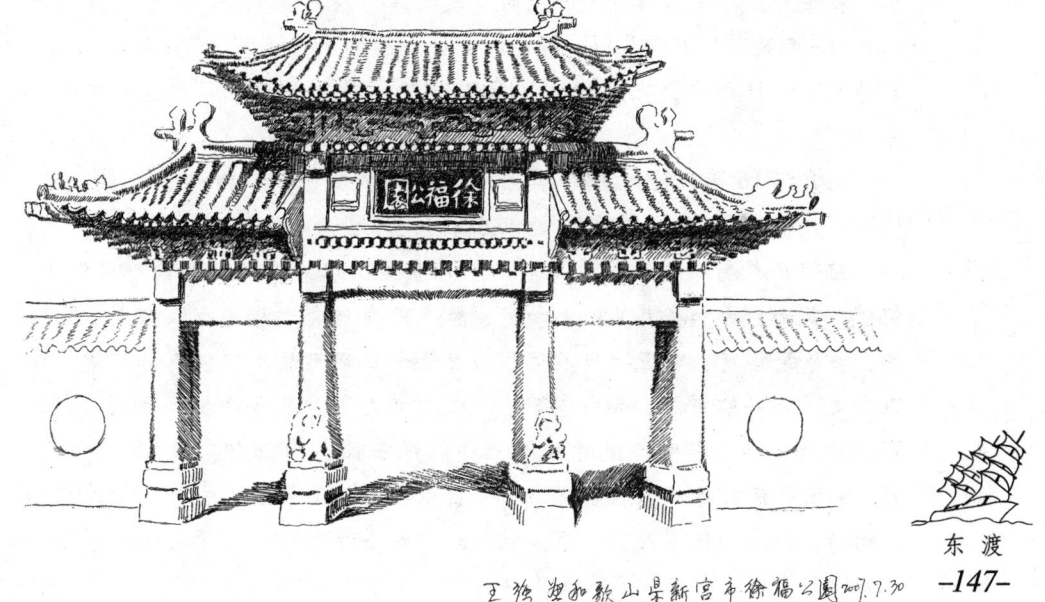

王猛 塑和歌山县新宫市徐福公园 2007.7.30

新宫徐福公园，这种典型的中国牌楼建筑，显系
有意模仿而建，但早不具秦汉古风了。

在新宫徐福公园的秦徐福墓，有"秦徐福之墓"碑，曾有墓丘，建有徐福祠。今只有巨石一座，正面镌刻"秦徐福之墓"。传碑铭为高丽书法家李梅溪所书，碑立于徐福墓左侧，碑高2.5米，宽1米，为黑色条纹状石灰岩雕刻而成，顶部为双峰形。碑额横镌篆书"秦徐福碑"，碑文全部为汉字镌刻。李梅溪是日本纪州藩祖德川赖宣的儒臣。相传碑为德川赖宣

藩主于1619年至1667年筹资建立。德川赖宣是德川家康之子，工汉诗，致力纪伊文治，自然也十分重视对徐福墓的保护。日本元文元年1763年石碑毁圮。

1834年，日本天保五年（中国清嘉庆十四年），日本新宫城主"水野大炊头忠昭"又立此碑，后继新宫城主"水野土佐守忠央"再次雕刻并由仁井田好古撰写碑文，刻好后，由和歌山市运往新宫。途中遇台风袭击，石碑沉于海底。

1940年，由日本木材巨商平户吉藏独资捐助重新建造，11月5日竣工。墓碑上刻有"徐福之墓碑"，五个字出自高丽书法家手笔，上面的诗歌为日本汉学家所写。内容是用中文叙述徐福如何到达日本寻找长生不老药，以及为什么在日本定居下来。

碑铭说道："求诸熊野新宫之地有徐福祠，又有徐福墓，又其侧有七冢，相传葬徐生所亲信者……先时有发之者，获器物数件，非世之所有珍物。"关于徐福东来的玄机，碑铭结尾处也说得十分清楚："嬴秦暴虐，荼毒群生，蝉脱鸟举，岂非哲明，乐国得所，实是蓬瀛，浴化饱德，子孙繁祉。"

清光绪16年，公元1890年8月，中国人黎庶昌访问过这座徐福墓，作有《访徐福墓记》，黎庶昌描绘墓周边的环境说：

纪伊日本南海也。斗入海中，号为多佳山水处。与大和国中隔大山，纪伊在其南，大和在其北。大和者，神武天皇始都之橿原也。自大和出纪伊，多险绝难行，非五七日不至。而海道一日夜可达。纪伊有那智泷，高百余丈。自海中望之。如白霓下垂。以此名尤著。其地今属和歌山县牟娄郡。当上古未立郡时，概称熊野云。熊野三山，曰那智，曰本宫，曰新宫。新宫近海，徐福墓在新宫山下。余以七月二十四日，自神户趁商舶抵三轮崎，登入山行十余里，至其地。新宫人士导而前，复逾一山，得平田八九顷。禾苗盈，望福墓在其中央。

20世纪20年代，有一个叫鲍振青的人和华侨经多年调查，再次寻访位于日本和歌山县新宫町的这座徐福祠墓。这时的墓地面积是4亩20步，墓冢轰然在望，石碑一通仍在，南树两株依然。墓旁原有的七座徐福追随者墓，鲍振青等人再来时已仅见两座坟墓了。鲍振青等人认为：熊野就是传说中的蓬莱，在蓬莱山麓，有飞鸟神，中有徐福祠，惜文物遗存散失无存[4]。后人有诗叹曰：嗟避暴秦无避死，孤坟埋恨二千年。"

此外，在熊野市波田须矢贺里海岸有徐福衣冠冢。

从传说来看，徐福墓没有在与大陆近便的日本西部沿岸，而是位于日

东渡
-149-

新宫徐福墓，墓碑风剥雨蚀，沧桑斑驳。

绿树三千外，古坟带落晖。

万里西秦路，客魂逐不归。

——日·祇园南海《徐福宫》

本偏中部的和歌山、在与和歌山较近的衣冠冢的三重，乃至还有一个徐福冢在以秋田狗闻名的秋田县南鹿市赤神山，这些都显示出与徐福登陆日本

向纵深推进的行踪有关。

秦为水德尚黑，徐福可能是尚火德，红色，不然为何死葬赤神山呢？水火不相容。

徐福后人在高知县者似乎很多，有丰桥市三河湾宝饭郡小板井町的菟足神社，有石牌坊和大殿，原称徐福祠。迈藤倍彦《木桥寺院志》还说："秦徐福率五百少年渡海，船至三河湾六本木，其子孙定居于此，称秦氏。"

徐福后代也有定居东京者，神奈川县藤泽市善寺福冈家肃道日正居士墓碑为徐福后代碑，中有"居士讳肃政，称正兵卫，其先出于秦徐福。徐福避始皇之乱航海来我神州，而卜居于富士山周麓，故子孙皆以秦为姓，其以福冈秦氏者亦取徐福一字也，且近地有名秦野者盖系政肃一族之旧址，亦足以征为祖先之地矣，我子孙其永为勿忘焉。"（《神皇记》亦载）现富士吉田市的太神社有记录徐福事迹的徐福墓。

徐福在筑紫九州、南岛四国，寻找并爬上伊国的大山待了长达 3 年 3 个月的时间，当时来了 558 人。徐福先至福冈，留下长子福永的后代家族，又迁至富士山，在山梨县都留郡山中湖村冲田区小住。因 1170 年前的延历十九年（800 年）富士山火山喷发而越过藤泽山（亦称丹泽山，丹泽是仙丹与平原广泽之意。而仙丹与方士炼丹似有关系）移居神奈川秦野，即现今秦野市中心街——本町（岩田达治《丹泽山麓·秦野的传说》）。并在不二高天原的大室和中室定居下来，可在不二高天原古代遗迹内没找到记录古代王朝存在的证据，推测古代遗迹在富士山火山喷发时，因熔岩而消失。

位于丰桥市东部的牛川町和石卷山有着令人不可思议的谜团。丰桥以前叫"丰苇原瑞穗国"，在今爱知县东三河，之所以叫"丰苇原瑞穗国"是因为这一地区当时是芦苇湿地，不解之谜是牛川町稻荷神社境内有近 20 个立石，上面刻的文字是前所未闻的神秘的保一大神、保福大神、役保大神、德保大神等 52 位神。据日本人说，手写的保福可能是徐福之误。如将"保"看做是"徐"字笔误的话，那么，丰桥牛川的石碑可以看做是"徐一（徐市）、徐福、役徐、德徐"等徐福一家来到丰桥的痕迹，他们被奉为神祇来祭祀。

与之相关的是在牛川稻荷神社东部模仿蓬莱山的弁天岛，有 15 名儿童镇座，即随行徐福的童男女。在那里还出土了中国将官使用折环头双面剑，据称是国宝级文物。

石卷山和本宫山以及凤来寺山，是日本自古就有的名仙山，为山人炼

丹之所。人们将石卷山、本宫山、凤来寺山合称东海三神山。

自称徐福后裔者存在的地区还有：佐贺市及新宫、熊野两市、山梨、长野两县等。

除去传说和古迹，徐福事迹亦见诸于日本史册经典文献：如，北畠亲房 1339 年《神皇正统记》、松下见林《异称日本传》、爱知县热田神宫和小坂井町及本桥寺院志。

大阪出身的儒医松下见林（1637 年～1703 年）在其名著《异称日本传》中记述道：

其所止惟言平原广泽，不言地名。《后汉书》以为夷洲、澶洲，《北史》及《隋书》以秦王国为夷洲云，不能明也。《图书编》别载徐福岛，然《义楚六帖》《欧阳全集》《太平御览》《罗山集》《世法录》等书，指为日本之地，而此《日本传》引《义楚六帖》等，故举其所因循，王字非也。（中略）夷洲、澶洲皆指日本海岛，相传纪伊国熊野山下飞鸟之地，有徐福墓。又曰熊野新宫东南有蓬莱山，山有徐福祠。近沙门绝海入明、太祖皇帝召见、指日本图，顾问海邦遗迹，敕赋熊野诗，海诗曰：熊野峰前徐福词，满山药草雨余肥，只今海上波涛稳，万里好风须早归。御制赐和曰："熊野峰高血食祠，松根琥珀也应肥，当年徐福求仙药，直到如今更不归"。见《蕉坚稿》。所谓徐福祠者，谓蓬莱山祠也、此祠属熊野大权现，熊野大权现者神代明神书于国史式条、昭昭也。徐福观国之光来止、脱于虎豹之秦、死为神、在熊野三山之间、亦匪直人也。或曰欧阳永叔《日本刀歌》曰"徐福行时书未焚、逸书百篇今尚存"刘氏引《原始秘书》曰"日本之学始于徐福"，然则其德可称之，而为始我则不信也。

在这里，松下见林，认为徐福来日本是真实的史实，但所谓徐福率领童男女来日本创立国家以及"日本之学始于徐福"则是妄言不足为信。《两朝平壤录》徐福条等亦载徐福传说。

新井白石，字君美，1657 年生于江户，1725 年逝世，曾任幕府要职，作有《古史通》《西洋纪闻》《折たく柴の记》等，他在《同文通考》里对徐福的熊野传说记为：

今熊野附近有地曰秦住，土人相传为徐福居住之旧地。由此七八里有徐福祠。其间古坟参差，相传为其家臣之家。如斯旧迹今犹相传，且又有秦姓诸氏，则秦人之来往乃必然之事也。

白石 1711 年会见朝鲜通信使，李氏朝鲜和清帝国方面曾向他询问过徐福。白石以热田神宫旧文字、出云大社古文尚书残存答复之。

日本确实存在着有关徐福的文献。其中较著名的有《宫下文书》。

《宫下文书》，又称《富士文献》《富士文书》《开辟神代历代记》（寒川文书、岩间本），《神皇记》（三轮本）《富士高天原朝史》或《徐福文献》。是部极古老的古文书，世代相传于富士山北麓，山梨县富士吉田市大明见的宫下家中。

据传，《宫下文书》最初记录者徐福，徐福从原住民那里知道了富士山的传闻，"大为惊讶，用汉字笔录下来，"亦有人说是"孝元天皇选录……文书经富士山麓的阿祖山神宫神官们代代相传续写，历经千年，一直到延历年（800年）富士山火山爆发，太神宫被焚毁，神官们把文书转移到了相模国高座的寒川神社，从那之后又过了400年，阿祖山神宫的大宫司，宫下源太夫义仁在1192年誊写保存在寒川神社，并带回到富士山麓的本宫，保存至今。寒川神社的原本后来流失，现存的是誊本。德川时代因害怕被幕府没收，一直秘藏于宫下家的顶棚，直至明治16年（1883年）年才开封"[5]。

据土桥寿调查，徐福传说分布在日本37个市镇村，其中，"仙鹤徐福"的传说最为别致。从秘藏宫下文书的宫下家直线约2000米处，有座本愿寺派的古刹福源寺，寺内有宽政十年（1798年）建立的鹤冢，其碑铭曰："……孝灵天皇时，秦徐福结伴到此，遂留不去，后有三鹤居焉，时人以为徐福等羽化之所，到郡名为都留郡，鹤殒没，魂归黄墟，神登瑶池，依建此碑。"

江户时代有关徐福的文人绘画作品还有龙泽马琴的《椿说弓张目》与谢芜村的《求方士不死药图》、葛饰北斋的《徐福、富士を仰ぐの图》（徐福仰望富狱图）等，都反映了日本社会对徐福东渡传说的相信和褒扬。

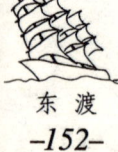
东渡
-152-

———————

[1] 传说和遗迹我粗分五类：一类，流传于口头。二类，有关徐福的物态化遗存。三类，见诸于史册经典的文献遗存。四类，徐福东渡相关的纪念习俗祭祀活动。五类：与弥生时代开启有关的日本遗址发掘和文物遗存。据统计，徐福传说地20余个。

徐福流传地域大致有：

九州岛北岸——日本海岸、京都府伊根町、太平洋海岸、宫崎县延冈市、宫崎市、高知县佐川町、和歌山县新宫市、三重县熊野市、爱知县名古屋市热田区、小坂井町、静冈县清水市三保、山梨县富士吉田市、河口湖町、东京都八丈岛、青ク岛、濑户内海、山口县上关町祝岛、广岛县宫岛町严岛、日本海岸北部、秋田县男鹿市、青森县小泊村。

佐贺徐福遗迹有：尹万里黑发山，天童の岩、武雄·白鹭の温泉、お辰の恋、金立森（古松）、武雄蓬莱山、佐贺千布、玄藏松、お辰观音、诸富、片叶苇、腰挂け

石、寺井、浮盃、手水观音、银土井、投げ石、金立、挂钟の松、农夫八百平、鸠峰、弁财天、蓬莱岛、船石、挂旗の桐木、夫妇石、金立大权现、古汤温。与徐福有关的地名还有佐贺县有明海的北岸。

在福冈：有八女市的童男山古坟、大分鲷生金山、鹿儿岛的串木野、岛平、冠岳、紫尾山。

宫崎：延冈市今山（蓬莱山）宫崎市徐福岩。

三重的熊野、矢贺、斧所、徐福墓、徐福宫波田须神社、徐福丘、少林寺古钟。

和歌山：有徐福墓碑、神仓神社、速玉大社、阿须贺神社、蓬莱山、那智徐福庙会等。

爱知县的热田神宫、静冈的三保松原、山梨县的富士吉田、徐福祠、河口湖·浅见神社、鹤冢等。

此外尚有如下遗迹被推测与徐福有关：

能登半岛的真协遗迹（新泻）石柱穴、假面、海豚骨。马高（新泻县）出土的土器、炎器（东京 1970 年展出过）。

山口有：祝岛、梨桂。

三重有：徐福の马鞍（速玉大社）徐福と鲸踊、徐福纸。

富士山麓有：机织、传授养蚕、波多志神社，"长生"村"秦"字金印（调查中）。

关于徐福的文献、金石文有：

1. 左贺：《寺井由来记》（万福寺藏）《大宰管内志》《金立山御缘起》《肥阳古迹记》《金立山缘起》《金立山由绪记》《镇西要略》《牛洼记》《海道诸国记》《金立神社御缘起》等。

2. 鹿儿岛：《三国名称图绘》、《串木野乡土志》，宫崎——日向の传说（县教育厅）山口：祝岛之传说（县教育厅）。

3. 《纪伊三重县药业史》《波田须徐福社の来历》《纪伊名所图绘》。

4. 和歌山：《仁井田好古书》《张燕ソウル书》《熊野年代记》《熊野速玉大神像》《熊野年鉴》《今昔物语》《神皇正统记》《国史略》（岩垣松苗、1826 年）《东海琼华集》《宽文记》（1661 年）《西国三十三所案内》（1690 年）《徐福传记》（纪州藩）《ほか二十书》（纪州）《西游记》（正·续、宫川南奥——伊势）《异称日本传》《广益俗说弁》。

5. 名古屋：《张州杂志》《尾张风土记》《丙辰纪行》（林罗山）。

6. 富士山麓《一鹤冢碑文》（1798 年）《义楚六帖》《甲州从记》《甲斐国志》《神皇记》（三轮义熙）《宫下古文书》。

7. 在鹿儿岛，有关徐福的传说和地名有：文献《冠岳之次第》；天台 21 代僧座主观澄著，1449 年。

《文诗岛荫渔唱》儒学者桂庵玄树禅师著，1478 年。

《镇国寺顶峰院来由记》真言四十三代权大僧都法印秀盛著，1669 年。

东 渡

《鹿儿岛县志》明治十五年 1882 年。

《串木野乡土地理纂考》。

［2］如佐贺也有蓬莱山，现庙已毁圮。

［3］还有一说，天台乌药产于中国大陆，是徐福带至日本，很奇怪很矛盾。

与不老药相对应的便有后人伪托的不老池。新宫市徐福公园内有不老池和花岗岩高 1.9 米，重 1.5 吨的徐福雕像。1997 年（日本平成九年）由新宫市政府修建。不老之池，池中石桥的七根方形石柱呈北斗星状排列，与原七位重臣的墓位一致。七根石柱上分别刻着"和、仁、慈、勇、财、调、壮"7 字，以彰徐福 7 重臣品德。池边种有七棵天台乌药。此外，新宫市还有圆柱或多棱柱形的徐福灯笼。以压制的螺旋白纸，绘制色彩艳丽的牡丹和木版汉字"徐福灯笼"装裱而成。灯笼上下口边糊有黑色条状纸。传说徐福使用此灯具，传于土著。

［4］天津人民出版社的《老新闻·民国旧事》一书，转载 1929 年 1 月 10 日上海《民国日报》老新闻《徐福墓发现在日本》。

［5］见土桥寿《21 世纪中日大课题——富士山徐福与"宫下文书"》蔡晴赵平译。《宫下文书》真伪难知，我亦无缘一见。

第二十一章　弥天大谎后祖龙死于沙丘之谋

　　阔别九年，徐福再见始皇，以弥天大谎再次成功地忽悠了千古第一帝而成为千古第一人……胡亥请求随父东巡，一个可怕的谋杀阴谋正在酝酿，谁是幕后真凶……秦始皇梦见与海神格战，占梦博士的一席话使徐福免于一死……与秦始皇有关的女人，一个是荆轲刺秦时会鼓瑟的姬人，一个是随其出行时死在海盐的美人，秦始皇不近女色，他母亲私通吕不韦和嫪毒深深刺激了他。虽然他有 12 个女儿，20 个儿子，他把天文地理都放进墓室，但就是不放一具女俑……秦为水德，当水遇沙丘会是怎样结局？

　　徐福刚到日本时认定这里是一个世外桃源，根据他的推想：东海中这片孤岛理应是人迹罕见。至少，根据以往搜集的信息，南部日本即今九州一带肯定是"千山鸟飞绝，万径人踪灭"。现在想来很说得通，因为那些黑潮之民都早已葬身火山爆发的灰烬之中。久远年代从中国东海岸至九州往返者没有见到人类的踪影也在情理之中。远古追猎猛犸象而来的西伯利亚人种，他们属北方人种，向日本四岛的南端迁徙漫长而迟缓。

　　徐福带着孩子们登陆后，因童男女尚未成年，故登陆多年均在教养之中。终于，徐福发现，原来这个新彼岸并非如他最初料想那样，在这里，徐福一行终于遇到了同类。

　　这同类第一种可能是身份不明的文身国人：

　　能登半岛是日本海岸 1000 公里内视野最为开阔处。在这里，各种漂流渡来人的传说有 30 多种。有一种民俗被称为"御阵乘太鼓"，极为有名，这是一种戴假面打鼓跳舞的社火活动，所戴假面与人的面孔几乎同样大小，这假面与真协遗迹出土的假面相似，出土的假面右半部分和下半部分的五分之一有残缺，额处有三条线，颊处有两条线。《梁书·诸夷》有 150 字的文身国条的描写，大意谓文身国："人体有文如兽，其额上有三文，文直者贵，文小者贱"[1]。《梁书》所载与出土假面相吻合。《梁书》还记载说：文身国在倭国东北 7000 余里。假如 1 里是当时的 70 余米的话，倭国恰是北部九州，据此，文身国位于日本海岸能登半岛一带的可能性很大。

东 渡

同类的第二种可能是早于徐福登岛的人类与当地土著的结合：

有一种说法是：徐福登岛数年后，忽闻岛上中部的大和地方为一大陆乘船而来的人称王，名饶日速，娶土著女，使土酋长髓彦练兵，云云。

当然，还有第三种可能性就是绳文人了。

不管史实是哪种，徐福的确是感到了威胁在向他的船队迫近，也许他的船由于土著的阻挠干预甚至攻击，根本就没法停靠岛岸。上岸后也没法立足，立足后又没法相处。他后悔自己百虑一失，没带武器，这意味着他和渡海余生的童男女一旦遭遇早已盘踞岛上的同类，便只能束手就擒，坐以待毙。与其坐以待毙，不如寻找武器自卫，反抗文身人、绳文人及早期乘船渡来者！

徐福等人带至日本列岛先进的文明，与蒙昧的土著文明的撞击、冲突、争端避不可免地一触即发。

情况相当危急，躲避战争希求和平的徐福及童男女们，却不得不面对岛上土著或渡来人的攻击威胁，不得不像在西侧的大陆一样，继续面对残酷的杀戮与被杀戮。很可能双方之间已经爆发了局部或整体冲突，从那些出土的土著人类中箭的骨骸来看，当时徐福的人只是为应急而采用石制箭镞来应战。完全可以想象出：由于土著人数众多，徐福渡来人一时难于获胜，甚至有可能面临危在旦夕的覆灭。

聪明睿智的徐福头痛不已，苦于没带很多兵器来，除卫士带有青铜匕首及首领的青铜刀剑外，再无兵器。他自己手中的宝剑，那只是权力的象征，根本不可能用于厮杀。

秦始皇一统天下后，下令将大陆六国的兵器全部汇聚于咸阳销毁，铸造了"金人十二，重各千石"，千石是多重呢？每一个铜翁仲都重34万斤，也就是340吨。放在哪里呢？"置宫廷中"。于是，这些铜翁仲一直在汉长乐宫前站立着。到了东汉末年，其中的十个铜人被东汉末年董卓进京时椎破毁坏铸成了小铜钱，剩下的那两个先是被移迁至清门里，魏明帝想把他们运到洛阳，拉到霸城时实在因为太重运送起来太费事，只好作罢。后被石季龙运到了鄴，再后来符坚又把它们运到了长安销毁掉了。如此看来，徐福要想获取很多的金属冶炼兵刃携带出海，特别是以寻求仙药为名瞒天过海异域称王而携带兵器，谈何容易！

那么，可否自己冶炼呢？遗憾的是，徐福带着随员登岛，经勘探，一时竟未发现倭地有铜铁矿藏，巧妇难为无米之炊，没有矿藏，即使带来再好的冶炼工匠也枉然。

徐福想出的办法便是先以石矢代替金属箭镞，这些石镞，也就是前文

提到的石镞。

　　然而，石镞仅为权宜之计，而非长久之策。要想战胜强大众多的敌人，只有回大陆取兵器和矿砂，但那将是十分危险的旅程。可是，如果不回去，那只有被绳文人消灭。回大陆虽然冒险，但还有一线带着兵器或矿砂回岛来拯救全员的希望，两相权衡，徐福最终决定冒险再度返回大陆琅玡，目的是采购矿砂，只要秦始皇不知晓，凭他徐福在齐国的关系，应该可以瞒天过海、将所需所购带回日本列岛。可惜，他哪里知道，这次返回，一个十二分危险的巧合正等着他的到来。

　　深思熟虑主意已定后，徐福鼓励大家等他平安归来。告别童男女，他也不向随员们说明真相，对外只谎称他去天界办事，或身患微恙，抱病不出。不管是哪种借口，总之，在很长一段时间内，徐福在童男女当中消失了。

　　消失的徐福，此时正在驾波逐浪，悄悄驶回大陆。

　　这次徐福的归途也相当顺风顺水，很快，他便登陆琅玡，潜入社会开始搜寻他所需要的能做武器的东西。这一年应该在秦始皇36年至37年。

　　真是无巧不成书！不知是耳目众多敏感的始皇帝嗅到了徐福回来的信息，还是恰好秦始皇又来琅玡巡幸撞见了徐福？本书倾向于很可能是秦始皇耳闻徐福返回了大陆齐鲁旧地，便专程前来缉拿徐福问罪。秦始皇为徐福这次东巡，使伺机谋杀始皇帝的赵高有了可乘之机。这一年10月，嬴政因要祭文封禅，命左丞相李斯跟随，右丞相留守，上卿蒙毅也在随行之列。蒙毅是蒙恬的亲弟弟，皇帝的亲信。

　　这时，胡亥请求跟随父亲东巡。这是一个可疑的异常举动，但嬴政并没察觉一个可怕的谋杀计划正在酝酿实施，幕后的真凶就是中车府令宦官赵高。赵高是专管宫廷御车印信墨书的宦官。后来赵高还"行符玺事"，执掌传达皇帝命令和调兵的凭证"符玺"。

东渡

　　赵高早想弑君，夺秦天下。这样说不仅因为他后来杀掉秦始皇所有儿女，还因为司马迁说到"赵高欲为乱"指鹿为马，特别是通过子婴与两个儿子打算除掉赵高密谋时说的话："我听说赵高与楚约定，灭掉秦宗室后他要称王于关中。"这些都证实赵高是为了个人目的而谋杀秦始皇的。此刻，赵高的计划是先除掉长子扶苏，他对李斯讲："长子刚毅而武勇，信人而奋士，即位少用蒙恬为丞相"，然后除掉结下深仇不共戴天的蒙恬蒙毅兄弟，再除掉李斯，最后除掉胡亥。不是有谶语说"亡秦者胡"吗？那正应了胡亥之胡。赵高曾多次晓以利害，要胡亥夺取皇位，胡亥怕弑君大逆不道。赵高开导胡亥讲"臣闻汤武杀其主，在下称义焉，不为不忠。卫

君杀其父，而卫国载其往，孔子著之，不为不孝"。在赵高的唆使下，小儿子胡亥心怀鬼胎请从。

秦始皇允许了胡亥。大队人马浩浩荡荡取道云梦，遥祀了葬在九疑山上的虞舜，顺江而下，渡海渚，过丹阳，至钱塘，临浙江。由于浪大，于是又向西行了120里，从江面比较窄的余杭渡过了长江，登上会稽山拜祭了大禹墓，遥望了一阵大海，立石颂秦德而去。

然后秦始皇来到吴地，从长江入海口入海，乘船从海上向北，又来到山东琅玡。

在琅玡，秦始皇再次见到了方士徐福。这距上次在琅玡见到这位方士已经9年了。9年来，秦始皇一直想着这位出海不归的神异方士。而此时的徐福听到秦始皇又来琅玡，他也揣摸不准秦始皇的到来是有人走漏了风声还是仅是一种偶合？但不管是哪一种，他必须主动去见嬴政，以进为退也许是最安全的上上策，徐福主动求见秦始皇，秦始皇却要用秦朝最严酷的刑罚来惩治这个犯有欺君弥天大罪的骗子——徐福。

正是由于眼前这个徐福浪费了巨额资金出海不归，牵连侯生卢生韩众（终）等方士的潜逃，秦始皇失去了对方士乃至读书人的兴趣和好感，为了一解心头之恨，秦始皇曾经坑杀了460多个术士。唯徐福、韩众（终）、侯生、卢生等外逃幸免于难。

秦始皇在帐里帐外布下众多刀斧手，油锅鼎沸，铡刀锃亮，气氛森严，杀气腾腾。

富于冒险精神，工于心计，远见卓识充满智慧的方士探险家，此刻又拿出了他心理学家的本领，操起他最善长的武器——编造神话，冒着杀头的危险，他开始再次哄骗秦始皇。他深谙嬴政对长生不老的渴望，对这位集才能残暴于一身的独裁者最大愿望有着极其深入了解和十分自信的把握。

东渡
-158-

可以想象出，与上一次接见不同，那次秦始皇见徐福还只是一种好奇和礼遇，而这次，好奇早被受骗的愤怒取代，"礼遇"方式是两旁的刀斧手及烈焰干柴的大油锅，一代暴君杀人如麻，今天，只不过活活生烹一个小小的方士，不，是一个小小的却胆大包天的骗子。

在一片阴森恐怖杀气腾腾的传唤声中，徐福被押了上来。

嬴政怒气冲冲脱口喝道："徐市！好大胆！巧言诓我出海，仙药何在？试与'真人'我说，说得通则罢，驴唇不对马嘴，便将你油炸刀铡！"

可徐福毕竟不同于一般的方士，他能面对惊涛骇浪率船队冒险移民，也能面不改色心不跳地面对沸腾的油锅，他敢欺骗横扫六国的君王，也就有胆识勇气再次凭着三寸不烂之舌，说服秦始皇不仅要放他一马，而且还要赐予他那些急需的武器。

"我没欺骗你。"徐福的语气沉着而冷静。

"没欺骗？哼！你花了那么多钱！一去不复返？长生不老药呢？来人，扔到油锅里去！"

徐福等秦始皇雷霆万钧的震怒稍稍平息下去，等众武士把他架到油锅旁，举起来就要扔进去那一刻，却忽然仰天大笑起来。这一笑，倒叫秦始皇摸不着头脑了。

秦始皇不解地问道："徐市，你笑什么？你还有何话说？"

徐福故意卖了个关子，道："不说也罢。我只恨还差一步你就可长生不老的计划今天竟功亏一篑，我笑你英明伟大的君主，竟然也有糊涂的时候。"

秦始皇见他这样说，便不解地看着他道："且慢。徐市，你说出死前想说的话。如说的有理，我就放你一条生路，如说得不妥，你就死去吧！"

徐福分明听出嬴政语气已有明显的改变，他摸到了君王的心思，于是平静地回道："我死不足惜，我人入油锅，魄却可羽化升仙，只是你至高无上的君主，却要一步步走进黄泉路，最后不得不回到你老家关中那幽冥的骊山大墓中长眠不起。陪伴你的只是人鱼膏长夜不灭的烛火，永夜的黑暗和腐朽。你没皇后，没嫔妃，没感情，你在墓穴中也是孤家寡人，只有墓中所绘的日月星辰和水银做的江河湖海围绕在你周围。原本你可以飞向东方面见仙人长生不老，没想到……也罢，我走我的升天道，你走你的幽冥路，咱俩就此分手，井水永不犯河水！"

说着，他便奋力转身挣脱刀斧手，向油锅奔去，将至油锅前，他做出纵身要往油锅里一跃的夸张架势。秦始皇急喝令众人阻拦按住，慌忙道："且慢，你且说来我听。"

徐福开始吞云吐雾，绘声绘色地描述起来，不仅嬴政被唬得晕头转向，在场的随臣与武士也都听得目瞪口呆，找不着北。

徐福诡称他见到了东方的仙人，向仙人索要长生不老药，那仙人说你何所献？希望多带礼品再来，并替我致意你们西方之君。

徐福向秦始皇说"蓬莱药可得，然常为大鲛鱼所苦，故不得至，愿请善射与俱，见则以连弩射之"。克服求仙药最大的障碍是有鲸鱼，他们在大海中遇到了巨鲸，需连弩及善射者才能射杀之，备好礼品，射杀巨鲸，才有望取得仙药回献始皇帝。无疑，索要捕鱼工具和弓箭连弩才是徐福真正的目的。弓箭，对徐福来说是最现代化的武器。关于徐福使用弓箭，在

后面的涉及神武天皇的章节里将再次谈论并揭晓这个弓箭的谜底。

徐福说起这种海中的巨鲸，秦始皇也许有所耳闻。因其后的晋人为《庄子》作注时断言，"北冥有鱼，其名为鲲。"北冥之"鲲"应该名"鲸"，而非"鲲"，"鲲""鲸"之差当是庄子或后人笔误？伍被他们修撰《淮南子》时也说："麒麟斗而日月食，鲸鱼死而彗星出。"把鲸与麒麟同视为灵异之兽[2]。

始皇将信将疑，也是天助徐福合该他成功，当天夜里秦始皇居然做了一个梦，梦见他与海神格战，海神长得很像人。醒后问占梦的博士，博士说"水神不可见，以大鱼蛟龙为候，今上祝祷祠备谨，而有此恶神，当除去，而善神可致。"

要么最终放弃羽化成仙，回到西安的骊山大墓中去，要么依了眼前这个骗子的话，再给他一次生还的机会，采回那所谓的长生不老药？听着阶下这个骗子的花言巧语，嬴政心里暗自思忖着。

应该说，秦始皇是聪明的，他能明察秋毫，他不会不对眼前这个东方敌国的方士产生怀疑，他曾杀死过多少臣子，坑杀过40万赵军战俘，就在徐福走后，他还坑杀了那些术士，那一半是缘于眼前这个术士作祟牵怒的愤恨。现在这个小人就站在他面前，只要他一挥手，顷刻之间就可以让他化为乌有。然而，他最渴望的长生不老也就真的彻底化为乌有了。骗子的性命能值几何？还是自己的永生更为无与伦比……

秦始皇终于不仅放了徐福，还允许他继续出海。但嬴政还是警觉怀疑徐福索要弓箭的动机，给他弓箭，就可能撼动秦朝万世基业，不给他弓箭，如何射杀巨鲸取回仙药？怎么办呢？嬴政想了一个两全齐美的办法。

他率着随从武士，沿渤海湾开始寻觅巨鱼踪影，"乃令入海者赍捕巨鱼具，而自以连弩候大鱼出射之。自琅琊北至荣成山，弗见。"

终于，他们行到芝罘发现了巨鲸，（难道2000多年前，因数量众多或环境没被污染，鲸竟然能够游弋于海湾？）秦始皇下令万箭齐发，霎时间，海水被染成了血红色，巨鲸殒命"至之罘，见巨鱼，射杀一鱼"。从此，通往东海的路通了，通往"长生不老"的路也通了。

清人谢景漠有诗《吊始皇芝罘射鱼》：

朱旗翠葆欲何之，美门安期是若师。
十二云城未得靓，漫从海上逞难思。
海上奇峰兀而起，穿云插汉疑罘恩。
下见飞沫喷白日，识是巨鳞翻天池。

……

强弩竟响苍岩里，劈破黄云羽箭驰。

……

仙药自是不可致，枉与一鱼决雄雌。

秦始皇射杀巨鱼后，缓缓离开东海，西行至今德州平原县南的一个古渡口——平原津时，他一病不起了。

秦始皇的身体并不算健壮，峰准（马鞍形鼻梁）长目、挚鸟膺（鸡胸），豺声（支气管炎），有生理缺陷，体质较弱，当年荆轲行刺，正因为他身不高大臂不长故前边拔不出佩剑来，背后抽剑才得以制伏刺客。但他憎恶女人，虽然"后宫美女万余人"，但他似乎不太专情于妇人，没有皇后，也没按照他母亲赵姬与名义上的父亲庄襄王在芷阳那样合葬，考古探明秦始皇陵墓平面没有留出皇后墓穴位置，史书只提到过两个与秦始皇有关的女人，一个是荆轲刺秦时提到会鼓瑟的姬人（《史记·秦始皇本纪》引《燕太子篇》），一个是随始皇出行时死在浙江海盐县的美人（《水经，沔水注》）。秦始皇不近女色，肯定与他身世之谜，特别是他母亲私通吕不韦和嫪毐深深刺激了他有关。虽然他有 12 个女儿，18 或 20 个儿子，但秦始皇似乎不好色。他把天文地理（我以为一定也有海上蓬莱、方丈、瀛洲三神山）都放进墓室去，但就是不放女人进去。秦陵众多随葬俑，却找不出一具女俑！秦始皇专心于政事和成仙。精力充沛，事无巨细都亲自裁决，每日批阅文书 120 斤，工作量很大，他 50 岁时并没有想到他寿命即将完结。

秦始皇不是自称"真人"吗？要吃长生不老药吗？很可能赵高指使宦者进膳"真人"修炼食谱，里边暗下慢性毒药使秦始皇患病。前曾述秦始皇"悉召文学方术士甚众，欲以兴太平，方士欲练以求奇药。"这段话说明秦始皇汇聚了天下所有的方术士齐聚咸阳，为他炼仙药进献。赵高正是利用秦始皇这一心理和行为，买通方术士于进膳过程中暗做手脚。嬴政这病，倘若及早诊治，也许算不得什么，能够痊愈，但是相信自己是长生不老不死"真人"的始皇帝，最讨厌别人说什么病呀死呀之类的，跟随的群臣没有人敢谈论这病的危险。秦始皇只好越病越重，也许此刻的秦始皇终于翻然醒悟：东海仙山与那名齐国方士一样不可信，他心里明白了他最后的归宿所在。于是"乃为玺书赐公子扶苏"，让他把自己葬在咸阳，那儿有他事先修好的陵寝。

东 渡
—161—

早在秦始皇这次东巡前。胡亥就已觊觎皇帝宝座，在阉宦赵高暗中挑唆下，胡亥与赵高串通阴谋除掉扶苏，但是扶苏有蒙恬 30 万大军支持，除之非易，于是赵高瞄准了始皇帝东巡，要抓住这次机会弑秦始皇、赐扶苏死，同时连带着除掉蒙氏兄弟。

蒙恬蒙毅祖上齐人，祖父蒙骜秦昭王、秦庄襄王时为秦将，战功卓著，父亲蒙武为秦裨将军，与王翦大破楚杀项燕虏楚王。蒙恬攻齐有功，可以说秦统一天下进程中灭掉的最后几个敌国，蒙氏三代都立下了汗马功劳。秦统一天下后，蒙恬率30万人北逐戎狄，收黄河以南，据地形制险塞，修筑了西起临洮，东至辽东，延袤万余里的长城，暴师于外十余年，驻扎在上郡威振匈奴，谨防亡秦之"胡"。始皇想游览天下，又命蒙恬修通从九原直通避暑胜地甘泉山林光宫的驰道，蒙恬堑山填谷，1800多里的驰道正在昼夜督造施工。弟弟蒙毅位至上卿，不离始皇左右。始皇也对蒙氏兄弟格外尊重宠信，诸将莫敢与蒙氏争胜。

赵高曾犯大罪，什么罪史无明载，秦王命令蒙毅对赵高依法治罪，蒙毅不敢枉法，按律要将赵高处死，革除他的官职。秦始皇又觉着赵高做事踏实认真，就赦免了他，恢复了他的官位。这就为赵高仇恨蒙氏兄弟埋下了种子。赵高在秦始皇病重时，遣蒙毅"还祷山川"。直到嬴政死蒙毅都没回来。这是一个非常值得怀疑的举动，为什么要遣走蒙毅？是嬴政命他离开还是赵高假传圣旨？蒙毅离开使赵高阴谋便于得逞。此时遣走蒙毅，就为除掉扶苏蒙恬的耳目，便宜下手。

至平原津渡黄河（今河北广宗县北）时，秦始皇发作了癫痫，后脑壳撞于青铜冰鉴上，脑膜炎病情加重，时而昏迷不醒，赶到沙丘宿下，秦始皇气息奄奄，知道自己将不久人世，封好了给长子扶苏的信，交给了负责此项事务的中车府令赵高，便闭上了双目，昏昏沉沉、似睡似醒地等待着那个徐福将不死药赶紧送来。

这样等到了这一年的7月，渴望长生不死的秦始皇终于没能等到徐福的归来，他貌似病死实则被赵高谋杀于巡狩途中的沙丘平台[3]。

唐人胡曾有《东海》诗咏道：

"东巡玉辇委泉台，徐福楼船尚未回。自是祖龙先下世，不关无路到蓬莱。"

清人左光涛的诗更伤感，说：

巨舰苍茫入海行，徐福留王无归程。

鲍鱼狼藉沙丘路，千丘犹吊芈兮城。

在赵高的主谋下，赵高、胡亥、李斯狼狈为奸，结成同盟。为不使秦始皇死讯传扬出去引发骚乱，特别是还没有除掉扶苏蒙氏兄弟，死讯秘不发丧，赵高将秦始皇尸体载于车中，每日假作饮食奏请，赵高想一箭双雕，除掉扶苏和蒙恬，此时扶苏蒙恬正为那句"亡秦者，胡也"的谶语，忙着修筑防备"胡"人的长城，殊不知祸起萧墙，北方外敌之胡已防，而少子胡亥之胡则防不胜防。赵高与李斯、胡亥密谋，假造诏书，胡亥继承皇位，派遣使者以罪名赐公子扶苏和蒙恬马上自杀。当赐扶苏蒙恬死的假诏来到时，长子扶苏见诏心灰意冷，痛哭一场，想自杀，蒙恬拉住要他弄个明白再死，但扶苏不听，来不及分辨真假就拔剑自杀了。蒙恬不愿自杀，心想：皇帝巡游在外，令我带兵30万戍边，这是天下重任，怎能见个使者就自杀呢？谁知道其中是否有诈？于是，"疑而复请之"接受使者的监禁听候发落，使者把蒙恬囚禁在阳周。胡亥派李斯舍人监管那30万军队并想释放蒙恬。赵高唯恐蒙氏官复原位东山再起，就对二世进谗言：说当初嬴政想立您为太子，蒙毅力谏反对，"以臣愚意，不若诛之"。胡亥一听便把蒙毅囚禁在代地。

赵高向二世"日夜毁恶蒙氏"，胡亥便遣使者至代地，对蒙毅说：你反对先主立太子，现在丞相赵高指出你不忠，"罪及其宗。朕不忍，乃赐卿死，亦甚幸矣。"蒙毅辩护，使者深知胡亥用意，不听辩护，杀死蒙毅。

秦二世又遣使者至阳周，对蒙恬说：你的错太多，"而卿弟毅有大罪，法及内史。"蒙恬回道："自吾先人，及至子孙，积功信於秦三世矣。今臣将兵三十余万，身虽囚系，其势足以倍畔，然自知必死而守义者，不敢辱先人之教，以不忘先主也。"使者不敢把这些话回复，蒙恬喟然叹息道："我何罪于天，无过而死乎？"良久，徐曰："恬罪固当死矣。起临洮属之辽东，城堑万余里，此其中不能无绝地脉哉？此乃恬之罪也。"吞药自杀。

司马迁不同意蒙恬这种荒谬的说法，他亲眼目睹了蒙恬筑造的万里长城，说秦刚灭六国，战争创伤尚未平复，作为一代名将，应阻谏修长城，而不应助长秦始皇的想法，这也是蒙氏兄弟遇诛的罪名，说什么归咎于断了地脉呢？

扶苏蒙氏兄弟已除，赵高放心地令车队日夜兼程返回咸阳。暑天高温，秦始皇尸体开始腐烂变质。为掩人耳目赵高使人往所有车上装鱼，以乱其臭，错乱众人臭觉，行至咸阳，才宣布了秦始皇死亡的消息发丧出殡。

赵高升为郎中令，胡亥袭位，即秦二世，螳螂捕蝉，黄雀在后，胡亥哪里知道赵高正磨刀霍霍向自己暗藏杀机呢？

9月，这位一心渴求仙药长生不死的始皇帝，终于放弃了对东海仙山的遥盼，入眠于那座奢华无比天下无双的骊山大墓中。

20世纪70年代，中国的考古工作者对这座气势恢弘的古帝王陵寝开

东渡

始发掘，倘将这巍巍帝陵与徐福东渡的传说联系起来，人们不免会产生这样一个疑惑：这座面积达 56 平方公里的陵园墓寝，修建历时 30 余年，发民工 70 多万，秦始皇嬴政继位于公元前 246 年，死于公元前 209 年，也就是说他在命徐福出海寻找长生不死药的同时，也在耗费着巨资建造着无论是当时还是今天都堪称世界上最宏大的陵寝之一。这一自相矛盾的举动使我们似乎得以看清嬴政的矛盾心理。

自 1974 年以来，考古工作者对秦陵兵马俑的武士和战马进行着开掘和研究，他们在秦陵封土的二级台地上自北向南进断面式的勘探，意外地发现了神秘的陪葬坑，试掘 24 平方米就出土 13 件青铜禽类。巍巍秦陵，究竟有多大规模，埋藏着多少宝藏？在这个东西长 48.2 米、最宽处 12 米、总面积达 410 平方米的墓室中考古工作者惊讶地发现了 12 件彩绘陶俑，其中有 8 件皆戴长冠，这些陶俑究竟是什么人呢？有研究者认为是文官，有的怀疑是"养马人"，有人认为是"刀笔吏"，如果将秦始皇派徐福及众多方士寻求仙药的史实联系起来，我认为这 12 件陶俑就是方士化身的随葬。

长眠于地下的君主，无从知晓齐国方士徐福到底找没找到东海仙山仙药？到底回来了没有？当然他也没有料到在他统治的国度里，陈胜吴广揭竿而起，刘邦项羽争霸天下，一时间天下大乱，群雄逐鹿，历史在楚汉相争的战火中翻开了新的一页，似乎再也没有人顾得上提及徐福和长生不死之药的事了。

---

[1]《梁书·列传第四十八·诸夷》上海古籍出版社、上海书店，二十五史。

[2]《述异记》还煞有介事地说："南海有珠，即鲸鱼目瞳。夜可以鉴，谓之夜光。"《春秋考异邮》中断言："鲸鱼死而彗星出。"

[3] 关于秦始皇之死，《史记》记述很多，分别见于《秦始皇本纪》、《李斯列传》、《蒙恬列传》等处。有一些学者推测死因是赵高等人的谋杀，并有种种迹象作为论据佐证论点。本书认为此推测不无道理。人类历史上，有多少大大小小的秘密、阴谋和谋杀从来不被公之于众，也无法载入史册。好在秦始皇的尸骨还在，真相究竟如何总有一天会通过高科技手段来探秘秦始皇大墓和嬴政的尸骸，比起很多著名人物的蹊跷死因来，秦始皇之死，其答案也许算是比较容易找到，只不过是一个时间问题而已。

郭沫若曾写过一篇历史小说《秦始皇之死》，其中描述说：次日早，李斯发觉秦始皇右耳孔内钉了根大铁钉，黑血从右耳流出。我以为不太符合史实，因为秦王朝还仍然是青铜器居多，铁器恐怕更多地是在汉武帝时代才兴起。关于秦始皇究竟是病故还是被人谋杀，等到秦始皇陵被掘开，只须对他的尸骨做一下检验便能水落石出真相大白了。

有两点需说明：

1. 秦始皇此行前肯定没有料到会断送性命。他身体健康状况亦佳。可能是因为求长生自称"真人"，于是开始进补"仙药"，这正给赵高提供机会，他暗中买通术士以毒药为仙药每日进膳，使秦始皇慢性中毒最后致死。

2. 秦王室的庙或在西雍，或在咸阳，可始皇庙却独奉酆祠，难道他不承认是嬴姓之后？

东渡

第二十二章　秘密冶炼兵器

冶炼是绝密的，方法连徒弟都不告诉，如果徒弟想试一下冷却的水温，敢把手指伸至水里，师傅就会把徒弟的手指切下来。这种恐怖的秘密除了禁止手艺外传外，恐怕还有一层原因，怕秦始皇知道。

话分两头，还说徐福这回面见秦始皇后，再次横渡黄海登陆日本，来到宗像或九州用矿砂炼造兵器，那是一种极端秘密的行为，也是一种开启日本冶炼技术历史的非同寻常的炼造。

回想这次回大陆面见秦始皇，虽幸免一死，但却没有得到想要的弓箭。徐福并不清楚，他登陆的这个岛屿地域狭小，生存环境艰难，矿藏极缺乏。虽然这位两千多年前的方士对季风洋流星象都可能有着较深入的研究，但，他不可能知道这个岛屿正处于环太平洋火山地震带。火山喷发地震海啸频发，在他们登岛后的一千年中，仅京都就曾发生毁灭性地震34次，1923年东京大地震居然死了20万人；他也不可能了解此刻他脚下的这个岛屿是一个倒锥体，底部土壤剥蚀严重，以致出现上大下小的可怕情形，贫乏的矿藏中基本自给的矿产仅有硫化铁、硫磺、石灰石和石膏等，铅、锌、铜和煤可部分自给，其他如铀矿等资源主要依赖进口。煤、铁、铜、石油都需95%以上的进口，只有琥珀矿藏分布于本州、北海道两大岛，久慈琥珀年代可追溯至8700~8500万年前，白垩纪后期恐龙仍主宰地表的年代，但琥珀对徐福而言要它何用？徐福此刻需要的是冶炼兵刃的矿藏。

是的，徐福这次往返大陆日本列岛后，列岛上开始了冶炼金属兵器的历史。

从现存的福冈市今山出土的石斧和饭塚市立岩出土的石刀来看（当然，这种石斧不只在福冈县被发现，在越过山谷那边的佐贺、大分、熊本、远贺川流域，以及西边的西福冈平野和南边的筑后平野也都有所发现），应是徐福等渡来人初来日本因金属矿藏匮乏而临时采用的石器制作工艺。

此后古代的日本社会迎来了真正的金属时代。

日本金属兵器发展最早最先进的地域在什么地方呢？在日本九州岛西部佐贺县有明海一带，这一带正是与中国大陆东部的江苏、浙江遥遥相对的被推测为徐福登陆日本的地域。而这一带，金属武器农具出土的地点与产生的年代也恰与徐福登陆日本时地有着显明的重合。

一、有明海（即筑紫海），出土了弥生初期铁斧，铁斧被推定为公元前300年前后的文物。徐福登陆的时间为前210年，与徐福登陆有关的还有熊本县铁斧。

佐贺有明海，这里有徐福登陆的传说，与出土的弥生时代的文物有着明显的重合。

二、熊本县天水町斋藤山遗迹出土的锻造铁斧残部，5厘米×4厘米，厚不到2厘米。铁片上钢结晶组织的残余部分被发现。日本考古界（如桥口达）有一种看法：到弥生初期前半叶，除前期末的铁镞等小型的铁制品为列岛内制作，所有铁器被认为是搬运来的，证据是下关绫罗木遗迹从弥生前期末到弥生中期前半叶出土的文物，被认定是铁片（这些铁片和弥生中期后半叶春日市赤井手遗迹出土的钢材相似。袋式铁斧里有一些袋部的断面呈圆状和构造单纯状，这在北部九州也制作过）。1993年，佐佐木稔推考绫罗木遗迹铁片生产的启始时间当在弥生前期，而这一时期正是徐福等人东渡的大致时间。

在福冈市西区石﨑的曲り田遗迹发现有居住迹火柴盒大小的铁片，佐佐木稔分析，铁片为锻铁制，疑为绳文晚期实物。佐佐木稔还推考福冈县小郡市曲り田遗迹的铁斧，也是锻造铁器，时代应是绳文晚期弥生早期。

三、在山ノ神遗迹发现的铁器制锄与徐福登陆的时间和地点也有着相重合的疑点。

山口县山ノ神遗迹，距远眺玄界滩的冲ノ岛的海岸仅1公里，位于JR

东渡
-167-

川棚温泉车站南 1 公里，海跋 10 米处。有石器、用途不明的石板、特别是还出土了与徐福东渡日本使用铁器相关的铁器锄铣。

出土的锄铣长 6 厘米，宽 12 厘米，呈尖状，刀部约 2.5 厘米高，是比较大的 V 字形刀。这种冶炼铁锄的矿物元素，日本学者据化学成分分析，推断很大程度乃是中国山东或江苏矿山所产，加工地可能就在朝鲜半岛西南部，这一结论竟也与徐福东渡有着某种关联。

首先，出土时间：

出土的铁器锄铣被认为是弥生时代前期末即公元前 200 年左右的遗物，而徐福出海恰在公元前 210 年前后。

其次，出土地点：

佐佐木稔证实山口县丰浦町山ノ神遗迹的锻铁铁锄，铸造于锄端的铣铁，来源于中国赤磁，由铁矿石生产，可能在中国大陆或朝鲜半岛西南部加工而成，从距朝鲜海峡最短距离的山口县西部、福冈市的博多湾岸周边运至日本；另一部分铁锄从中国浙江省经海路运至熊本和长崎，熊本和长崎都是距中国浙江最短海程的登陆地。

有意思的是，福冈大学教授小田富士雄指出：铸铁制品由中国经朝鲜半岛引入日本的海路航线，恰与稻种引入日本的海路航线完全重合。而这一海路航线恰与推测徐福抵日航线同。

无疑，携带青铜和铁器冶炼技术的移民东渡日本给日本社会的发展注入了新的生机。

更有趣的是，佐贺也是徐福登陆传说流传多而广的地域，同时又是青铜武器出土的地方。而徐福所在的秦王朝时代，也正是青铜兵器合金比例最科学，使用最普遍的时代。恰好也是在佐贺这一带，出土的青铜兵器与流传着的徐福传说，同时印证着徐福登陆日本在此建立青铜冶炼中心的推测……

从 1986 年截止到 1991 年，据柳田康雄，关于日本列岛约于前 2 世纪初之后，青铜器铸造的出土文物，有多处遗迹被发现[1]。

1991 年在佐贺县吉野ク里遗迹发现了弥生前期（前 200 年以前）的遗物，年代最久远的文物，当首推"素环头刀"，这是中国战国时期文物。遗迹发现以来几年之间陆续有铜矛和属于前期铜矛的铸模被发现，三点的铜矛铸模是日本列岛最古形式的铜矛形状。吉野ク里出土的最古老样式的铜矛铸模是基部有 3 根突带，这是古代铜矛铸模的明证。

吉野ク里遗迹现场发掘负责人七田忠昭说：此前人们一直认为这种铜剑铜矛是从朝鲜半岛带到日本来，吉野ク里遗迹证实，早在公元前 200 年前后，日本列岛就开始铸造这种兵器了。因为，吉野ク里遗迹分明可见，这里出土的青铜金属器具显然是在当地被冶炼[2]。

迄今为止，这种铸型吉野ク里以外尚未发现。这些石制的铸型是使用石头四个面来制造，有的石头使用后被压迫薰黑（为了溶铸青铜，需要950度的高温，鼓风机被使用的实例痕迹也在吉野ク里东北十数公里的安永田被发现出土）。

日本学者推测出这样一条徐福等人登陆的航线：

路线为：中国大陆—朝鲜半岛—对马—壹岐—呼子—唐津—伊部—春日。这样，无论是徐福登陆传说（徐福在吉野ケ里的传说有：吉野ケ里遗迹、佐贺县神埼町，三田リ町，东脊振村），还是青铜器出土遗迹地点，就都交叉到了春日市博多湾口的志贺岛和吉野ク里遗迹了。

似乎徐福在这里建立了一个王国？

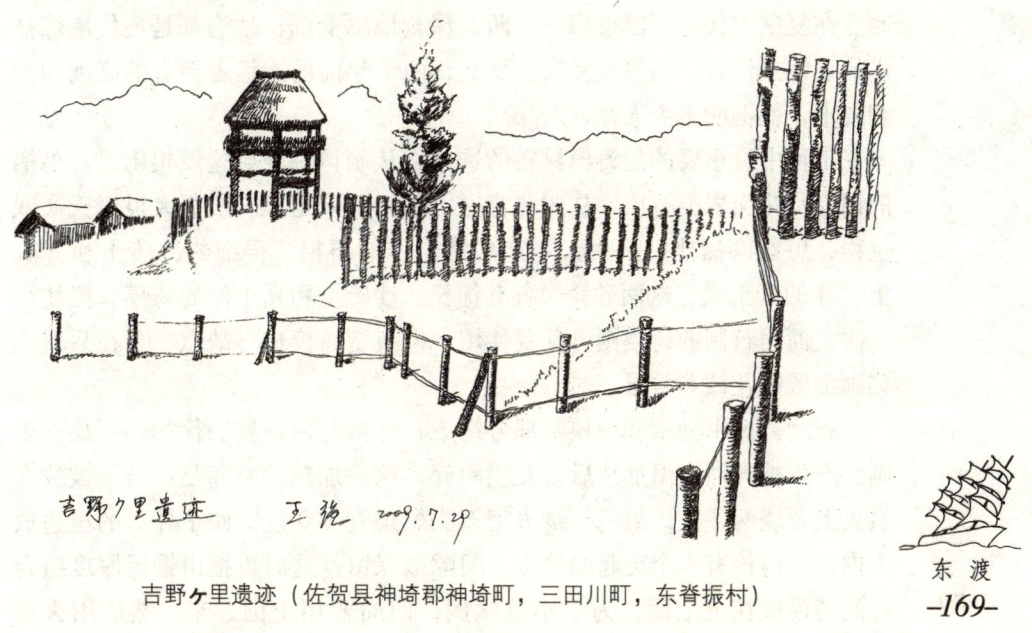

吉野ク里遗迹　　王德 2009. 7. 29

吉野ヶ里遗迹（佐贺县神埼郡神埼町，三田川町，东脊振村）

从吉野ヶ里遗迹发现的人骨，证明徐福与吉野ヶ里遗迹有关。徐福率同行者从吉野ヶ里登陆，在这里建立了一个独立王国。徐福最初以九州为根据地，数年后，向着蓬莱山方向的东方乘船出发。所以，徐福传说在九州南部各地域甚流行，徐福的子孙们在这里留下了吉野ヶ里遗迹。

而距吉野ク里不远徐福有可能抵达的春日市出土文物有：

春日市小仓的大谷遗迹，是竖穴住居迹，这是弥生中叶到末叶的特征。在这儿，有九片青铜铸型被出土，其中三片铜铎、两片铜剑一片铜

矛，与朝鲜半岛的铸型相同。这点尤为引人注意，日本学者推测为片麻岩。这个狭小的春日市竟有须玖永田、冈本、平若、大南、赤井手遗址被发掘出土，成为青铜铸型出土的集中地。这不能不使日本学者们怀疑，作为"奴国"的倭，从1世纪开始到3世纪结束，其中心地点竟可能就在春日市。

惣座遗迹的乐方石宫在东北十数公里处也有遗迹。从玄界滩西边看，翻越山麓即有名海，都是徐福传说流传地。早期青铜器是玄界滩沿岸福冈遗迹出土的铜镞和铜鉴。在这里散落有一些青铜器作坊。

徐福当时的冶炼技术也得到今天的专家学者充分肯定。

关西久野雄一郎氏毕业于东京大学冶金系，前三宝伸铜社长，（三宝伸铜社即前三宝伸铜公司前身。）九州鸟栖的大畏悟氏，是原鸟栖工业高等学校教师。关西久野雄一郎和大畏悟两人对古代青铜器中的铜铎进行复制。在复制古代青铜器过程中，两人深刻地感受到：他们都是现代冶炼技术的熟练操作者，尚失败多次，那么，两千年前的冶炼者拥有的高度知识和技术，就不能不令人惊讶。

工程中最重要的是铸模材料的选择，从制作一开始这就很困难。鸟栖的铜铎是花岗岩类石质，从西北背振山割切下来运至。按照大畏悟氏实践过程，想象徐福他们采用天草产的沙岩作的石模、很细的沙砖土和"真土"作的真土模，这两种铸模各有优长。沙砖土和真土作的铸模只能使用一次，而用石制的铸模则可反复使用。但石制铸模也有缺点，要在兵器上刻画细致的花纹非常难。

石制铸模由外型和内核两部分组成，外型与内核要徐徐加热干燥，否则，石质被突然高温加热后易发生粉碎。徐徐加热的时间是：石质被放在炭火上要烧两昼夜，最后，炭火把石头燃烧到800度，两个外型的里边放入内核，内核有4个突起的地方，间隙被保留，这时再把由铜铎厚度组合好的铸模放在土上面，为了不致倾倒，四周要用土围起来，然后用火烧烤。炉里矿元素比例是：铜85%、锡10%、铅5%，这些矿物质经冶炼溶化为青铜。当金属像开水一样溶解时，再用重油来烧。烧一个半小时后，当达到1200度高温时，倒入铸模内，最后铸出的铜铎被打磨擦拭。

在北部九州出土的青铜铸模有两大特色：

其一，青铜铸模出土以福冈县春日市为中心地域，这儿距博多湾古时的海岸线仅五公里，是丘陵地带，属"奴国"的中心领域。这类遗迹文物，与西北偏西方向20公里的前原市遗迹出土的少量铸模，堪称双璧，而这两大青铜出土中心恰恰是正对着中国大陆和朝鲜半岛的门户，犹如日本和式住宅的玄关，这说明这种冶炼技术无疑来自中国或朝鲜半岛。

其二，从这一门户位置看，筑紫山海拔 1000 米，南侧丘陵地带有带状青铜器出土遗迹，遗迹从西边的佐贺市到东边的鸟栖市形成了一个约 30 余公里的地带，在这一地带上，有栎の木、吉野ク里、石动、安永田。这些遗迹呈状带并存。最古的青铜器铸模，从纵深地的吉野ク里出土，而传统北部九州的高技术中心春日的青铜铸造技术却相对较迟晚。这说明，吉墅ク里受汉文化影响似乎更早更直接。

与中国冶炼技术十分活跃的状况相堪比，博多湾岸的志贺岛，1957 年发现出土了汉赐金印，显然，从博多湾至春日市，这一带是亲近中国、中国文化之光普照的政治地域。按《后汉书》所说，这儿曾是倭国国界的最南端。而外沿的佐贺、筑后地区则是不能沐浴到汉朝恩泽的地区。在北部九州有铁器出土，但铸模、制铁遗迹尚未发现。

韩国考古学界主张：铁的传播，是在公元前 8 世纪。《三国志·韩传》记述："铁，濊、倭争相取用"的话可印证此说。

在北部九州一带的系岛海岸，少量含有钛的砂铁被人们关注，虽然这儿的铁矿石并不丰富。三世纪时濊、倭，对朝鲜半岛南部的铁着了迷，他们缺乏原料，不在北部九州制造而靠"输入"进口，也许更为合理，故这些铁器似为舶来品，可能要依靠从中国大陆或朝鲜半岛运进。

制铁炉的温度比青铜的冶炼高出 200～300 摄氏度，这种冶炼技术或许比进口更便宜。

到目前，在绳文晚期，弥生前期或中期开始阶段，在日本海岸的铁器出土遗址只发现了区区 3 例，另外在北九州西部还有两例。

最古的铁器遗迹是福冈县系岛郡二丈町的曲り田遗迹。在这儿出土了板状的铁斧 1 个，20 余片铁片，它位于玄界滩，唐津湾前，三云、井原、平原等著名遗迹的前原市西边，这一遗迹为弥生前叶初期遗迹。

再看出土地点：

东渡

它西边的唐津、莱畑遗迹距二丈町约 20 公里，从二丈町的曲り田遗迹沿海岸往东北方有宗像郡津屋崎町的今川遗迹（徐福第一次入海登陆当在九州西北岸筑前宗像郡一带。即唐津至远贺川口中间的港口。这一带日本古代称海神国，徐福自称见海中大神之说当与此地有关。《筑前风土记》有对宗像大神自天降居宫门山时八坂琼紫玉、八咫镜放置的描述）。再往东北 50 公里，有山口县丰浦町的山ノ神遗迹。1990 年时，率先被发掘出土的铸铁制锹遗迹。这个山ノ神遗迹，因该地有身材高大的人类骨骼（渡来人骨骼？）出土而闻名遐迩。而距它很近的下关遗迹曾出土过弥生前期

末到中期前半叶的铁片。

在铁器文物年代判断上：

福冈地区春日市岗本四丁目遗迹出土的铁剑为弥生前期或中期前叶文物，与宗像郡津屋崎町今川遗迹青铜器一起出土的铁镞均为绳文晚期弥生前期之文物。这种文物是日本列岛生产的，在这个遗迹的沙丘西侧斜面又发现了直径 114 厘米，深度 60 厘米的冶炼炉。那时期福冈市北部曾被誉为"春日古代技术都市"。因而那一带似有冶铁技术的存在？

日本制铁时代开始于何时？日本的考古学界和冶金学界都持慎重态度。据长期从事古代制铁研究的佐佐木稔氏的论断，冶铁术似始于公元前 200 年到公元前 100 年左右。

从长崎县大村市富の原遗迹、春日市门田 24 号瓮棺、筑紫野市隈西小田的 3 例铁戈来看[3]，铁戈上带熻也即血熻，又叫桶，刻熻需要工具，如没有高超的技术和特殊的工具是做不到的。

从绳文晚期到弥生前期，有长崎县的岛原半岛北部大村市 10 多公里的有明町小原小遗迹，这儿出土了镞的一个茎部[4]，炉状的遗构，长 1.5 米，宽 4.5 厘米，呈细长状，周围有小铁锌出土。铁渣有二酸化碳，其含量为 11.5%。铁锌是用 11.5% 二酸的沙铁为原料制作出来的铁渣。（这些皆为大泽正已的学术论点）。

从这里。可以发现日本制铁历史的疑点：

日本列岛的冶铁史具有一个巨大的历史空洞，从平安时代到镰仓时代，似并无冶炼铁炉遗迹被发现。可是，前引宋人欧阳修《日本刀歌》没有冶铁工艺，怎会有如此上好的日本刀呢？显然，古代日本是有冶铁工具作坊和冶铁技术的。只是，这些都具有高度的保密性。

据日本学者研究：锻刀工人把缸用水冷却，冷却水的温度，师傅连自己的弟子也不告诉，如果徒弟想知道温度，把手探入水里的话，师傅就会把弟子手指割去。

古岛上的冶炼者，似乎将居所与冶炼工地作坊严格区分开来，这从被发现的青铜、铁作坊的痕迹不在居所附近的例子中可以看出。显然，古代冶炼者是不能将冶炼地点很随便公开示人，冶炼作坊的规模不大，有两三天时间就可把痕迹消抹掉。日本学者说：这些工匠很可能是从朝鲜半岛或中国大陆渡来的移民，冶炼技术秘不示人。

这一切都表明：冶铁锻炼是个秘密的过程，为什么秘不示人？

其一：秦法不许民间私藏兵器，至于冶炼锻造兵器，更是危险的举动，冶炼铁器须格外小心。

徐福秘密锻造金属兵器的情景，会是我画的这样吗？

其二：垄断最先进的兵器铸造技术是战胜岛上敌人的必胜条件，秘不外传才能克敌制胜。

----

[1] 遗迹分别为：

关西京都向日市鸡冠手遗迹的铜铎；

东大阪市鬼虎川遗迹的石突状铜制品；

北九州福冈市志贺岛胜马遗迹的铜剑；

佐贺县千代田町姊遗迹的两柄铜剑；

佐贺县大和町惣座遗迹的铜剑和铜矛；

大阪府茨木市的东奈良遗迹（铜铎）；

福冈县春日市的大谷遗迹；

以及佐贺县吉野ク里遗迹的铜矛铸模等；

佐贺县占有三处，其中，左贺县的吉野ヶ里遗迹与被推测为与徐福铸造青铜的活动有关，特别值得注意。

[2] 在吉野ク里遗迹，被发现的铜剑铸模共有 7 个：

铜矛 2 个；巴型铜器 1 个（巴型青铜器为可放置掌中大小的器物，其用途尚不得而知）；其他用途不明的青铜器铸型 2 个；共 12 个。有考古学者疑"筑紫"，即因铸造

仪仗剑矛而得名。

〔3〕年代最久远的铁戈是从唐津市中原 7 号瓮棺出土。其次当为有明海西岸长崎县大村市的富の原常磐遗迹。大村湾 3 到 8 米地带出土的瓮棺里有长 30 厘米的铁戈三根，此外还有铁剑 1 柄从其他瓮棺出土。

〔4〕最古老的青铜镞是由中国辽宁而来。

从玄界滩对面的津屋崎海岸到朝鲜半岛南端 200 公里，西边壹岐岛、对马岛往东北把冲ノ岛作为横渡的目标是最近的距离。20 世纪 80 年代初日本人的调查已证明：日本列岛最古老的铜镞乃是从朝鲜半岛携带而来，属中国东北部的辽宁系列的青铜器，只是略作加工而已。

由此看来。难道在那一时代，东渡日本的船队恐怕还不只徐福一支？

第二十三章　高龄 143 岁、子虚乌有的 423 年，
"福""神"合一

> 神武、徐福，究竟是怎么回事……17 位平均百岁以上的老天皇令人疑心
> 的年龄，构成了日本的阙史时代……"神武"一词源于道家《易·系辞上
> 传》，"天皇"一词，是嬴政称"始皇帝"时弃掉的备选方案之一……神武
> 与徐福东征都来到了纪伊半岛，这儿既是他们的目的地，也是日后徐福东渡
> 传说流传甚炽之地……同样的时地路线、同样的船队男军和女军，如影随
> 形，是一人的分身有术或是两人的完美合成……原来，徐福登陆日本列岛后
> 首先要做的就是：填写一张身份履历表。

要想窥见徐福得平原广泽怎样称王，就要借助日本第一代神武天皇怎样东征建国这个万花筒。

依日本史学界常规说法，神武天皇公元前 660 年 1 月 1 日，在日本大和地方橿原即位。而徐福是公元前 210 年第二次到日本，其中在岗水门、熊野等多有滞留，到大和地方，应在公元前 200 年前后，比史书神武天皇迟了 460 年，二人看似风马牛不相及。

但，还是有露出马脚的破绽！在供奉徐福神像的金立神社，1980 年时据说创立 2200 年，今年是 2009 年，那就应是建社 2229 年，依此算来，金立神社应在公元前 219 建立（减去一年，即公元前 1 年与公元元年合共为 1 年），徐福第一次出海正在公元前 219 年，建社时间正与徐福首航日本登岛时间完全吻合。但在《金立神社》由绪记中又明确记载说："本社是在神武之朝，振兴时创设……"按日本史的说法，神武应是前 660 年称天皇的，距徐福抵日建神社的 219 年，隔了 441 年。这就矛盾了，建社时间与徐福抵日时间吻合，却与神武天皇时间不对。那么神武究竟是前 660 年的人物还是前 219 年的人物呢？

只要把几位天皇的年龄和在位时间略作考察便会有新的疑问。

日本现有天皇 125 代，至 36 代孝德天皇时，才有年号大化和白雉。这时已是 645 年，相当于中国唐太宗贞观朝。依据《最新世界年表》（三省堂出版，日本大正 7 年，1918 年发行）。从开国神武天皇至第 17 代仁德天皇，每

东渡

-175-

代天皇都特别高龄，高龄的让人生疑。17 位天皇中年龄最高的如下：

第 12 代景行天皇享年 143 岁，

第 11 代垂仁天皇享年 139 岁，

第 1 代神武天皇享年 137 岁，

第 6 代孝安天皇享年 137 岁，

第 7 代孝灵天皇享年 128 岁。

17 位天皇中 100 岁以上者 13 人，占 76.5%，110 岁以上者 11 人，占 64.7%，平均年龄高达 108.5 岁。从第一代天皇至现在的第 125 代天皇计 2669 年，每位天皇平均在位 21 年，而仅前 17 位天皇就占据了 1065 年，平均在位时间是 62.647 年，前 8 位天皇共 502 年，他们平均在位时间是 62.75 年。而以今天 2009 年为下限计算前 8 位之后的 117 位天皇共计 2167 年，平均在位时间则仅为 18 年半，这显然令对日本史抱有兴趣者疑虑满腹不得其解。

《日本书纪》说神武天皇之后有 8 代天皇分别是：绥靖、安宁、懿德、孝昭、孝安、孝灵、孝元、开化。然据水野佑研究，这 8 代天皇，根本史无其人，纯属子虚乌有，为了神化日本，把神武天皇提前 400 多年，为填补这一真空，至少需要 8 代天皇，从前 581 年（日本纪元 29 年）至前 158 年（日纪元 503 年）共 423 年的时间，如果以第 9 代崇神天皇算，那就是 493 年，时间更长，这 8 代天皇构成有名无实的阙史时代！如果把神武开国的 660 年减去 423 年，那么就是 237 年，与徐福前 219 年出海只相差 18 年的误差。如果把 660 年减去开化以前的年代，那就有 493 年的真空，以神武在位 75 年加上第 9 代天皇及其后的 158 年，则神武正是前 233 年的人物，而徐福则是 219 年到的日本，中间只差 14 年，所以，神武与徐福不仅是同时代人！而且就是一个人！

值得申明的是：对前 233 年前后的这位日本开国者，为什么《古事记》《日本书纪》两书所记名字不同？《古事记》称他的名字叫："神倭伊波礼毘古命"。原来《古事记》是用假名掺杂汉字写成，故这个名字应是当地古土语的音译，就是所谓的训读，借用汉字来表土语语音。《日本书纪》称他的名字叫"狭野尊"和"神倭日本磐余彦"。《日本书纪》是用古汉语写成的史书，故就用汉字既表音也表意，属音读。徐福攻下日向后，成为日向狭窄荒野的统治尊者，于是这位新来的统治者便自封并让人们呼他"狭野尊"。先秦多以地域为姓氏官名爵位，周秦楚汉晋齐鲁唐的公侯伯王，无不是以地名为爵位。"狭野尊"，就是统治狭窄荒野的尊者和第一人。另，道家还有天尊一词。

"狭野尊"的徐福在东征途中，有时叫"天孙"、叫"天神子"，"日神子孙"，也被写成"御神子"，这是中国天子称谓传统的延续。

而攻下大倭磐余邑后徐福又叫"神日本磐余彦"。"神"是再次明确其方士身份，"日本"是指岛国地域。"磐"是地名。余，"语之舒也，从入舍省声，以诸切"。可能这时与原住民开始有交流和战争，语言上发生了障碍，故用"余"。"彦"的本意是"美士有文"，即徐福认为自己很美，古日本与百越都有文身习俗，徐福也可能开始文身。彦，已延展为那一时期日本列岛上比较通用的爵号称谓，大抵相当于中国的"王"。徐福进军途中遇到的强敌就叫"长髓彦"，后来的一些天皇名字也都带"彦"字，如崇仁天皇叫御间城入彦五十琼殖；垂仁天皇叫活目入彦忍五十狭芋；景行天皇叫大足彦忍代别；成务天皇叫稚足彦；仲哀天皇叫足仲彦。

"神武"是后来的追称，元明女帝和铜改元诏书称为"由高天原天降临御之天皇"，史家称"始驭天下之天皇"。7世纪末，"倭国"改称"日本国"，其君主尊号改称"天皇"，8世纪中，日本君主更采汉称，据说此时开国者才被追称为"神武天皇"。但也很可能在徐福时代，"神武"是一种源于徐福自创的口头称谓。这种追称是否是依据长久以来的口语相传呢？也许，在没有史书记载的年代，口语就已使用"神武"一词，只是至8世纪时才被载入书中罢了。

为什么称"神武"而不称其他？"福"与"神"皆有祭祀色彩，都带示补，与祭祀乞神祇明示的心理和活动有关。这是方术士的徐福偏爱也是他神职人员的立身之本。这位神职人员若食人间烟火，种田顾"一""口"，就是"福"，若只重凡间生活忘却祭祀，有屋住有饭吃有田种就是"富"，屋檐下"宀"有"口"有"田"。若重祭祀上通九天神祇下通凡间尘俗，上下贯通于田地之间"丨"，就是"神"了。

东渡

"神武"一词源于道家：《易·系辞上传》载："古之聪明睿知神武而不杀者夫？"这是"神武"一词的出处。传周文王被纣王所拘，**始演周易**。故徐福时代《易》早行于世。孔子也曾学过《易》，徐福原本就是方士，精通《易》，必然从《易》中摘章寻句，这也很符合他方术士的身份和兴趣。

"天皇"一词，是嬴政称"始皇帝"时弃掉的备选方案之一。就在徐福第一次见到秦始皇的前两年，秦将军王贲从燕国南疆攻陷齐国，逮捕了齐王田建。这时嬴政把丞相王绾、御史大夫冯劫召来，对他们叙述了平定六国的功绩，继而说道：

"寡人以眇眇之身，兴兵诛暴乱，赖宗庙之灵，六王咸伏其辜，天下

大定。今名号不更，无以称成功、传后世。其议帝号。"

于是丞相王绾、御史大夫冯劫，加上廷尉李斯三人与72博士商议切蹉后提出了3个名号备选方案："天皇"，"地皇"，"泰皇"。原文是这样的：

皆曰："昔者五帝地方千里，其外候服夷服诸侯或朝或否，天子不能制。今陛下兴义兵，诛残贼，平定天下，海内为郡县，法令由一统，自上古以来未尝有，五帝所不及，臣等谨与博士议曰：'古有天皇，有地皇，有泰皇，泰皇最贵。'臣等昧死上尊号，王为'泰皇'。命为'制'，令为'诏'，天子自称曰'朕'。"

嬴政考虑来考虑去，最后选择说："去'泰'著'皇'，采上古'帝'位号，号曰'皇帝'。他如议。"也就是说嬴政只选择了一个"皇"字。这件事是在秦始皇26年，两年后徐福在山东见到秦始皇，在时间逻辑上，显然徐福也许应该知道嬴政不用"天皇"一词而选择了"泰皇"中的一个"皇"字，何况"天皇"称号也是古已有之，王绾李斯冯劫他们能查出古书上有"天皇"一词，难道徐福就查不出来吗？饭野孝宥《弥生的日轮》说："日本历代神年表记载称'人皇天皇制之世（一百二十五年代）大日本国诞生，登场的神是徐福大神'。公元前218年，日本第一次出现渡来人——徐福一行558人，其中徐福家属12人……"

徐福出海带有很多秦代的物品，作为宝物死后也为后继者所保留。神武天皇呢？死后留下的纪念物：白铜镜，秦朝物品。一柄环头大刀也是汉初以前遗物。三种神器：镜、勾玉、剑皆为秦代物。日本还发现了秦代的明刀、安阳布货币、青铜器等。神武天皇不是秦汉间人物，怎能携有秦汉文物？

公元前210年徐福第二次见到秦始皇时不是向他说"蓬莱药可得，然常为大鲛鱼所苦，故不得至，愿请善射与俱，见则以连弩射之"吗？这说明徐福在索要捕鱼工具和弓箭连弩。弓箭，对击败日本岛原住民来说是徐福最善使的武器。现在该揭晓徐福索要弓箭的谜底了，日本神武天皇绘像也是手持大弓的形象，神武天皇手里的这张弓不能不让人怀疑就是从秦始皇手里要来的。

如果把徐福来到日本"得平原广泽，止王不来"与神武天皇开国传说史迹相重叠互证，居然发现徐福与神武竟互为表里如同一人。

按照我们前面推算神武与徐福是同时代人的话，这两个人如影随形地共同率领庞大的船队，徐福出海前花费了巨额资金，用秦始皇的话说是"费多"，几十艘大海船在这一年来到这里，而这时来到这里的神武天皇，也拥有一支"舳舻相接"异常庞大的舟船水师，徐福的船队是从中国大陆集合了吴越齐楚的航海资源和技术驶来的，神武天皇的船队，在日本还处于绳文石器时代农工未兴，最发达的水上交通器具为独木舟的时代，要么来自腓尼基希腊波斯，要么从天而降！惜史载欠阙，语焉不详。设想在那个年代"两支"异常庞大的船队相见，附近水域能否容得下？是否会发生冲突？

然后，这"两支"庞大的船队同时开始东征，向早已居住在列岛东部和北部的原住民进行征战。难道"两支"船队并肩协同作战不成？同一条向东进军的路线上，徐福是童男女，神武是男军女军，到达了很接近的同一处地域，徐福"得平原广泽，止王不来"，神武呢？建立了日本国，成了第一代天皇。

徐福和神武为什么要同时从南向北从西向东进军东征呢？日本史书从来没有给出神武天皇出师动机的理由，而徐福所留遗迹的解释却足以令人信服。

徐福等人登陆日本列岛后，采取了如下两项措施：

一、对秦始皇的追兵严加防范警惕：

在新泻的能登半岛东岸，发现有大型柱穴遗迹，在这被称为真协遗迹的出土文物中，有用土做的假面，上有三条墨线，还有无数海豚骨头被发掘出土。以前石川县下的金泽周边ちかもり遗迹为人所共知。今天，日本学者对能够建造使用这种直径 90 厘米，长 40 多厘米柱子的登上列岛的人类智慧技术十分惊叹。这实际是抵御台风暴雨的一种坚固且有韧性的能防止腐蚀的土台构造。这种建筑物高层超过 10 米以上，将这么高这么长这么重的柱子立起来的搭建技术，在当时显示出了很高的水平。也许是神殿，更有可能是当时东渡登岸后的瞭望塔。与其整日谨防，不如躲得越远越好，于是徐福决定离开九州西海岸，向东向北，向离秦始皇那边的危险越远越好的地方拔锚启程。

二、对土著绳文人发起进攻！徐福留下了这样的解释：

东渡

-179-

朝鲜海峡出现数千年绳文草创期土器，成功的发掘说明了徐福登岛时岛上已有绳文人盘踞。今天，神奈川县夏岛、长崎县福中洞穴出土的土器有一万多年的历史。"绳文都市"位于本州最北部，1994 年 7 月公开了青森市的三内丸山遗迹。这儿是距青森车站 3 公里直径 500 米的圆形中期高台处遗迹，公元前 3500～前 2000 年たれる时期大型建筑物的柱迹表明确有人类居住过，专家认为这里的规模曾居住过约上百户、五百口人。

那一时代已有了能安全渡过津轻海峡的航海技术，三内丸山遗迹是绳文中期到后期跨越千年的遗迹，这儿出土过翡翠和黑曜石。据这些物证，

可证岛上南北数百公里间有过交流。翡翠是新泻系鱼船周边（姬川、青海川流域）才有的原石，从新泻运到太平洋沿岸和北海道，当时的人们跋山涉水，路上须花费1个月的行程。

有多少绳文人呢？至绳文前期之后，绳文人在列岛的人口是现在日本人口的千分之一，即平均10余万人。如此众多的人数，如此广泛的分布，决定了绳文人对东渡者必构成障碍和威胁！

当时绳文人文明程度怎样呢？

虽然日本考古专著强调：这些原日本人绝不是未开化的日本人，日本学界这样说：列岛的土器文化比起朝鲜半岛来拥有更长更灿烂的年代。特别出色的美术是公元前2500年前后的绳文中期的土器，同时代中国陶器是美丽的流线型的壶，它是依靠色彩和绘画的炫丽而著称。20世纪70年代在东京等几个地方举行的绳文人展览会上，在新泻县马高出土的名闻遐迩土器，高330厘米的有两个人合抱那么大，火焰状向外突出，周边造型极美，无色彩，通过形态表现出制作者的奇思异想。这个土器和公元6世纪装饰古坟所用的彩色线刻的古代壁画，共同成为日本列岛古代美术的双璧。

尽管如此，并没有证据证明他们的文明已摆脱蛮昧。如此文明程度决定了徐福上岛后所带来的弥生文明大有横空出世飞来之势，击溃绳文人似乎是志在必得稳操胜券。

显然，"神武天皇"东征毫无理由，无言以对，而徐福东征却理由充分，满怀信心地率船队开始大举东征了。

神武与徐福东征的目的地都不约而同地选择并来到了纪伊半岛。这里也是日后徐福东渡传说流传甚广之地，徐福把家乡山东诸城日照（今五莲县许孟镇）的"牟娄"之名搬到了这里，也命名为"牟娄"，在熊野建了熊野祠，留给后人无学祖元和绝海中津等这些流浪僧侣尽情咏叹。在日本最大的"广泽"近淡海（琵琶湖）、濑户内海一带环有大小9个平原的地方称王不回，最后还死于新宫后人建有徐福墓的地方。

神武天皇也恰好来到这里，在近淡海（琵琶湖）远淡海（滨名湖）中间位于纪伊半岛略中央的橿原盆地——大倭王朝的发源地——着手建立他的国家，称神武天皇，把他建国发迹的故事留给了后来日本的官方史书《古事记》《日本书纪》。

橿原也是发现人骨身高高于日本其他地域的出土地，这些古人骨骼被认为是从大陆来的人类。这一带是畿内地方，曾是日本人平均身高最高地域，橿原为山间僻地，学者金关丈夫等认为至弥生时代突然人种变高，从佐贺起，当有大陆人种来到日本北九州，最后至畿内地方。其身高与北九州出土的前期弥生人高度几乎相同，成为弥生文化的发祥地，橿原也曾发现很多秦代的铜剑铜弋等，同时还是后来奈良等日本文化经济政治的中心。

一年一度的徐福祭，9月1日夜，由青年男女两千人参加，于新宫墓前举行。熊野川畔举行花火大会，徐福曾至阿须贺町的蓬莱山，此山本有徐福宫，现只有阿须贺神社，河面宫在阿须贺神社内，据传昔日徐福祭祀神灵于内。新宫市神仓山之顶有徐福庙，已火毁，现为神仓神社。

可《日本书纪》说神武天皇东征时，也来到神仓山熊野神邑登上天之磐盾。《古事记》也说神武东征来到神仓山的熊野村。天之磐是神仓山近百公尺高的断崖，为何神武与徐福同来熊野之巅？他们谋面了吗？

新宫三轮崎港为日本著名捕鲸基地，在这里，把鲸肉献供徐福是一种古老的习俗。传徐福授捕鲸之法，《史记》曾记徐福向秦始皇索要大弓箭勇士射鲸鲨。八幡神社每年9月15日举行大祭，在熊野滩的御手海岸演出鲸鱼舞纪念徐福。而神武天皇东征时也曾在此洗手，谓"御手洗海岸"。

这些考古发现和传说一再证明，称徐福也好，称神武也好，这个新从海外渡来刚刚登陆日本岛屿者，必须迎对禁止他登陆上岛原住民的挑战，向日本列岛上有着一定数量和悠久居住岁月的人们发起进攻才是生存发展的根本出路。

天无二日，国无二主，一山难容两虎。神武天皇和徐福何其相似乃尔！同时同地同路，两人又从不见面？据说，神武的训读与山东徐福的发音相似，徐福登陆时代就是神武天皇时代，无疑，神武天皇与徐福如影随形！二人合而为一。盖徐福就是神武天皇，神武天皇就是徐福！可见神武与徐福是同音异名的同一个人。

既然是同一个人，为什么忽儿叫徐福，忽儿又叫神武天皇呢？

原来，徐福登陆日本列岛后首先要做的就是：填写一张身份履历表。

东渡

怎么填呢？徐福到达列岛后，向当地的原住民怎么解释自己的身份、来历呢？他能说"我叫徐福，职业是方士，秦始皇派我来这里采药，采到后还要回到秦朝去"？不，他绝不会这样说，徐福畏惧秦朝严苛刑法，他不想让秦朝知道他的行踪，绝不能透露半点儿他是秦朝臣民，伍被不是说他"止王不来"吗？对有志图王者的徐福而言，一介以逃亡欺诈耗资巨大瞒天过海侥幸偷渡成功的方士能有多大号召力呢？要想不露踪迹，建立新国家二世三世万世世代统治这新岛屿，就不能声张不能如实和盘托出，不要文字记录。徐福必须割断与中国大陆消息的语言的文化的乃至记忆上

的所有联系，从他登陆之日起他就要心机格外深邃地开创一个全新的属于他自己的时代。于是，他否认自己只是个普通的江湖术士，脱胎换骨摇身一变，先填一张登岛"履历表"。方术士最擅长从《易》阴阳入手编纂神话讲故事，那好，徐福就编造一个全新的开天辟地的神话（这神话便被附会成日本文明史日本人种的源头）来描绘自己的来历身份：

有一个男人和一个女人，男的叫伊邪那岐（也称伊奘诺尊），女的叫伊邪那美（也称伊奘冉尊）两人既是兄妹也是夫妻。

妹妹（妻）伊邪那美难产而死，兄长（夫）伊邪那岐赴黄泉国探视妹妹（妻），看到她腐烂丑陋，仓皇出逃，伊邪那美紧追不舍，伊邪那岐逃到黄泉比良坂，用石挡住了阴阳两界。

伊邪那岐松了口气，到河里洗涤，左眼生出天照大神（女性）司太阳；右眼生出月夜见尊（《古事记》中做月读）司月夜；鼻孔生出素盏呜尊（《古事记》作须佐之男）司大海。

司海的素盏呜尊想去黄泉见母亲，行前他与其姐高天原的日照大神辞行，两人却发生误会，为证明，日照大神以素盏呜尊的十拳剑（也叫十握剑，又称天之尾羽张、天羽羽斩、羽羽、因此剑斩蛇，又名"大蛇"）折成三段，用河水冲洗后放入口中咬碎，生出三女神，田心姬（多纪理姬命）、湍津姬（市寸鸠姬命）、市杵岛姬（多岐都姬命）。

素盏呜尊（须佐之男）借来八尺琼玉，折断成五位男神。

徐福称自己是天照大神的后裔，"降世以来，一百七十九万二千四百七十余岁"，名叫神倭伊波礼毘古命。名字很怪拗口吧？怀疑是用岛上原住民方言。因为这些故事就是说给岛上原住民听的，不用他们的方言怎么行呢？

对自己带来的秦国随众徐福则自称"大权现"。徐福在日本两个地方停留最久，初登岸时的佐贺，在佐贺的金立山他自称"金立大权现"。后东征到达终点伊半岛熊野，徐福又在熊野号称"熊野大权现"。权现者，权力之显现。大概这个名词就是秦船队统帅之意，而且从出海至死，对秦朝随众他都是用这个称号。

对原住民，徐福为自己编造了从天而降的神话。

礁井照在其所著《徐福之谜》中说徐福子孙选择定居地时先登高山顶峰，俯瞰眺望大海河川平原，瞄定后下山选择最适宜居住的地方，这就是神从天而降传说的由来。一说神武天皇乘天盘自高天原飞降，天盘即楼船，飞降即扬帆而来，高天原就是海外某地[1]。

徐福自海外的"高天原"飞降至登陆的日向高千穗峰上，便与他的兄长（徐福东渡带有家族中人，虽未见有兄长的记载，但倘承认前面徐福即神武天皇实为同一人的论证，则神武兄五濑命亦即徐福的兄长），当地方言叫五濑命，坐在高千穗峰上窃窃私语商议起机密来了。徐福很喜欢在山上居住，山东家乡的马耳山、琅玡，日本佐贺的金立山、武雄的蓬莱山、秋田南鹿市的东山、串木野市的冠岳山、山梨富士吉田士的山等都是他曾攀登之处。据称，神奈川也有座大山古名大福山，山上有座阿夫利神社。据大山阿夫利神社由绪书载，神社创于 2200 多年前第 10 代崇神天皇，所祭祀的大山祇神是谁呢？须田育邦在其所著《八云》一书中称这个大山祇神不是别人就是徐福。居高临下在高千穗峰上议事，正是他徐福的习惯。

此刻，端坐山顶云端的徐福与他哥哥五濑命正在商议什么呢？

---

　　[1] 见卫挺生的说法。卫挺生（1890 年～1977 年），日本侵华前曾留学日本，归国后执教于复旦大学，1949 年中华人民共和国成立前他移居中国香港，后居中国台湾。卫氏的《徐福入日本建国考》（香港·商务印书馆别称《日本神武开国新考》，是率先对徐福与神武天皇进行全面系统比较研究的一本书。该书举出 10 项论点，论述徐福与神武系一人。

第二十四章　蹀躞东征秘史所揭示的······

为了躲避秦王朝的追兵，这只庞大的船队继续东进。首领已更名换姓摇身一变······透过一段痛失兄长的浴血奋战，死后家族内部还要自相残杀的秘史，揭示出任何理想的乐土，也都同样充满欲望仇恨矛盾血腥和杀戮······

原来，徐福与兄长五濑命正准备俯瞰日本，考虑挥师东征。

如果把神武看做是徐福其人的影射，我们从日本史书所载的神武东征中便可透视出徐福是怎样登陆九州向北击败土著，扩张自己的势力，最后"得平原广泽，止王不来"。

这一天，日本列岛上原住民们突然看见一支庞大船队出现在日本九州西海岸，听说为首的是一个年龄 45 岁叫神倭伊波礼毘古命的人。

想象一下，在蒙昧绳文时代的日本列岛海域，突然不知从哪儿冒出这么一支庞大船队，让岛上的原住民大开眼界。徐福所率的这支装备精良，配备完善的舟师水军，在离中国最近的九州佐贺登岸了。

徐福是一个心细谨慎之人，他从不曾放松密切关注西边大陆秦王朝的追兵、朝鲜半岛的动态、还有周边岛屿的敌情，须知秦始皇一旦听到徐福的风声便能追来。举个例子，约一个世纪后，汉武帝的水军就轻易攻抵了朝鲜半岛，徐福居安思危防患未然不无道理。

东渡
-184-

佐贺是徐福初至日本的根据地，停留的时间也比较长，徐福率众途经筑紫野，又从这里迁至筑紫之冈筑田宫，驻足 1 年。徐福把家乡的金山之名给了这里的一座山，叫金立山，他在金立山上建立了宫殿，他的官位称号是"金立大权现"。

在佐贺，徐福大概驻留了 9 年，便离开佐贺，绕向九州南海岸过长崎、至西南海岸的鹿儿岛的串木野，除大禹诸岛外，这是日本四岛的最南端。绕萨摩半岛、大隅半岛出太平洋，沿九州东海岸北上朝着宫崎的日向一带挺进。

为了躲避秦王朝的追兵，徐福要离开佐贺向南转向东再向北。理由就是：要远离西海远离秦王朝近便的岛岸海域。而向南向东向北围着九州南端绕行正说明徐福此时对九州岛的地理位置并不太熟悉。但摸索寻找中远逃是必然的，向东挺进也是必然的。

谁也解释不清这支来路不明的庞大船队为何自吉备东进时，船舶何等盛多，声势何等浩大。在原始荒岛中，何等壮观！这时徐福已率船队从鹿儿岛的串木野，再沿岛岸北上至太平洋沿岸的宫崎，航抵日向。

岁次甲寅徐福率船队进至日向。日向，废藩置县后叫美美津即今之宫崎，位于日本九州东海岸，东边的地名总喜欢与日相联，比如齐国的齐，与天齐之意，还有日照、日本等。

这时候，他已不叫齐人方士徐福了，叫神倭伊波礼毗古命。他要有一个爵位，目前只统治了一方狭窄荒野的日向，于是这位新来的统治者便自封为"狭野尊"。

在日向，徐福听说列岛东中部地区有个叫长髓彦（登美能那贺须泥毗古）的人和一个来自海外叫饶速日（是否就是《古事记》的迩艺速日命？）结成同盟，饶速日娶登美毗古（似是登美能那贺须泥毗古的缩写，即长髓彦）之妹登美夜毗卖，生子名宇摩志麻迟命（他是特部连、穗积臣、婇臣祖），饶速日自称"天神子"，这个称号已对也称"天孙"称"御神子"的徐福构成威胁，何况有传闻说饶速日长髓彦，准备前来剿灭徐福渡来船队。

徐福决定东征进攻大倭政权，消灭长髓彦和饶速日。在日向三四年过去了，经过周密准备，徐福东进的船舶已非常壮观，特别是徐福拥有了已长大成人的童男女们。

前219年，徐福出海时，所率数千童男女多未及冠，徐福至佐贺停留数年，日向数年，此时距前219年首次出航已逾多年，距前210年第二次出航也已数年，孩子们多已长大成人，童男女正成为徐福东征所依凭的主要军事力量。出征前，徐福把他们按性别分编成男女两支军队。这就是后来史书说的神武的男军和女军。徐福曾把女童留于八丈岛、男童留于青岛（日本地名），说明徐福始终一贯把他们分开管理。

"狭野尊"徐福拔锚起航，率庞大船队离开基地日向，由日向北上100公里，到丰予速吸海峡，疑即今四国与九州间的丰后水道，进入内海，他始终沿着九州岛海岸线前进，不知不觉竟误入别府湾绕回国东半岛，又向菟狭（今宇佐，在九州北海岸，面对濑户内海）西进，沿着九州岛岸渐转向西行至筑紫国菟狭津时，徐福在柱腾宫略作修整，犒饷了军队，修整后继续前进。船队行至筑紫国岗水门时已近福冈，徐福发现这样航行原来是围着九州岛兜了一个圈子，原本要向东远离秦始皇的追兵，这样向西反而又靠近大陆了，不行，赶快掉头。于是他又向东北方向，驶向安艺国（今

东渡
-185-

广岛），在这里建造了埃宫（或称可爱宫），又东徙进入吉备国（也在广岛附近）在这里建造了高岛宫，住了几年，修整船只，那些从大陆来的船也该好好检修一下，在这里推广稻种栽培，积蓄力量，准备一鼓作气，扫平列岛上的敌人。

还有一说徐福从东向西绕行九州，目的是为了回到宗像郡唐津博多湾至岗水门一带，他曾事先安排好亲信（成为后来宗像氏的祖宗和后来"海神国"的神话）在那里为他冶造兵器，徐福前来搬取以前锻造好的兵器。因前210年徐福第二次回山东面见秦始皇只要到了捕巨鱼器具，射鱼的连弩秦始皇还是没给他，他只得购买大量矿砂运到日本，使人在宗像秘密冶炼打造兵器。现在他率船队走水路来取这些兵器也讲得通。

离开日向后的东征途中，徐福不再称"狭野尊"了，而叫"天孙"、"天神子"、"日神子孙"，更多时候叫"御神子"。御神子徐福经关门海峡抵达远贺川河口的岗水门。在岗水门，徐福种地冶铜修理战船花了3年时间。

这年的秋冬，寒风瑟瑟，万木萧萧。冬十月，徐福下令舟师起锚，舳舻相接，工匠偕行，挺进目标是沿濑户内海向今纪伊水道大板湾东北方前进。

徐福在东进途中多次驻师费时缓慢，拖延原因是停下来冶造兵器，这期间还包括前210年那次返回山东向秦始皇索要弓箭，同时蓄积粮食。这期间正是徐福大力推广水稻栽培技术的时间，徐福还需要检修从大陆驶来的那些海船，添造舟楫，包括在其经过的山口县祝岛留下梨桂等。

徐福经内海最后到达大阪平原，登陆时遭遇激烈的抵抗。今天考古学家肯定，徐福登岛前的绳文人携带着他们创造拥有的绳文后期的土器文明，已进入神奈川夏岛、长崎等地。徐福登岛他们不可能不激烈阻止抵制。

徐福在阿歧国的多祁理宫停留了一阵子，在吉备的高屿宫执政了一阵子，徐福使用龟甲进行占卜——这是一种自殷商而来的古老的吉凶占卜术，然后继续前进。

至丰国宇沙时，有两个原住民，一个叫宇沙都比古、一个叫宇沙都比卖，两人执羽毛齐来向神倭伊波礼毘古命的徐福进献大御饷。

徐福问："你是谁?"

回答说："仆者，国神。"

问："你知道海路吗?"

答："知道。"

又问："你愿意为我效力吗？"

宇沙兄弟道："愿意。"

于是在宇沙兄弟指引下，徐福的船队横渡槁机。此地即被赐名叫：槁根津日子。

在秦始皇徐福的时代，给地与物赐名很常见。秦始皇礼泰山，遇雨，避于松下，遂赐该松为五大夫松。下文中谈到徐福对很多地方都赐以地名，可看做是那一时代流行的做法。

徐福在原住民宇沙都比古兄弟指引下，再度起航东征，舟师相接，男军女军阵容严整。船队到达难波，经浪速之渡，停泊在了青云的白肩津。

徐福便弃船溯川流而上，准备入取中州。就在这时，徐福遇到了登岛以来最强悍的劲敌，一个叫长髓彦的土著，长髓彦可能是汉字的写法和发音，原住民土语应叫"登美能那贺须泥毘古"。从这个名字也可看出这是后来日语音读与训读的开始。长髓，疑是地名，彦，前文说过是"美士有纹"，就像徐福后来取名叫磐余彦一样，长髓彦（登美能那贺须泥毘古）起兵拒战于孔舍卫坂。

徐福呢，取御船中的楯准备迎战。注意，"木"字旁加一个"盾"字，当是木盾。因秦朝没金属武器，陈胜也是揭竿为旗，斩木为兵，故徐福只能携带木盾也就顺理成章，徐福军队执木盾下船迎敌。因为这个缘故，这里的地名后来被称为"楯津"。712 年前后这里被叫"日下蓼津"。

徐福与长髓彦（登美能那贺须泥毘古）展开了激战，在这场激战中，徐福的哥哥五濑命被长髓彦（登美能那贺须泥毘古）的流矢射中。徐福看见兄长五濑命身被箭伤，只得引兵退去。

徐福发诏："吾者为日神之御子，向日而战不利，遭贱奴毒手，现在迂回从东向西进攻。迂回至南而进，改变进攻日期"。这是绕过和歌山县经熊野滩到达三重县一带从纪伊半岛的太平洋东海岸登陆向西北进攻。这时长大成人的童女军使用从秦始皇那里索来的大弓正面佯攻牵制敌人，徐福则率男军主力南下纪伊水道，绕潮岬至熊野滩，再至新宫。

东渡

-187-

徐福率军在迂回途中经过血沼海时，为五濑命洗涤疮血，以此，该地名为"血沼海"。从这儿迂回到纪国男之水门时，徐福悲痛地下诏，布告五濑命箭疮发作而亡，故号其水门为"男水门"。五濑命陵墓就在纪国龟山上。五濑命薨于军，因葬纪伊，徐福墓也葬纪伊半岛的和歌山新宫，莫不是兄弟在冥间也要相近相守？

屋漏频遭连日雨，逆水偏遇顶风船。和自己商议共取天下的哥哥才殇逝，这时船队航海又偏偏遇见狂风暴雨，兵卒们晕眩颓丧，士气一落

千丈。

徐福找来向导，从这里军队迂回到熊野荒坂津登陆（即今纪伊半岛三重县一带，这儿有波田须町矢贺丸山的徐福熊野祠，矢贺附近有徐福墓、徐福宫，前文提到的宋僧无学祖元和日本僧绝海中津所咏的熊野祠都在这儿）。徐福军远道迂回奔袭，疲于奔命只得以逸待劳，驻扎以待敌人攻击。这是徐福东渡日本后最艰难的时日。他几乎快要一败涂地了。

恰在这时，在熊野地方有一个叫高仓下的军事首领，横刀来到天神御子徐福面前。高仓下爬伏在地，向徐福进献，徐福寤起，下诏问："长寝乎？"

因为徐福接受了高仓下的献刀，熊野山的大荒之神，自此皆为徐福的"切仆"，熊野一带的土著首领全都归顺徐福。

这把刀的降临方式也很独特，刀是穿过高仓下的屋顶，从那儿坠落的。次日清晨，高仓下看到确有这把横刀，"此刀者，在石上神宫也"。于是将这把横刀拿来进献徐福。

这段故事表明这把横刀是熊野地方首领权力的象征，高仓下献刀，说明熊野的土著对徐福军队的投降。

有原住民的支持，徐福就壮大了力量，有了稳操胜券的把握。但徐福没有向部下的男军直接说明原因，而是编造了一个鼓舞士气的神话故事，以此展开政治攻势。他说他夜里梦见雷神把神自己的平国宝剑"韴灵剑"转授给了自己。次日清晨从高仓下的库底板处果然得到了这把刀（或剑）。

既听徐福说有神灵庇佑，士气顿时大振。再加上高仓下支持，徐福越山险到达菟田，殊杀魁帅，魁帅弟迎降。然后，徐福登菟田高仓山之巅，探望磐余邑守军虚实，准备与长髓彦决一死战。

熊野土著归顺徐福后，附近还有许多敌对势力，所谓"荒神甚多"。这时天遣八咫鸟来助徐福，八咫鸟引道，徐福跟在八咫鸟后行进，行到吉野河有河尻的地方，徐福遇见了"筌有取鱼人"。

神御子徐福问道："你是谁？"

对方回答说："仆者，国神、名谓赘持之子（阿陀之鹈养之祖）。"

徐福跟赘持之子继续前进，途中又有生尾人，从井中出来，其井有光，徐福问说：

"汝者谁也？"

生尾人答曰："仆者，国神、名谓井水鹿。"（吉野首等祖先）。

于是，徐福进入了这一带山区，又遇见生尾人。这人从押分岩出来。

徐福又问：

"你是谁?"

对方回答说:"我是国神,名叫'石押分之子(吉野国巢之祖)。'今闻天神御子幸行,所以前来参拜罢了。"

徐福又从这一带地域穿越幸宇陀,所以这里后来就被叫做"宇陀之穿"。

这时有一对都叫宇迦斯的兄弟与徐福相遇。徐福先遣八咫鸟问兄弟二人,说:

"今天神御子幸行,你们归顺侍奉我们吗?"

兄长宇迦斯用鸣镝(一种带响的箭,匈奴冒顿单于所发明,似为7世纪日本史书所借引)返射徐福使者。那枝鸣镝降落的地方,叫诃夫罗前。兄宇迦斯准备迎击徐福军队,但宇迦斯的军队聚集不起来。

于是,兄长宇迦斯等人在大殿内举行押机(似为占卜之一种)等待结果,结果显示了。尔大伴(道臣命连等之祖),大久米命(久米道等之祖)二人,召兄宇迦斯,骂詈,并握横刀在手上,追入而刺,将兄宇迦斯杀死,追随者们也被杀散。于是这个地方就叫"宇陀之血原"。弟弟宇迦斯由于及早地归顺了徐福并献大飨犒劳军队,徐福便把兄宇迦斯的原班人马赐给了弟弟宇迦斯。

徐福又从宇迦斯兄弟的地盘上出发,行到忍坂大室地方时,有号称生尾土云八十建的,(疑为80个人,也即《日本书纪》所载徐福下山后在国丘击败的八十枭帅,)抵御徐福军队。天神御子徐福下令,赐给80建食物,布置了80个膳夫,每人佩刀,暗中教那80个膳夫说:你们一听到歌声,就同时动手,将80建全部同时斩杀!布置已定,80膳夫将食物呈上80建,约为信号的歌声响起,80个膳夫同时拔刀一起动手,将80建全部杀死。

杀了80建,徐福又准备进击登美毘古,并作歌。《古事纪》中虽载有歌辞,但皆为拟声注音,词义难懂,疑为当地土语。

东渡

-189-

徐福随后又进击姓名叫师木的兄弟二人,这时徐福军队暂时有些疲顿,于是又作了一首当地土语演唱的歌曲,大概是为了鼓舞士气。

大破斩杀枭帅80建后,徐福对长髓彦发起了攻击,由于女军在正面一直佯攻牵制长髓彦,当男军绕出纪伊水道,击破降伏在沿途的那些原住民首领,翻山越岭,迂回猛进直捣长髓彦老巢时,长髓彦大惊失色措手不及。

辅佐长髓彦的"天神之子"饶速日见大势已去,杀了长髓彦前来参见徐福,向天神御子投降表白说:

"我闻天神御子天降，所以追寻前来参拜，献上'天津瑞'，以引来归降侍奉徐福。"

至此，徐福大功告成，中州悉定。

在取得大倭之磐余邑后，徐福称"神日本磐余彦"。

这时的徐福建国都在亩傍山东南的橿原，居中梼原宫，统治天下。以那年为元年。正月，徐福即位于橿原宫。他做了三件事：

一、次年论功行赏，采用秦始皇摒弃的同乡齐人博士淳于越的封建制，封群臣为"国造""县主"，把齐国郊祀典仪全部搬来；

二、废除汉字倡导土语。秦始皇焚书坑术士，统治国民思想施行愚民政策。徐福第2次见始皇时乃在秦始皇37年，徐福学到了秦始皇的愚民政策甚至比秦始皇更彻底，从根本上废除了中华语言文字，这就从根本上切断了与故国的联系，更助于自己的神权统治。

三、神权神话统治。徐福是最擅长编讲神话故事的高手，初见秦始皇说海上三神山和仙药，9年后又见秦始皇再编造仙人海神巨鲸。东渡后编造天孙、神御子身份，当遇敌受挫时编讲雷神把宝剑赠己、和高仓下横刀授己的故事，就连他剑的名字也充满神异色彩……从此神佑神国的信念根深蒂固长久地扎在岛国民众的头脑中，汉字至遣隋遣唐使时代重入日本，而神话创国神佑日本的神话在元朝军队攻打日本时再次侥幸证实，直至1945年才算彻底宣告瓦解。

在日向时，徐福曾娶阿多之小椅君的妹妹，叫阿比良比卖，生子多艺志美美命，次子岐须美美命。

一位名叫势夜陀多良比卖的媛女，容姿美丽。她是三嶋湟咋之女，大久米命认为她可以作第一天后，徐福于是就娶了这个美人，生有一子，名叫富登多多良伊须须岐比卖命。

东渡
—190—

七媛女游行于高佐士野，伊须气余理比卖在其中，大久米命见伊须气余理比卖，用唱歌的方式与徐福暗通信号。伊须气余理比卖站立在漂亮的媛女们前面，徐福见到这些漂亮的媛女们，御心知道伊须气余理比卖立于最前面。

这里有一个细节，大久米命以天皇名义下诏伊须气余理比卖时，她见大久米命脸上刺黥，觉得诧异，便歌唱问他，大久米命用歌回答。黥是用墨在脸上刺字，秦始皇时已有此法，"令下三十日不烧，黥为城旦"，显然，大久米命是秦朝囚犯，随徐福东渡来至日本或自己偷渡而来，此时日本尚无黥面刑法，不然伊须气余理比卖不会少见多怪地询问。

伊须气余理比卖的家，在狭井河之上，徐福来到伊须气余理比卖处，得到允许，宿御寝于此。后来伊须气余理比卖入宫内参见徐福时，徐福御歌一首与她沟通。从记载看，岛国爱唱歌早在那古老年代就此风甚炽。

神倭伊波礼毘古命徐福在位 76 年崩，有传说他活了 127 岁，《古事记》上记载说他活了"壹百参拾柒岁"，虽有出入，但算是十分长寿。也许，他真的找到了长生不老药获得了长生吧？

他的陵寝"在畝火山之北白梼尾上也。"留下的纪念物有一只白铜镜，叫"八咫镜"，三把铁剑，分别叫"天丛云剑"，即"草薙剑"，"羽轩剑""蕴灵剑"，即"高库剑"。一块勾玉，叫"八坂琼曲玉"。从这时起，镜、剑、玉三者成为日本皇室传国三宝，没有就不算正统。子绥靖嗣立，绥靖之后，有安宁、懿德、孝昭、孝安、孝灵、孝元、开化八世皆以子嗣父，仅有世系，未有传说之事迹（看来是虚构的。否则为什么 400 多年没事迹？）。开化崩，次子崇神天皇立，自徐福至崇神凡十世。

徐福崩后，其庶兄当艺志美美命，娶了他的嫡后伊须气余理比卖，准备杀死阿礼坐的御子长子八井命、次子神八井耳命、三子神沼河耳命这三位起决定作用的人物。

阴谋在实施，伊须气余理比卖忧患痛苦，用歌声暗示三人的险恶处境。

终于，三个御子闻听后明白了情况的紧急和险恶，十分震惊，于是振作起来准备杀死当艺志美美命。这时，神沼河耳命说服他的兄长神八井耳命、那泥当命，要先下手为强，杀死当艺志美美命（因为神沼河耳命要兄长动手杀死艺志美美命，故称其御名叫作"建沼河耳命"）。八井命听了河耳命的话，持兵杀人，正准备杀死当艺志美美命时，手足和那那岐弓竟无法射杀。三子河耳命下手结果了仇敌。八井命对他的弟弟建沼河耳命说：

我不能杀死仇敌，你却能，我虽身为长兄，却不宜为主宰，你应该做天皇来统治天下，我来辅佐你，为忌人（忌坐之人？秦始皇时代通行忌坐，秦陵曾出土忌坐俑，今日本仍沿袭忌坐之俗）而侍奉你。从此，八井命（是后来茨田连、手屿连的祖先）、神八井耳命（是后来意富臣、小子部连、坂合部连、火君、大分君、阿苏君、筑紫三家连……等人的祖先）、他们共同辅佐神沼河耳命统治国家。

沼河耳命成为日本历史上第二代天皇，叫绥靖天皇，他活了 45 岁，陵墓在冲田冈。

以上故事情节是《古事记》《日本书纪》的重叠混搭，把主人公神武天皇改为徐福。之所以这样做，是因为我猜想：日本第一代天皇——神武天皇——出现的时间、地点，都与徐福登陆日本的时间地点吻合。神武天

东渡
-191-

皇的东征，就是徐福到达日本列岛后对土著绳文人的攻伐。

虽然《古事记》还带有原始民间传说色彩，但还是能见出荒凉的岛屿人迹罕至，一些地名多缘于某事或某人，沟通交流也往往以歌互答，徐福率众东进不断攻克收复沿途蛮荒部落，政治婚姻，子女及家族内部为争夺皇权而发生的内讧拼杀。

原文叙述多采用汉字汉语，虽多音译，文意枯涩，错讹多有，然通篇串读，终可明白大意。当记载歌辞时，便皆为音译，一点汉语句法结构和辞意都找不出来。由此可猜测，那些歌多为当地土语之音译，《古事记》只记其音，难知其意。这也证明徐福一行至日本列岛后与当地土著人种语言的融合，他们使用当地的土著歌曲交流沟通，也成为本书后第 30 章"迷失的日本语之谜"破解日本语是古汉语与土著语结合这一论点的印证[1]。

---

[1] 此节参照《古事记》《日本书纪》混搭编译，《古事记》为岩波书店出版的岩波文库，仓野宪司校注，1963 年 1 月 16 日第一次印刷发行，2002 年 6 月 14 日第 67 次印刷发行。《古事记》是日本皇室第 43 世，元明女帝和铜 5 年，托称太安麻吕于元明女帝和铜五年，即公元 712 年写成。而经今人促泽见明氏研究，证其为九世纪上半世纪平安时代古典研究极盛时代之伪书。《古事记》的文学价值超过历史价值。《日本书纪》是 720 年第 44 世元正女帝养老 4 年，舍人亲王等奉勅编撰。《日本书纪》的历史价值超过文学价值。

关于这个开国的故事，很可能在早期日本历史中以口头方式流传。

日本古籍原文佶屈聱牙，破译艰涩。特别是对史实，两书记载出入颇多，连人名都差异很大，令人费解，似与汉字和假名，汉语和土著方言的共同使用有着很大关系。我一直疑心在早期的日本语言文字中，长期存在着两种并行系统——渡来的汉语系统，与土著语系统。

第二十五章　河姆渡飘来的种子

　　7000年前位于海边的河姆渡，人们除了打渔，更主要的是靠食用一种后来被称作"大米"的种粒来维系自身生命和种属繁衍。河姆渡人驾着小木船，凭借着他们原始的航海知识，到海上去钓鱼……遥远年代，有一粒种子有意无意地飘落在对马，大面积推广却是从渡来人开始的……水稻传入日本的途径推测不止一条，但最初的来源却是中国大陆。

　　如果品尝日本料理，你除了对生鱼片、寿司感兴趣，你可能还会对香喷喷的日本稻米赞不绝口。其实，徐福登陆日本前，岛上的人类主要食用栗子和栃木果实。有大量证据充分表明，水稻的传入，在公元前2世纪前后，即徐福登陆日本列岛后，列岛上的人类找到了他们最佳的赖以生存的食物——稻米，这种食物一吃就是两千多年，直到21世纪日本饮食结构努力西化的今天，稻米仍然没有离开日本人的餐桌。

　　稻米在日本人的生活和历史中占有重要位置，虽然日本水稻传入的途径被推测为不只一条，但无论哪条，其最初来源却是中国大陆。

　　让我们把时光倒退回7000年前的河姆渡吧。今天的河姆渡是远离大海内陆的一个荒凉遗址。然而，7000年前的河姆渡却濒临东海。那时的河姆渡人以海为生，我们目前还弄不清楚7000年前世界上究竟都有哪些民族掌握了丰富的海上捕捞技术，但我们完全有理由推测，7000年前在为数也许并不太多的濒临海洋民族中，河姆渡人的海上捕捞技术足以让他们成为当时世界上最优秀的渔民之一。他们用潜海渔叉在海底捕杀鱼虾，有今天出土的潜海鱼叉为证。当然，靠近海边的海洋生物都不会是身躯硕大的海中水族类，为了能够捕到大些的海洋生物，古代的河姆渡人用树木制成小船，那小船就像今天我们见到的那只河姆渡出土的小木船一样，简陋简练。

　　他们的目的是用鱼虾来哺育自己，但他们不曾料到，他们却因此有意无意间传播了稻种，从而缔造了另一个民族的食品构成，哺育了另一个族类的身躯成长。

　　7000年前的河姆渡，只有数百人聚居于此。这些人除了靠打渔外，更

东渡

　　这是 7000 年前濒临东海之滨的河姆渡，我想象古代的河姆渡人就是靠着这种树木制成的小船从这里静静地划出河道，划入大海，扬帆远航，冒着遭遇风浪葬身鱼腹的危险，向着东海纵深处划去……

主要的是靠食用一种谷类植物的种粒来维系自身生命和种属繁衍。这种谷类植物的种粒后来被称作"大米"。我们这样说，是因为在河姆渡遗址出土的陶器上发现有 7000 年前的水稻遗存。河姆渡水稻成为世界上最早的大米，有炭化的大米为证。

　　中国浙江省博物馆考古研究所通过考古研究，发现并出土有动物骨头做的渔叉数百枚，这不仅说明 7000 年前河姆渡位于海边，当时的人们在海里潜海叉鱼，而且还可以据此猜测，河姆渡人驾着小木船，凭借着他们原始的航海知识，到海上去钓鱼。在今天浙江奉化，学者们发现了还有人使用古代竹筏的钓鱼方法钓鱼。当退潮时他们出海，涨潮时他们回来。

　　从河姆渡到日本有 800 海里，很可能在古代河姆渡人看来，日本，其实并不很遥远，潮流还有季风偶尔会把他们送到日本列岛附近海域。这种大自然的意志在航海科技业已相当发达了的今天，仍时时显示着它古老而持久的魅力，借助大浪或台风将一些人和物漂送到日本列岛。远的不说，就在 20 世纪第一年里，就有 7 个人被漂到了日本。

　　台风和潮流会把河姆渡人漂至朝鲜半岛和日本列岛，为什么也会把河姆渡稻种同时漂过去呢？答案在考古发掘中发现的一种器具身上！

在河姆渡，曾发现过古河姆渡人用的一种器具——可以移动的炉子，这种炉子距今有 7000 年历史。这种炉子是干什么用的呢？

专家考证，这种炉子是河姆渡人带在船上烧煮大米做饭使用的。

当漂泊者飘至朝鲜半岛和日本列岛后，原本准备食用的生稻种就被河姆渡人有意种植，或遗落失散于岛上，被风吹入土中，被鸟儿衔落于地里。就这样，一粒古老的河姆渡稻种被有意无意间看似偶然实为必然地飘落在了陌生荒岛的土壤里，生根发芽抽穗，最终结出稻米，成为后来日本人吃的稻米中第一粒祖米。

那么有什么证据证明今天的日本稻米是河姆渡稻米的后裔呢？

有的。静冈大学从事生物遗传学的佐藤洋一郎助教授，对从中国寄来的中国河姆渡水稻品种进行研究，认为这种河姆渡大米与现在人们食用的大米不同，是一种非常原始的大米。但这种河姆渡大米"品种是后来日本大米的品种"！即，日本佐贺，菜畑遗迹出土的炭化米，经 DNA 鉴定，这种热带日本米，与中国河姆渡大米品种相同，是从中国河姆渡飘来大米种子的后裔。

接下来的疑问是，大约在什么时候，中国河姆渡大米首先漂到日本的什么地方呢？

距中国河姆渡最近的显然是日本的对马海峡一带。果然，最早在日本发现稻种种植的地方恰恰就是这里。在这儿发现了稻作遗迹，而考察与稻作遗迹相同的人骨遗迹，就能断定稻作遗迹的时间，也就是说，可推考出中国河姆渡大米传入日本的时间。

根据考古调查，在对马被发现的人骨是 6000 年前的人骨，属绳文时代的人骨，从出土的人骨可以判断这些人皆是渔民，因为他们的外耳道骨肿，经常潜海者才有此特征。由此可以得出结论，中国河姆渡人将大米传播至日本列岛的时间肯定不会晚于 6000 年前。

日本考古和人类学者们断言说，这是绳文时代在对马出现的渔民，这些渔民传统潜海捕渔方式在今天的对马海峡一带还能看到，日本研究者们说这是在东支那海普遍能够见到的一种方法。这种方法最早的开创，就是在河姆渡一带。很可能是由河姆渡人推而广之的一种传统捕鱼方式。

也像河姆渡人一边下海捕鱼，一边在岸上发明了人类最早期的稻作一样，稍后的对马渔民，也是一边捕鱼一边进行大米的栽培种植。这种捕捞海鱼和种植大米成为对马一带长久以来的一种生存方式。

今天，在对马仍能看到这种由河姆渡传来的大米，这是一种很普通、色泽呈红色的大米，然而却是属于一种很古老的稻米。秋天祭祀时节，这

东　渡

种红米被视为神米，这种习俗几千年来一直被沿袭下来。当地人称它为古代米。这种红色的古代米经 DNA 鉴定属热带原始米，即河姆渡米。询问当地土著，他们并不知米从何来，很多当地人都简单地将其想象是从中国来的。

现在似乎早已无人食用这种大米了，但当地渔民还是年复一年，世代栽种，他们根深蒂固的观念是要依赖这种古老的神米世代保佑自己，倘若哪一代人突然不栽种这种米了，便担心幸福从此离去。这是一种遥远年代，从遥远的河姆渡来到日本对马，深受人们世代崇拜，成为一种神灵和信仰的稻米。遗憾的是，由于年代久远，在今天的对马，已无法查考出这种最初的大米种粒飘来的具体时间和方式，很多极富价值趣味的细节今天已无人能够讲出。

随着时间的推移，河姆渡稻种继续往日本传播，果然，在北部九州的唐津、菜畑发现了稻子栽培的遗迹。日本学者推断为公元前 900 年。接下来，又在日本中国地区的冈山县姬笹原等地发现了谷粒、叶子化石[1]。

姬笹原遗迹在冈山县北部，距伯耆大山 20 公里处，在距日本海岸 40 公里的中国（日本的地名）山地的中部。高桥護教授通过 10 数个形状稻来确认，中国山地的山中村里为亚洲稻，至于是陆稻还是水稻尚难断定。这是什么人，通过什么途径带到中国山村的呢？这显然不是野生稻，而是人工栽培出来的。这里距濑户内海很远，所以从日本海过来似乎理所当然。

数千年来一直依赖水稻生存的日本人，已行将遗忘这种被日本人称作"热带日本米"略微有点儿黏的古老稻米，在很多地方这种米已绝迹罕见，只在今天越南的劳斯，还能见到人们在食用。

越南劳斯还有幸保留着这种米古代原始的栽培方法。据说其种植方式与古代的种植方式完全相同。首先是选种，快到渔期的 4 月份开始烧地，然后下种。这种米是旱稻，5 个月后便可收获。古代大米刚传至日本时也是这种栽种方式。日本人类学者以往一直怀疑在漫长的绳文时代，没有栽培过大米，其理由是因为没找到水的痕迹。但现在日本有关专家推翻了这种定论，提出，栽培大米不一定非要依赖于水，因而，绳文时代栽种大米，不能用今天的方法来推考。在九州的中国地方有大米的栽种。当时的气温比现在高三四度，本来喜欢热带气候的稻，到了这里便也可以生长了。

韩国研究者提出当时也有人从朝鲜半岛来到对马，这些来自朝鲜半岛的人们将从中国学来的水稻技术转而传到了日本。当时绳文人已经与朝鲜半岛的人们有着密切的贸易往来，所以水稻除了从中国直接传入外，也可能从朝鲜半岛输入日本，在九州佐贺县唐津就发现了有人从朝鲜半岛携带水稻技术至日本九州 2600 年前的遗迹。但近年研究成果证实水稻是从中国大陆江南直接传入日本列岛的。

虽然早在 6000 年前中国河姆渡的稻种就已飘落在日本列岛的土壤里，栽培种植技术也传到了对马等地，但，在徐福来日本之前，连日本人也无法否认这种热带稻米农作物由于局限性，只能在温暖的地方可栽种，尚不能向全日本推广。日本列岛范围内大米的大面积推广，能够像现在日本人这样主食全部依赖于大米，那要等到水稻技术彻底获得之后，也即是徐福的时代才行。

古代的中国人发现大米总在有水的地方长得好，于是便开始人工改良水田，大约 6000 年前，靠这种水田栽种的水稻，其方法使原来的热带大米发生了新的种类变化。变成了所谓的"温带米"（日本人称其为"温带日本米"。）这种米已与我们今天食用的大米很接近了。

1993 年秋，在中国，中日两国科学家（调查团团长：藤原宏志，宫崎大学教授，地域农学专家）共同调查面临黄海海域附近的江苏省草鞋山遗迹时，发现了 6000 年前的水稻遗迹。据历史文献记载：长江下游是野生稻分布的地域。东海大学渡部武认为：野生稻分三种：普通型、药用型、疣状型。

随着年代的推移，稻米在自己的故乡——中国，不断进化。江苏农业科学院在南京的发掘有新发现，他们在四个不同年代地层中找出四个年代不同的炭化米，年代分别距今为 7000 年，6500 年，6000 年和 5500 年。其中 5500 年前的大米，其大小与现在的大米已很相近。大概从 5500 年时，人们开始对大米有意识地经营管理，呵护它的生长。因为没有人类的智慧经验心血和汗水，无人照料自生自灭的大米突发奇迹般变化是不可思议的。

水稻栽培技术发明后，首先在中国大陆得到了大面积推广，水稻种植的面积越来越大，产量越来越多。3000 年前，这种水稻栽培技术传到了朝鲜半岛。朝鲜半岛距对马 500 公里。这时对马已经有了水稻生长和人类渡海定居。考古工作者在对 3000 年前的遗迹发掘过程中，出土了绳文文化遗存，例如洞贝出土的绳文土器，还发现了炭化的大米。

时间到了公元前三世纪，伴随着弥生时代的开启，水稻突然被大面积推广起来，大米被广泛种植食用，设想当徐福将中国栽培改良的大米带到日本列岛，岛上的土著发现各类主食中，徐福等人带来的大米食用起来味

道出奇的好那将是多么深远广泛的影响？于是，日本列岛上的人类将主食全部更换成了大米，原来的狩猎采摘都被水稻种植所替代。

佐贺县吉野夕里遗迹表明了狩猎采摘时代的结束。大约 2600 至 2200 年前，绳文时代晚期，今天日本人颇熟悉的大米种子来到了日本列岛。在这个上承绳文时代下开弥生时代的划时代期间，日本史学界所说的又有很多新人类渡海来到日本，这中间就包括著名的徐福船队东渡！也正是在这个时期，水稻技术骤然间推广到了今天的日本四大岛。据估算，当时这种水稻技术的推广，从九州到本州的最北边，只需要 300 年时间即可做到。

徐福将水稻带到日本，直接影响了日本水稻栽培的历史：

津轻，在这里，发现了水稻的痕迹。那是 2000 年前的水田遗迹，青森县田舍馆村也发现了古代的水田，弥生时代中期，水稻栽培技术已经传播到了北纬 41 度的地方。对水稻而言，那是当时世界上最冷的地方，在那里被确认有约 2000 年前的水稻的分布。此外，两千年前的炭化米，在青森也有出土。DNA 鉴定结果那些米属于热带米。在静冈的试验农场，将热带米与温带米混在一起进行杂交，发现杂交稻比纯种水稻生长快一个月。夏天日照时间短的寒冷地域，更适于这种水稻的生长。

中国人之所以能发明出最优异的水稻品种，是因为古代中国人较早地谙熟了历法，这使得中国人较早地进入了农业社会。当中国第一个朝代出现时，在文字等其他各种文明都不甚成熟时，历法，却已经完善成熟了。

徐福生活的战国末期秦王朝时期，无疑历法已很完善。徐福带着水稻，连同夏历一起漂到了日本。日本人在 1872 年以前，使用的是从中国传入的夏历，即阴历，日本人称为旧历（把阳历称新历）。我们完全可以怀疑公元前 200 年前后日本人已经了解并掌握了中国的夏历，虽然这种掌握与日本的节气并非十分吻合。

[1] 日本列岛稻作的历史展示出中国大陆与日本列岛的交流关系。

1994 年 3 月在奈良召开的古代史关系研讨会上，清心女子大学教授高桥護对冈山县、姬笹原遗迹出土的绳文中期的土器片里的谷粒、叶子化石进行检验，认为日本稻作栽培技术有大约 4500 年历史。

20 世纪 80 年代，在金泽，每年 2 月份举行食品节活动，这很可能是远古食品大家共同品尝的遗风。但是，岛上原住民主要还是靠食栗子果实之类生存。徐福到达日本前的绳文时代，日本岛屿上的移民一直试图寻找新的果腹之物。

日本列岛的水稻，经 20 世纪 80 年代末开始的调查，稻子栽培在公元前 900 年。原来一向认为以唐津、菜畑的水稻遗迹（前 900 年）为最古老，然而，冈山县北部的发现竟然有 2600 年以上的历史，日本人说：这是绳文土器文化中期一个顶峰的表现。是列岛人智慧和东西技术交流的结晶。高桥護将稻子种植的历史突然向前推至了 1600 年。

假如北部九州的水稻传播在前 10 世纪、福冈县西北部的板付等地水稻开始在前 6 世纪的话，那么，前三世纪水稻产量应该是很大的。

大量考古资料表明：掌握水稻栽培技术的移民有可能从三条海路来到日本，第一条路线，应是从朝鲜半岛南下进入日本列岛；第二条路线，从中国大陆的江南由海上东行来到日本；第三条路线，由中国的山东半岛出发，沿朝鲜半岛西海岸南下北部九州、本州西端至山口县一带。他们的迁移很可能早于金属器具出现的年代，当然也早于徐福的时代。

日本水稻栽种痕迹考古，使我们不能不怀疑这些水稻的栽种与徐福抵达日本有着一种必然的因果关系。

第二十六章　忽如一夜春风来，千树万树梨花开
——是谁开启了弥生时代之门

> 日本在两千年里有个三级跳，唯有第一跳扑朔迷离，几乎一夜间就从绳文时代跃至弥生时代，弥生人显系来自大陆，这些人与吴太伯、百越、徐福有关吗？

日本岛国有个三级跳。第一次起跳，从文明真空、平和平缓平静 6000 年漫长的史前绳文时代，突然纵身一跃，似乎一夜之间，跃入了文明璀璨的弥生时代；第二次起跳是大化革新，派遣隋、遣唐史学习唐朝文明，使其成为一个快速发展的国家；第三次起跳是明治维新，转向西方，成为快速步入现代化的世界列强。

后两次起跳，身形动作都分明清晰。唯有第一次起跳，扑朔迷离，划时代转变之迅速短暂，令对日本史抱有兴趣者颇感惊讶意外。

关于绳文人，虽然日本考古学界只将西伯利亚来的人类笼统地说成是自己的祖先，但并没有说到是日本民族哪个支系的祖先。我以为，倘若对玛利塔和萨哈林的研究确实严谨的话，那这些顶风冒雪来到日本北海道进而遍布日本全岛的人类应是绳文人。

绳文时代，依日本史家主流说法，约起于 12000 年前，这是一段极其缓缦，像真空一样漫长的岁月。

"绳文"得名于 1949 年，一个名叫相泽忠洋的年轻人。他走家串户贩卖纳豆，一次行商途中，在今群马县新田郡笠悬町岩宿的裸露赤土层中，偶然发现粗陋的黑曜石打制石器，经明治大学考古学研究室的专家鉴定，其年代异常古老，距今 8500 年，日本据此推测旧石器时代日本列岛已有人类。从这时起后延约 6000 年，日本人据陶器表面绳文状花纹（那时有绳子吗？），命名为"绳文时代"。

我却认为"绳文"之名，很可能是受中国文化典籍影响借用《易·系辞下》"上古结绳而治，后世圣人易之以书契"的概念，所谓"结绳记事"，涵盖了中国上古时代没有文字的特点，而日本洪荒远古时代亦同。

那时的人类为"绳文人"，含有结绳记事蒙昧尚未开化之意。绳文人更多地集中生活在日本的北部和东部地域。

　　绳文人我以为就是阿伊努人的祖先。这是一个今天在日本行将灭绝的，过去并不为和民族所正视、曾经没有正当地位的少数民族。阿伊努人，中国古文献称"虾夷人"，多分布于北海道。旧新石器时代曾广泛分布于日本列岛东部。属蒙古人种和尼格罗—澳大利亚人种混合类型。高鼻深目，身材稍矮于日本人，肤色淡褐，头发黑色呈波状，体毛发达。距徐福东渡八九百年后，相当于唐高宗时期，日本齐明天皇遣阿倍比罗夫征平虾夷人。

我据旧照片绘制的三个阿伊努人头像

　　日本官方历史观描述说早期的日本人是从西伯利亚来到北海道，渡过津轻海峡向日本其他地域扩散盘踞于列岛东部和北部。阿伊努人也是从西伯利亚来到日本北海道，渡过津轻海峡向日本其他地域扩散至列岛东部和北部，阿伊努人曾居住于日本各地，几乎日本所有地名，包括九州最南端的岛屿，都有来自阿伊努语。阿伊努人最后退回到他们初登列岛时的北海道。绳文人与阿伊努人的历史足迹似乎多有重合。

　　阿伊努人为什么叫"阿伊努"（アイヌ）？我猜测这是日本和民族对阿伊努人的蔑称，因为在日本语里，"犬"的发音就是"伊努"（いぬ），即"犬人"。其实，犬（いぬ），也很可能是来源于中国汉字"狄"，古中国人自认为是在世界的中央，东夷西戎、南蛮北狄。南方是虫子，北方则是犬（反犬旁，生火取暖养犬看家正是"狄"字的表意。）故在四方中只有北方少数民族与犬有关。而阿伊努人正在日本的北方，称其为犬，是用训

读，以汉字表日本土著之音义，假名いぬ的い，是"以"字草写演化而来，ぬ，即"奴"字草写演化而来。故"阿伊努"也有奴隶的意味。

古中国人对阿伊努人又是怎么称呼的呢？

中国人很早就知道阿伊努人。在这个天荒地老的海中荒岛上阿伊努人的踪影，早早地就风闻于东亚大陆。较早记载阿伊努人的中国典籍称他们是日本岛上的"毛人"。这当是指阿伊努人的祖先绳文土著人——西伯利亚追逐猛犸象而来的人类。生活在北方寒冷地带的动物和人类，毛发都比温带热带生物更为厚密，日本绳文人来自东北亚西伯利亚大陆，毛发浓密自然而然。

这是大英博物馆的一幅日本人在1807年绘制的阿伊努人的绘画，表现了阿伊努人
崇奉生灵的场景。看他们浓密发须的外貌，是否会联想到中国古籍中所说的
"毛人"和从西伯利亚追逐猛犸象而来的绳文人？

今天的日本人毛发仍普遍浓密。很多日本人并不喜欢自身毛发浓密，在日本，脱毛广告何其多！开个猜想的玩笑，日本民族的毛发普遍比中国人浓密，这当与古代人种进化有关？远古中国人毛发也曾浓密，《史纪·卷八十七李斯列传第二十七》上说："禹凿龙门，通大夏，疏九河，曲九防，决渟水致之海，而股无胈"。史纪集解：胈，肤毳皮，即腿上的毛。"股无胈"不妨可理解大禹治水，他及他所率部众的毛发都被水给泡脱了去，于是禹之后裔的中国人毛发普遍稀疏。

除"毛人"外，中国典籍中还称日本人"形状似胡"。

《山海经·大荒东经》："郭璞云：……又平州别驾高会语云倭国，人尝行，遭风吹度大海外，见一国人皆长丈余，形状似胡。"

这"形状似胡"，即是说像北方人。古代中国人把北方人称作"胡人"。

古代中国还把日本列岛上的阿伊努人称为"虾夷人"，并且认为"虾夷人""毛人""倭""日本"似乎是不同的岛国。"永徽初，其王考德即位，改元曰白雉……时新罗为高丽、百济所暴，高宗赐玺书，令出兵援新罗……明年，使者与虾夷人偕朝，虾夷亦居海岛中，其使者长四尺许，珥箭于首，令人戴瓠立数十步，射无不中。……咸亨元年，遣使贺平高丽，后稍习夏音，恶倭名，更号日本。使者自言，国近日所出，以为名。或云日本乃小国，为倭所并，故冒其号。使者不知情，故疑焉。又妄夸其国都方数千里，南、西尽海，东、北限大山，其外即毛人云……"

夷，是中原人对东方人的称谓，并没什么特殊相貌描绘，但是这个"虾"字却在状貌。

至公元前3世纪前后，突然一天，日本历史出现了划时代突变。从大陆等地渡来人带来了文明，开启了所谓的弥生时代，这些渡来人被称为弥生人，开始更多地集中在距中国大陆和朝鲜半岛较近的九州和西部地域。弥生时代结束了绳文时代，弥生人逐渐替代了绳文人。当弥生人登岛后，绳文时代结束了，但绳文人去了哪里? 后裔是谁? (除了部分和弥生人混血外)，很少有明确的解释，就像很少明确解释阿伊努人的祖先是谁一样。

关于"弥生人"和"弥生时代"，1884年3月1日，有阪铭藏与几位东京大学同好，相约踏查东京弥生町的向冈贝塚，偶然发现一件球形陶壶，14年后以出土地定名为"弥生式粗陶"。稍后，一位自学成材名叫森本六尔的年轻人，在《考古学》杂志上发表论文，指出绳文粗陶是由猎人和渔民制造的，而弥生粗陶则是农耕文化的产物。弥生文化的概念由此渐被确立。弥生文化从公元前3世纪一直延续了600年，具有以下显著特征:

一、弥生文化主要分布于日本南部和西部，与绳文时代中心地域主要分布在本州东部相对应，无疑弥生时代的突变与从西方中国大陆方向渡来人有着密切关系。

二、大陆渡来人大面积水稻农耕、金属器皿使用替代了以往原住民的渔猎生存方式。

东渡

三、从出土的古代人骨伤痕判断，弥生人是群体的战争方式所致，绳文人却是分散的，个别的，属于纯粹个人间的争斗。

四、弥生人在身高骨骼等方面与绳文人有着明显的人种不同。

1994年，在福冈机场发现了约2300年前的福冈人遗骨，弥生水田稻作时代的第一具人骨被发现，九州大学齿学部会属病院与名古屋大学一起对发现的人骨进行了研究，这具人骨破损较严重，研究者们用CT在电脑上进行复原。中桥孝博，九州大学人类学教授，用电脑将这具被发现的人骨与绳文时代人骨详加勘比，结果发现的这具弥生人骨与原来绳文人头骨

果然存在着不同。

经与绳文人头骨比较，发现福冈人头骨宽96毫米，绳文人宽99毫米。从下额到眉骨间，福冈人127毫米，绳文人只有105毫米，绳文人鼻子的角度似略高些，据此可以推知福冈新人脸呈长型。中桥孝博认为：从人类学角度来看，这不可能是进化的结果，而是一种人类种属与另一种人类种属间的差异。在日本列岛上，阿伊奴人是今天日本列岛上幸存的唯一一个少数民族。难道说绳文人是阿伊奴人的先祖？而弥生人却是一个全新渡来的新人种？那么，开启弥生新时代的身材明显高于绳文人的新人种，即弥生人究竟来自何方？

有人认为来自朝鲜半岛，时间约在公元前200年，理由是根据韩国古坟（4~7世纪）出土的63具人骨的平均身高（男子162.9厘米，女子150.3厘米），推定这些弥生人来自朝鲜半岛南部。

有人认为来自中国大陆江南，16世纪末，赴日传教的葡萄牙人罗德里格斯在《日本教会史》中道："日本最早的移民来自浙江，日本国王即其苗裔。"后来安藤广太郎从水稻传播角度说：水稻源于中国南部，江南民族将水稻农耕同时传至九州北部和朝鲜南部。

日本考古学者在山口县丰北町发现了佐证他们推论的证据：

前文曾说到：土井ケ浜遗迹曾是海滨，在这儿发现了沙滩350多具掩埋骨骸。这些至今已有2200年左右的人骨，发掘时，人们惊诧于他们被掩埋的方式和奇怪的规律，他们都面向一个方向：从北方向西20度角，那正是面向朝鲜半岛和中国大陆山东省临淄。在山东临淄，也发掘出了与山口县同样的人骨。在临淄第一次发现了1500具人骨，后陆续又有发现，一直发现至3000至4000年前。其中被保存较好的人骨有400具。此后10年来，同样年代的人骨，在北京、西安等地也陆续有所发现。土井ケ浜遗迹的人类学博物馆馆长松下为此专程到中国进行实地研究。他对中国各地发现的每一具古代人头骨进行测量。最后得出结论：中日两地发现的人头骨相同。

在中国发现的人头骨也是鼻骨矮，比较平，不突不兀，与山口县人骨很像。松下试图用科学的方法甄别，经研究勘比他得出结论，从他所制的统计表格看，山口县发现的人头骨绝不属于绳文人，而是与中国人更接近。九州大学的金关丈夫博士曾研究过绳文人和弥生人的身高，推论说弥生人是从华北渡来的。

东京大学教授人类遗传学学者德永胜士主张采用抽血研究法，用此法可以从中了解到太古以来保留了记忆的东西。他研究了ヒト白血球抗原（HLD）查皮成分，白血球周围有蛋白质的东西，组合有一万多种。德永胜士先研究现代日本人的白血球周围的蛋白质组合，用代码表示，分别为 B52 – DR2 B46 – DR9 B54 – DR4，B44 – DR13 等几种。他认为从这点来看，这种蛋白质组合之地的人类后来来到了日本。其中 B52 – DR2，这种组合人类居多的地方是日本西部、韩国和中国的华北华中及华南。他认为这种人类是从中国大陆的山东等地出发，越过大海来到日本。这是比例最大，也即是人口最众多的一种白血球蛋白质人。而 B46 – DR9 的组合代码人类，则是中国上海等地生活的古代人类。B54 – DR4，为中国福建省、中国台湾一带。B44 – DR13，为朝鲜半岛人类。这便是他对现代日本人血液研究后得出的结论。

德永胜士依据他的研究结果推定，弥生时代以后日本人祖先不是从一个地方过来的，也不是一次性形成的。

现在，弥生人是一种从西方海外渡来的新人说已成公论，弥生时代开启的时间，当与三件大事时间相近：第一件，公元前 472 年，越王勾践灭吴。第二件，公元前 306 年楚灭越。第三件，公元前 221 年秦始皇灭齐，三年后徐福出海。

先说第一件，周文王有两个伯父，大伯父后来被周武王追封为吴伯，所以也叫吴太伯。太伯的弟弟，周文王姬昌的二伯父，叫仲雍，仲，是排序第二的意思。他们的弟弟就是姬昌的父亲，叫季历。季是第三的意思。姬昌的祖父叫周太王。周太王想立三儿子季历为王，再传给孙子姬昌继承王位，太伯就出逃奔走到了东南沿海的荆蛮之地，自号"句吴"。荆蛮之地有上千家归顺吴太伯。后来吴太伯死了，没有儿子，于是他弟弟仲雍继承了位置，仲雍死，儿孙相继继位，从吴太伯算起，到第五代周章继位时，武王克殷，派人来寻找太伯和仲雍的后人，找到了周章，可这时的周章已经是吴主了。于是武王也就顺势封了周章，又封周章的弟弟虞仲到吴地的北边原来夏王国的属地做虞国的君主，列为诸侯。这个虞国就是 12 世之后，宫之奇谏假道，唇齿相依典故的那个被晋灭了的虞国。（后来虞国出了位美人与项羽相爱，留下了戏曲舞台上感人的"霸王别姬"故事）

东渡
-205-

虞被灭两年后，吴国到了寿梦做君主时，楚国的申公巫臣逃至吴国，训练吴国军队，吴开始强盛起来与中原通。也就是说从太伯至寿梦，共 19 世。寿梦的儿子季札，是孔子时代的名人，季札侄子就是吴王僚，楚逃亡者伍子胥请专诸协助公子光刺吴王僚鱼肠剑的故事就发生在这个时候。公子光成功坐上了吴王的宝座，他就是后来死于勾践之手的吴王阖庐。阖庐的儿子夫差继位，为报父仇击败越国，不听伍子胥的警告，相信伯嚭，放越王勾践一条生路。勾践卧薪尝胆，终于卷土重来灭了吴国。勾践打算把

战俘夫差迁到甬东，给他百余家。甬东在越国的东边，也叫句章——"东海口外州也"，"会稽句章县东海中州也"。当然，夫差羞于迁徙。说出了一生的后悔："孤老矣，不能事君王也。吾悔不用子胥之言，自令陷此。"于是自刎而死。

纵观《史记》所载，古代人很有骨气，动辄自杀。看守夷门的小吏侯嬴为信陵君自杀，文种自杀、公子扶苏、公子将闾昆弟三人从命自杀，与李斯一起的没什么名气的右丞相去疾、将军冯劫，因劝谏胡亥而致祸，去疾和冯劫都大喊着"将相不辱"自杀。夫差糊涂不算英主，竟也选择自杀。后来兵败的项羽、章邯自杀……那时候的中国人喜欢选择自裁，自杀成风。

通过这则记载，越王想把吴的亡国奴们迁徙到东海外的州岛上去。这大概是当时比较流行的一种做法。夫差还算是有气节没去，那是否还有其他吴国臣民去了呢？甬东究竟是海外哪个地方？从甬东去日本是否更近？

有一说即吴灭，吴人远遁海外，逃至日本，故有日本人自谓是吴太伯后之说。

《晋书·倭人传》说："倭人在带方东南大海中，依山岛为国，地多山林，无良田，食海物……男子无大小，悉黥面文身，自谓太伯之后。"这说明下限在晋朝时，日本就已流传着他们是吴太伯之后的说法了。这一说法甚或比自称是徐福后人的说法更早。

《神皇正统记》应神天皇条下记载：某朝的一书中说，日本人系吴太伯之后。此书在桓武天皇时下令烧毁。日本南北朝僧人中岩圆月曾到中国六朝学习佛教，撰《日本书》说：吴太伯逃至荆蛮，断发文身，与蛟龙共居，其子孙至筑紫（今日本福冈县），时人以为神，将太伯比作日本天皇的祖先。书成后，被日本朝廷下令焚毁，不准流传。

再说第二件：

越灭吴后，传至六世越王无疆，为楚所灭，王无疆被杀，越国从此分崩离析，诸族子争立为王，为君，滨于江南海上（台州临海县），服朝于楚，号为百越。这些游弋于海上的百越也有漂至日本者。

越王勾践灭吴在前 472 年，楚灭越在前 306 年，这正是绳文时代行将结束弥生时代即将开始的时间。

现在说第三件：

秦始皇灭齐在公元前 221 年，徐福出海在前 219 年和前 210 年，徐福的到来使日本列岛从绳文时代一跃而神奇地进入了弥生时代。这正是弥生时代向纵深发展的时期。

据《日本书记》说，传播《千字文》和《论语》的是一个叫王仁

的人。

"百济王遣阿直岐献良马二匹。……阿直岐长于经典，为太子菟稚郎子之师。某日，天皇问阿直岐：'尚有高于子之人否？'答曰：'有王仁，博学多才。……'于是，招请王仁。"另《古事记》中亦有相似之记载，云，王仁携《论语》10 卷，《千字文》1 卷来日本。依这则记载看，阿直岐是朝鲜半岛的百济人，而王仁，从名字上看，显系中国人。在朝鲜半岛的乐浪郡，早在很久前就居住有王姓豪族。313 年，乐浪郡被高句丽侵占，其南面的带方君也并入百济版图。

但很有人怀疑汉文化文字的传入早在此前，即在汉魏之际早已传入日本，《海东唱酬集》就说：

昔者始皇求仙丹，所谓神山即是日本……舟楫以济当在汉魏之前，载籍有来，岂以隋唐为始？邦此唇齿，政如弟兄，既通文字，何籍舌人？

随着徐福等渡来人的登陆，日本岛开始在三个方面发生变化，文字开始使用、水稻开始被广泛推广种植（徐福登陆地域都较适合水稻农作物开发推广）。特别是，随着徐福船队在日本各地登陆，青铜器、铁器也开始在日本列岛兴盛起来。

日本福冈市从远古时代就与中国大陆和朝鲜半岛有着交往。在福冈市，考古工作者发现了板付遗址，有 10 户房子。现有复原模式，围有深 2 米的沟，称"环濠集落"。这是绳文时代所没有的。在这处遗址中，环濠集落旁有水田被发现。在这种水田上种植稻米，其方式与现在的稻米栽种方法几乎完全一样。在这里，也发现了炭化米。因为在这里被发现并出土的文物是在绳文时代不曾见到过的遗迹，从而可以证实这是一种与绳文时代迥异的文化现象突显。

从日本人的观点来看，春秋战国时代，也恰恰是在日本出现弥生人的时代，长达约 500 年间的战乱，使生灵涂炭，民不聊生，企望寻找新的生存空间。日本传统史学观认为：这样从中国大陆逃离的人里边，也许不乏有东渡日本岛屿者，正是他们构成了日本的新人类——弥生人。像徐福那种迫于秦始皇的淫威，以某种借口出海不归者也许非只一人。

战争迫使很多人逃离了家园，向海外寻找新天地，当然，也有其他偶然因素来到日本岛屿者。克服了重重困难的渡来人成为古代日本的新人种，给文化注入了新生机。当时从中国山东、上海、福建，以及朝鲜等地都纷纷东渡来到日本者，确切数字难定，但两千几百年来，渡来人数量渐变为日本人口构成中过去从未有过的众多数量人口群确是史实。

这一论点从日本的隅西小田遗迹墓增长数量可以统计出来，遗迹年代

东渡

分别间隔为 25 年，50 年，75 年，100 年，这处遗迹 100 年间有 200 具古尸，这不是出生率而是渡来人在成倍增长。

渡来人向东进军，越往东他们见到的人种和文化也就越有巨大差异。从九州往东五百公里，那是大阪平原。那时那里水系众多，有湖泊和森林。湖的名字叫"河内湖"。现在河内湖的旁边发现有古代人类的脚印及鹿的脚印，此外还有贝壳、鹿角骨等。显而易见，这些痕迹透露出这是绳文系人类居住的部落。

可是在 2300 年前，突然来到日本的渡来人也在此地建立部落定居下来。因为部落遗址旁边发现有水田的痕迹。无疑，这告诉考古学者们：那些渡来的弥生人正在用稳定的稻作方法急速发展。果然，在仅用了几十年的短暂时间后，渡来人就在人口数量上超过了绳文人。

"忽如一夜春风来，千树万树梨花开"。说的是一种自然景观突变，诗意地传达了人们对新奇突变的惊诧。其实，自然景观的视觉感受如此，抽象的历史思维也同样会浮出类似的审视心态。

公元前 2 至 3 世纪前后，日本列岛发生巨大突变，几乎一夜间，岛上人类就从史前蒙昧时代一跃跳过了文明之门，进入了所谓的弥生时代
——日本文明史进程由此开启了。

一个民族的文明形态，在没有外力作用下，往往缓慢前进，倘若没有

西方列强的坚船利炮，中国封建王朝的生活方式，情感心态和思维模式，还不会有什么大的变化，即使庞大的清王朝被推翻，也很可能被另一个什么新姓封建王朝替代，不会有新民主主义革命。倘若欧洲的白人不去美洲大陆，印第安人也许不会消失得如此迅速，原始的印第安部落依然兴盛。这便是我们借助史籍这个望远镜窥到的史实及在此基础上形成的概念。

东 渡

第二十七章　古墓马影

这些嘶鸣的战马是从哪儿走进日本古坟里的？化作幽暗墓室中的鬼踪魅影……垂仁天皇的舅舅倭彦命死了，被依惯例活埋的近侍几天不死，昼夜发出撕心裂肺的哀号……1889 年，一支来自俄罗斯的考古队，在蒙古大草原，竟意外地发现了千年风蚀雨侵斑驳残留的《阙特勤》碑和《毗伽可汗》碑，风尘仆仆的队长惊喜万分地扑了上去……

但是，徐福渡海有一点居然考虑不周：他的船队带来了人种稻种和各工种，带来了人类和文明，却忘记携带马匹渡海。是啊！海上航行，大量马匹不仅会使船只载重量骤增，且海上长期漂泊，很难解决马匹饲料。依据自幼生长的中国大陆环境，徐福天经地义地断定有陆地便有草木，有草本便有马匹。然而，当徐福登陆这个陌生而崭新的"仙岛"稍作安顿并向纵深挺进时，他才发现这里除了熊和狼等野兽外，见不到狮虎象犀，特别是毫无野生马驴的踪影，更无论家养的马匹畜类了。水稻栽种、运输迁移固然可以不需依赖马匹，但遭遇战争如何应对呢？没马匹就等于缺乏最现代的武装。徐福熟知早在春秋战国时代，骑乘就是两军决战必备工具。在徐福以前的时代，骑乘的多寡成为衡量一个国家军事实力的重要标志。自赵武灵王胡服骑射以来，骑马作战逐渐代替了战车。虽说徐福看到王翦攻灭齐国时所统率的秦国骑兵，还都不具备鞍鞯没有马镫，马镫是北魏时期才使用，但是战马骑兵的快捷机动灵活，使得兵法战术发生了质的改变。徐福后悔百虑一失，忽略了马匹的携带。

那么，日本的马匹是什么人什么时间带来的呢？其实这与日本的文明形成有关。

这里有一个看似与这主题无甚关联的小故事：

垂仁天皇 28 年 11 月，一个寒冷的冬天，天皇的舅舅倭彦命死了，下葬在身狭桃花鸟坂，依惯例天皇将倭彦命的近侍全部活埋于陵墓四周。被活埋的侍从们几天不死，昼夜发出撕心裂肺的哀号。死后，腐尸散发着奇臭无比的秽气，犬鸟聚争撕咬。哀号隐隐传入垂仁天皇耳中，使他坐卧不

王强 2009 7 20

由于它们的介入，我们得以读到很多人类文明史上精彩的故事，
也由于它们的介入，使得原本离奇的日本史更加扑朔迷离。

安，他心生恻隐。谓然慨叹："生而所爱，死而为殉，不亦惨乎？虽古之
遗风，曷可遵用？自今废止。"

四年后的秋天，垂仁天皇的皇后叶酢媛命又死了。天皇与群臣商议说：
"前已知殉死非善，今度如何？"一个叫野见宿弥的大臣奏称："凡陵墓埋立
生人，诚不仁也，非所以示后也。臣愿以便宜行事。"垂仁天皇同意了野见
宿弥的建议，野见宿弥遣使去了出云国，唤来土部的100人，亲自率领他们
用黏土造了人马杂物等东西，然后献给天皇说："自今以后，用此易生人，
树于陵墓，以为后世之法。"天皇十分高兴地同意了。于是，这些陶土制品
立刻送到了叶酢媛命的墓前。这些陶土制品从此代替了真人殉葬，被称为
"埴轮"。殉葬者被活埋是立于陵前，同样，埴轮也是树立于陵前地面，所以
又称为"立物"。野见宿弥被赏，命为土部臣（首领），改姓土部。正因为有
了埴轮，所以发现了马匹造型，说明日本的马匹文明开启了。

发现制造成人形、马形的所谓形象埴轮的年代，被推测在稍晚于圆筒
埴轮的4世纪后半叶以后。在应神陵陵墓后圆部分壕沟外周围地带出土了
一个马形埴轮。应神陵年代属5世纪初叶，既然有使用马之类造型的形象
埴轮，那马匹或曰骑马民族来到日本的时期应在公元4世纪后半叶。

东渡
-211-

其实，马匹遗迹不仅附着在埴轮上，还神秘地遗留在古墓深穴的幽冥黑暗中：

日本从公元 3 世纪至公元 6 世纪，并不见诸公开的文字史乘，考古学者们对那一时期的研究皆从大量发现的古坟、及从古坟里挖掘出土的文物进行推考，故那一时期被日本考古学界称为"古坟文化时期"或曰"古坟时代"。

日本古坟时期分为前中后三期，高冢坟墓的发生当在 3 世纪末 4 世纪初，此后延续到 6 世纪或 7 世纪末。前期古坟多为简单的圆形，或利用丘陵地带建成前方后圆形。古坟出土的木棺、石棺、以及墓制的竖穴式石室，特别是随葬品，前期为宝器，玉、石钏、剑、锹形石、车轮石、镜等，为弥生时代而来的传统。弥生文化要素多保留咒术，宗教色彩极浓厚。殉葬品大多是用于祭祀的铜镜、剑、玉器、石钏、铲型石及车轮石等。

最有代表性的可举大仙古坟：

大仙古坟位于大阪府堺市堺区大仙町，是日本最长的前方后圆古坟。古坟全长约 486 米、后圆直径约 245 米，周围三条濠沟环绕。发现有长柜式石棺、穴式石室，出土有很多埴轮土器，短铠甲、碗、齐眉护盔、宝石护腕等。

然而，也像忽然从绳文时代一夜之间进入弥生时代一样，突然有一天，坟墓的形状发生了骤变，后来的古坟突然规模变得异常宏大，古坟形制特别是墓穴里发生了关键性的重大变化，内部结构和殉葬品也另具特色，有兵器、石制冥器，与前期古坟文化出现了本质的差异。特别是，出现了最显著的标志——马匹随葬品！

随葬品武器、马具与大陆墓穴中明器相同，此时期约相当于中国魏晋南北朝时代。3 世纪开始至 5 世纪，这一时期中国大陆北方的骑马民族胡人极为活跃，日本古坟出现了当时胡人与汉人文化接触混合的结果，骑射的马具、弓矢的发达、骑乘的服饰、甲胄……所有这些替代了平和、宗教、素朴军事的实用，华丽物品，刀柄头有龙、凤首的环头装饰，弓矢的骨制鸣镝，马具的马勒马鞍等极其华美流行。镫、马铠，这些与中国骑马民族文化当有关系。

"弥生文化及前期古坟文化同后期古坟文化之间所存在的巨大差别，不仅表现在现世的生活方式上，而且还大量地反映于死后的世界观方面。前者所表现出的温和的农耕文化的基本特征，完全被后者充满争夺气氛的马上游牧民族的特征所代替了。"（日本考古学者八幡一郎）这意味着日本历史开始有马匹出现了。另一位学者江上波夫[1]通过对古墓随葬品考证及骑马民族的研究，他判定应有一支来自东亚大陆的"骑马民族"，他们的到来彻底颠覆了原有的日本社会结构及习俗。为此，江上波夫提出了"骑马民族"的概念，以斯基泰、匈奴、突厥、鲜卑与乌桓为例，阐述了欧亚大陆骑马民族的特征。从应神天皇朝以后直至大化以前，日本"在以天皇制度为代表的政治、社会、军事、文化等一切方面，都显现出了无数与大陆骑马民族、特别是征服王朝国家性质相同的现象"，他推论说，"如果没有从大陆经由朝鲜半岛征服日本——即所谓天神族的骑马民族的到来和建国的话，至少，上述现象中的大部分都是不可能发生的。"

难道真的如古坟研究者所推测描述的那样？在古老年代某一天，一支神秘的骑马民族骤然登上了日本列岛从而改变了日本文明进程的概貌？他们究竟是些什么人？从哪儿来的呢？

所谓"骑马民族"，按照日本学者的概念，是在漫长悠远的历史岁月中，东起大兴安岭的崇山峻岭，西至东欧一望无际的辽阔大草原上，在这空旷单调天苍苍野茫茫，风吹草低见牛羊的大自然环境中，那些生来便与自己的畜群栉风沐雨、迎霜斗雪、朴素孤独、单一牧歌式的民族。当历史的车轮驶进公元前 1000 年之后，这些原本单纯朴实的民族不知出于什么原因，突然变得好战，嗜血成性，他们在风驰电掣的马背上，弯弓搭箭，挥刀劈杀！这些马背上的民族：西方有斯基泰、萨尔马提亚、阿兰、番、阿维尔、哈塞尔等；中部则有塞种、乌孙、康居等；在东方，则有匈奴、鲜卑、乌桓、柔然、突厥、回鹘、契丹、蒙古；部分还有丁零、鬲昆（坚昆）、高车、悦般……其中特别强大而且可以作为骑马民族典型的，有西方的斯基泰、东方的匈奴、突厥、鲜卑、乌桓。在东北亚，半农半猎的骑马民族也为数不少，夫余、高句丽、鞑靼、女真等是其主要者。

就以上所列举骑马民族来看，其中有些民族与登陆日本事件显然没有多大关系，如康居、乌孙、塞人等都身处西域远离日本，而女真等，又时代近晚，更与日本古代骑马民族登陆事件关系不大。其实，仅从江上波夫"骑马民族"的概念称谓就可看出，他之所以用"骑马民族"这一概念，正说明他并不能肯定骑马登陆日本列岛的究竟是他们中的哪一个。

墓穴中马的随葬，肯定是一种习俗。要想解开日本古坟中马匹随葬之谜，就首先要将搜巡的视野锁定大陆上有着同样习俗的蛛丝马迹的历史遗痕。第一个闯入我们视野的竟然是矗立于大漠草原之中，蓝天白云之下，阅尽千年沧桑的两通石碑。

1889 年，来自遥远莫斯科的一支考古队，经过漫长艰辛的跋涉，来到了蒙古大草原。风尘仆仆的队长俄国人亚德林采夫在蒙古国的鄂尔浑河旧

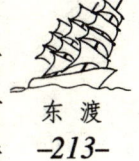

河道与和硕·柴达木湖畔之间，竟意外地发现了千年风蚀雨侵斑驳残留的《阙特勤》碑和与之相距 1 公里处的《毗伽可汗》碑[2]。

1889年 莫斯科考古学会副会长 雅德林 在蒙古鄂尔浑河旧河道与和硕·柴达木湖间, 意外发现了残存山湖畔的阙特勤碑及毗伽可汗碑, 并在碑旁立候林学士撰上石辨识碑铭。 王弦史 2017 春节临

亚德林采夫惊喜过望迫不及待地扑了上去，石碑铭文依稀尚可辨识。

　　《阙特勤》碑是蒙古草原遗留残断石碑中一个部族消失却保留片段历史记录最好的一通石碑。两碑皆为突厥毗伽可汗所立。宣统年间，清驻库伦（今乌兰巴托）大臣三多拓印 200 份《阙特勤》碑，传赠于世，并著长篇跋文，从此，藏于草原深处的突厥碑铭渐为世人知晓。《阙特勤》碑立于 732 年，"阙"是人名，"特勤"是突厥贵族子弟的封号[3]。为毗伽可汗语气叙事，上刻古突厥文和汉文，记述后突厥汗国创立者毗伽可汗与其弟阙特勤的事迹。碑文叙唐朝派人参加建碑经过，此事可与新、旧唐书所载互为印证。

　　《阙特勤》碑叙述阙特勤 47 岁故前，戎马生涯征战杀伐，特别记载了每次战役阙特勤骑乘过的坐骑，这些马在碑铭中多被记下名称与毛色特征，甚至还详细记叙了战马怎样负伤，战死何处。如：

　　"阙特勤骑白头灰马进击。"

　　"他骑白马乙毗沙勒支突袭。"

　　"阙特勤骑白色阿兹曼（马）进行突袭。"

　　"阙特勤骑着他那深褐色的马阿兹突袭。"

　　"他骑披甲枭色马叶勤悉利进击。此马在那里被杀。"

　　"敌人击中花公马拔曳古白马，折断了它的大腿。我们杀死了黠戛斯可汗，征服了其国土。"

从中可以知道游牧民族——突厥人，何等看重沙场坐骑，既然能将战马刻之于石，当然也能将其随主人埋入地下。突厥人对战马的如此珍爱，特别是将马匹刻于碑铭之上，这很难说与日本后期古坟中葬有大量马具没有关联。

《阙特勤》碑中还刻载有突厥人也曾向东扩张的碑文：

"向东到达日出之处。"此外，碑铭中还提到"日出之方的莫离人"，"日出之处的莫利可汗之地"，"向东与契丹人、豆于人，黑性突骑施人"等战争字样。

也有和东渡日本有关系或涉及东方大海的记载：

一、我曾向东征伐，直至山东平原，我几乎抵达大洋。

二、他们令突厥人向东移居到卡迪尔汗山林。

三、为了汉人的利益，他们向东，即日出之处，一直征战到莫利可汗之地。

四、与我叔可汗一起，我们向东一直征战到绿河与山东平原。

五、我率领大军征战十二次，向北攻击乌古斯人，向东对付契丹人与地豆于人。

这都使人怀疑有可能部分突厥人曾向东挺进，进而成为登陆日本的骑马民族。

《毗伽可汗》碑还记载："朕父可汗，狗年十月二十六日崩，猪年五月二十七日举行葬礼。"《阙特勤》碑东北面："阙特勤于羊年……"

可见中国北方少数民族此时已经使用生肖属相纪年了。我国少数民族中所采用的生肖属相排列顺序与今天中国的属相完全一致。但是假如那支登上日本列岛的骑马民族与突厥人种有关的话，那么去日本列岛的突厥语族者可能当在此之前。因为日本人属相虽然与中国的12生肖基本相同，但是，最后一个猪，却是与中国的猪不一样，日本的"猪"是野猪，而中国人的猪生肖却是家猪。这也许说明在12生肖还没定型时，属相已传入日本。

东渡

-215-

在《阙特勤》碑铭中还提到阙特勤受成丁之名，日本男孩子也有成人之礼。

一般来说，中国史籍对一些远离中国的少数民族都记载潦草。即使是那些与中原文化关系至为密切的民族，一旦当他们离开了中国文化圈，便更语焉不详了。难道说不会有一个突厥语民族，击败了另一个突厥语民族，败北的民族被迫东迁到达了日本列岛吗？

虽然突厥以马入墓志铭的习俗与日本以马匹随葬的习俗有相近之处，使人们怀疑来到日本的骑马民族有可能与突厥人种有关，但从不少日本古

坟出土的马胄来看，其造型等各个方面却又与中国北魏时期的马胄有着惊人的相似：

从大量出土文物比较来看，日本人找到了中国北魏的出土文物与日本古坟时代的出土文物的相类似特点，特别是在马具[4]方面。如：大师山古坟出土的车轮石、服饰铠甲、马具等，都举出了中国北魏时期和日本出土文物相类似的实物佐证，文物实证大体有这样几方面：

一、服饰挂甲：北魏武人俑的挂甲与马上服装，与高句丽通沟三室冢古坟壁画，还有日本出土的埴轮，日本大阪府长持山古坟出土的挂甲，都明显看出日本武士挂甲与中国北魏时期的武士非常相似。

① 武士俑 北魏

② 挂甲 大阪府长持山古墳出土

王绘 绘 2006.1.17

左为北魏武士俑，右为大阪府长持山古坟出土的挂甲，试比较其相似性。

二、马具：在日本的竹原古坟壁画、平福古坟的陶棺上都已绘有马的形态，平炉船山古坟出土有大刀马形装饰，这说明这一时期日本已有马匹了。从栃木县出土的银象嵌鞍桥、应神陵陪冢丸山古坟出土的透雕鞍金具与新罗出土的金鞍具，可以对比出它们的相似性。

三、带饰金具方面：日本奈良新山古坟出土的5至6世纪的金具，斯基泰文化3世纪出土的金具，与阿尔泰地方公元前3世纪出土的金具，中国内蒙古自治区绥远地方公元前3至2世纪出土的金具，都可以看出一脉相承的风格。

骑马人物陶俑（北魏，陕西省西安南郊出土）

王绪 2009.1.17

陕西西安南郊出土的北魏骑马人物陶俑

四、刀剑、环头大马柄头，日本、朝鲜、内蒙古自治区，三地出土的也非常相似。由此看来，日本的骑马民族当与北魏有着某种神秘的联系。

日本与大陆早有往来，但真正大规模堂而皇之的是派遣隋遣唐使，而此时正是北魏被灭不久。

遗憾的是，在日本方面的记载中，我们只看到了江上波夫所说的骑马民族登陆日本，这个骑马民族究竟是那个民族，却有待发现和研究。在古代，有许多或长或短或大或小的王朝在自生自灭着。由于它们自己没有文字或是有文字没记录，加之距当时文明已很发达的中原地域遥远，无法使文明圈的中心了解那些边陲蕞尔小邦的情况，于是，留下了一块块历史真

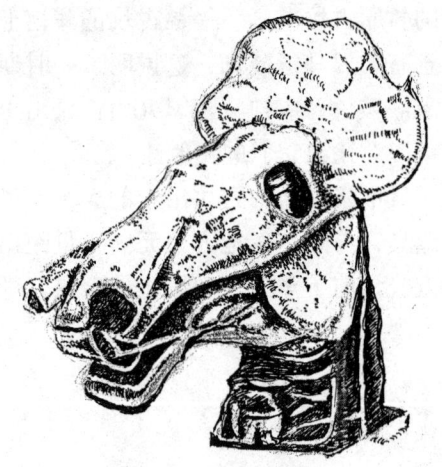

马胄（和歌山县大谷古墳出土）

王镛 2009.1.17

这是和歌山县大谷古坟出土的马胄，对比高句丽
三宝冢壁画中的骑马人物，特别是陕西省
西安市南郊出土的骑马人物陶俑，可以
看出马胄是何其相似！

空。有很多不为人知的故事随着历史的烟云飘散去，使后人无从捕捉无从
描述。

于是，这充满历史之谜的北方所谓的骑马民族究竟是哪一个骑马民
族？这个民族究竟在什么时间和以怎样的方式来到了日本列岛？究竟是突
厥人的战马从墓碑走入了日本的古坟还是北魏铁骑的马胄从战场上被带进
了日本的古墓中？古墓马影，依然是一个有待破解的千古之谜。

[1] 江上波夫，日本考古学家，东京大学名誉教授，上智大学教授。所著《骑马
民族国家》1967 年出版。

[2] 还有《雀林》碑《暾欲谷》碑等大量石刻碑文。

[3] "阙"是人名，"特勤"为突厥贵族子弟称号。阙特勤，是公元 630 年被唐太
宗灭掉的东突厥汗国王室后裔，武后时重新统一突厥的颉跌利施可汗阿史那骨吐禄之
子、玄宗时期突厥毗伽可汗之弟。

[4] 这是日本学者发现并找出来的证据，江上波夫等人名著之《骑马民族征服王
朝说》即援引出土文物为证。

第二十八章　古洞神秘符咒誓词解读

　　北海道小樽市一个名叫手宫的古洞窟石壁上发现了一行令人费解的古代
线刻符咒，它与那个不知从何而来登上日本列岛的骑马民族有着某种必然的
联系吗？古老的文字，神秘的谜团，令人遥想一支战败濒临灭绝死里逃生的
渡海民族，像火把一样燃亮了荒寂可怖的万年古洞……

　　西起亚洲大陆的俄罗斯和朝鲜半岛，北从日本和库页岛经宗谷海峡、鞑
靼海峡与鄂霍次克海，沿日本的九州岛、五岛列岛至韩国济州岛，经对马海
峡、大韩海峡、关门海峡，有一片面积约 978000 平方公里的椭圆形海域，这
片海域平均深度 1752 米，最深处达 3742 米，幽寒森冷，令人恐怖颤栗！这
片水域元朝和明朝称之为"鲸海"，韩国称"东海"，朝鲜称"朝鲜东海"。
1815 年俄国航海家 A. J. v. 克鲁森斯特思将其定名为日本海。但在更古老的
年代里它并没有更精准的名字，难道这就是中国古籍中所说的"弱水"吗？
　　不要说在远古时代，就是今天，难道有谁敢泅渡这恐怖之水？赴汤这
死亡之渊吗？
　　然而，濒临日本海北海道小樽市一个名叫手宫的古洞内，却发现了一
行令人费解充满千奇百怪谜团式的古代符咒……
　　这几行石壁上的线刻符号 1866 年被人偶然发现，遗憾的是当时并未引
起世人关注。12 年后，即 1878 年，受雇于东京大学的外籍讲师约翰·米
伦，开始将这行文字的调查成果用英文公诸于世。1925 年 10 月 10 日号的
《小樽新闻》上载有这样一段话：
　　"在这些文字中首先引起我注意的是其中有些像北欧罗巴字母 M 的东
西，然而又感到它酷似古代中国的文字。第二种想象是记载那些古代僧侣
率军出征时的情况。第三则考虑它们是男性生殖器崇拜的象征，第四则推
测它们是人物、鸟兽以及鱼虫等的粗糙绘画，第五则认为它是为了诱使考
古学家们上当的出自现代人之手的伪作……"
　　1928 年 7 月 30 日《北海道新闻》、《北海时报》等报道：石狩町红叶
山遗址发掘出 1800 年前的漆弓，漆弓长 1.20 米，宽 0.04 米，有鲜艳米红

底色上的黑色图案花纹。考古学家江上波夫认为漆弓酷似西伯利亚蒙古地区风格，应认为这是其他民族携来的。那是什么民族呢？又是从哪儿携带而来的呢？毫无疑问，对古老石洞里神秘誓词的破译有助于解开日本列岛骑马民族来源之谜。

随着末次冰期（11000～8000年前）海平面低水位时期，朝鲜海峡、宗谷海峡都被干露，成为亚洲大陆通向日本的陆桥。日本岛屿发现有印度象和长毛猛犸象的化石遗骸。这说明，在遥远的后冰河时代，亚洲大陆人类和动物一起进入日本北海道，到达北极并由北极圈而逐渐到达北美洲南美洲。在今天日本DNA中，有相当的百分比与印第安人相类。日本人也有崇拜月亮、太阳的古老习俗。"かさま"中还可以看出，与印第安人的萨满教崇尚日月有相似之处。

但这些远在冰河时代进入日本及北美的亚洲人种，绝不会是手宫文字的遗留者。这批创造了手宫文字的冒险家们是继那些冰河人类之后又一批跨越日本海的人类。特别需要指出的是：伴随而来的不是猛犸象而是战马！

日本手宫遗洞中的神秘符号很可能与那个不知从何而来神秘登上日本列岛的骑马民族有着某种必然的联系。

手宫古洞，古老文字，布满着许多令人费解的谜团。

日本考古学界通过对手宫古文字之谜的破译推衍，猜测这些刻于石壁上的神秘符号很可能包藏着一个也许非常古老的悬疑，也许，那曾是一支鲜为人知的古老民族，迫于某种不得已的原因，冒死渡过了深寒恐怖的日本海，最终九死一生奇迹般地登上了今天日本北方的北海道，进入手宫古洞并在石壁上刻下了这神秘难解的符号？

然而，这种解释远不能令人满意。关键是那些渡过世界上如此深冷海水的大陆渡来人究竟是从哪里发源的？他们何时和怎样、以及为什么要渡过极其深冷的大海到这日本北方岛屿的千年古洞里来呢？

他们究竟有着什么样的长相？他们有自己的语言文字和属于自己的独特文明吗？他们的血缘他们的语言文字究竟与今天生活着的哪个民族相似、相近、相同呢？他们可能是今天我们所知的某一个种族的祖先吗？这个背景离乡，冒着九死一生远涉重洋来到海中荒芜的北方孤岛部族，为何登陆伊始非要把自己的心声用文字或曰符号的形式留在手宫古老的山洞里呢？他们留下的那些神秘符号究竟能否被破解？究竟意欲留给什么人来破解？

所有这些疑团答案都耗尽了一批批专家学者的精力和才华，经过长期不懈的努力，终于，学者们对手宫古老文字符号语义的解读，看法渐趋一致，译为汉语是：

讨伐宿敌，为建根据地，积蓄武力，今暂栖身藏匿于此洞窟，我们的人啊，一定将灭掉我侪之仇敌。

显然，这似乎可以推测为是一支从东北亚大陆逃难而来的种族，他们渡过日本海，钻进手宫千年古洞，在洞壁上写下了复仇约书。

现在，让我们钻出这个以古代神秘符咒刻壁而闻名的古洞，综述一下文字学家对这神秘古语言的破解吧：

1878 年（明治十一年）英国人约翰·米伦对石壁上的古代符号进行考证，首先提出石壁上的线刻符号乃是一种神秘的古代文字。约翰说这种古代文字与北海道古代文字相类，但更接近中国古代文字。1950 年，在北海道后志海岸的忍路、富冈、泊等地又陆续发掘出同样的线刻石片。自那以后，一个多世纪以来，各国考古学家们对小樽市古洞中神秘的手宫遗字进行了坚韧的研究，推断这岩壁上的刻符大致有如下四种说法：

第一种："突厥文字说"。考古学家、人类学鸟居龙藏认为手宫古文字乃是一千几百年前古突厥文或汉字。推测被刻于奈良时代。鸟居龙藏判定作者是使用突厥文的靺鞨人。如此论当是，则那个身份不明的民族当是在一千几百年前骑着战马来到日本北海道的。

第二种："靺鞨语"。中目觉认为：手宫文字接近鄂伦春语，但又有所不同。属通古斯语，也即乌苏里江地区使用的语言，中目觉称靺鞨语。他据通古斯族与土尔其交往中使用土尔其文的史料记载，认为手宫文字是用土尔其语写下的靺鞨语。

第三种："类于东周石鼓文"。朝枝文裕认为洞窟符号是刻于殷商至春秋时代，他考证其中的"方舟、未、至旅；帝入，变血"。"方舟"二字连写见于东周石鼓文，是大陆船队所留下的。如此论确凿，则那个不明身份的民族应是于两千多年前来到日本北海道。[1]

无论是靺鞨人还是东周时的某一遗族，肯定都是一支战败民族，他们浴血奋战，血溅征袍，最后一支残部被迫九死一生渡过深冷的恐怖之海，即今天的日本海，登陆日本岛，躲进了这个给后来考古学家，古文字学家，以及充满好奇心的读者留下了千古谜团的千年古洞。

东 渡

-221-

第四种：诚然，也有一种推测是日本北海道早在中国的《山海经》（成书于汉代）就已有所提及，称其为"毛民之国"或"毛人之国"。《山海经》也讲到日本"倭"。据科学家研究，两万年的史前时期之后冰河时代，中国与日本陆地相连，直到 12000 至 11000 年前后，日本列岛才逐渐形成。那些来到手宫古洞的逃难者，也可能是在后冰河中国与日本陆地相连的时代骑马而至？

好了，我们来看看占多数意见的猜测：

对手宫古洞中文字是突厥儒尼文的说法占据学界的多数。那么，恐怕这个骑马来到山洞的民族就很可能是突厥人。

突厥，曾是活跃于亚洲东部北部一支剽悍的中国少数民族，它曾一度对古代中原构成威胁，早在突厥汗国、东突厥汗国时期，突厥人使用粟特文。后突厥汗国时期，突厥人创制了突厥儒尼文。不过需要一提的是，突厥儒尼文不仅限于突厥人使用，这种文字分布范围异常广泛，西至东欧的顿涅茨河、多瑙河，北至剑河流域和贝加尔湖域，西南至吐火罗斯坦、费尔干盆地，南至昆仑山北麓，东南延伸至河西走廊。古代的回纥汗国、居住西伯利亚叶尼塞河流域的黠戛斯人（今吉尔吉斯人祖先）、突骑施人都曾使用过突厥儒尼文。手宫遗址发现的如真是突厥文，或类似突厥文的古文字，有可能是古突厥人或突厥语系其他民族留下的。

前节曾述，《阙特勤》碑见证着中国北方土地上的杀戮、流血和分裂；见证着骁勇的征服与残酷的毁灭；被毁灭者渡海逃到了日本的北海道亦未可知？

语言学界一种说法认为：日本语系恰恰也属于阿尔泰语系，与突厥语在语系和语族上有着很相近的亲族关系。而突厥文并非汉字，古代日本文字几乎全部依赖汉字，但语音语法系统却是阿尔泰语系，这难道不是很奇异的一种语言现象吗？唯一说得通的猜想就是：日本语是混合了绳文语、阿尔泰语、汉语、黑潮之民的南方语的语言。

诚然，渡到日本列岛的突厥人是不是今天意义上的突厥人，这还不好说。因为使用突厥语言者除了东突厥汗国、西突厥汗国外，尚有骨利汗族、漠北时期的回纥汗国、高昌回鹘国、黠戛斯人、彼切尼克族等。很可能这一时期是突厥语族最为扩展的时期，故可假定公元 7 至 10 世纪，或此前有突厥语圈的人种去了日本列岛。因为迄今发现的突厥文碑铭都在公元 7 至 10 世纪之间。

从古坟随葬突然间发生巨大突变，从《阙特勤》碑对战马的记叙到日本古坟中对马匹和马胄的随葬，都说明突厥人与登陆日本的骑马民族不仅在生活方式上，即在死后的世界观方面也都有着惊人的相同特征。

---

[1] 本节部分陈述及主要观点参照并引用李长林《日本"手宫洞窟"文字究竟是什么民族书写的?》，转引自《千古之谜——世界文化史 500 疑案》中州古籍出版社1996 年 9 月 1 版。

第二十九章　在乌云密布、朔寒凛冽的北方一隅，辨听遥远时空传来的马蹄声

> 那些身处酷寒阴冷偏僻一隅的肃慎人啊，有谁知道他们曾遭遇过怎样的磨难，他们会是千年洞穴誓词的遗留者吗？

那么，除却突厥语种族骑马东渡日本的猜想外，究竟还有哪一个族类遗留的残部有可能来到这古老阴森的千年洞穴写下了如此令后人动容的誓词呢？

在几种可能的推测中，肃慎民族的可能性被许多人所注意。

在手宫古洞内写下誓词者很可能是东北亚大陆上某个少数民族，而且生存地域要与日本海离得比较近。历史稍晚近时，有渤海国和灭掉渤海国的契丹，但是，可以肯定，渤海国与契丹都不大可能是那个古老而神秘的迁徙民族，因为时间太晚。如果再往上古追溯，可惜有关上古东北民族的记载可谓凤毛麟角，我们对那一时期有关东北亚大陆民族情况所知不多。在汉语典籍中我们只知道一个有关古老民族的极简略的只言片语，那就是在那遥远的乌云密布、朔寒凛冽、偏僻荒芜的北方一隅，传闻有肃慎人……

肃慎人是黑龙江地区最古老的民族之一。肃慎人发祥地在今中国东北兴凯湖地区，历史悠久，经 1972 年考古发现，在 6800 多年前的新石器时代，肃慎人就生活在这里。他们以渔猎为生，建立了规模较大的渔村，形成了父系群体，已创制了石斧、石凿、骨制渔具等劳动工具。《竹书纪年·五帝纪》说："肃慎者，虞夏以来东北大国也。"虞，指"虞舜"的舜帝；夏，指公元前 2100 年所建之夏朝。如此定居白山黑水间的肃慎人其源头可追溯 4000 多年前。《山海经·大荒北经》记载："大荒之中，有山名曰不咸，有肃慎之国。"（不咸山，即今之长白山）。

肃慎亦称息慎，肃慎人属蒙古人种，经现代普遍使用的测定年代法碳 14（C14）测定，早期肃慎人文化遗存如莺歌岭文化。莺歌岭遗址上层文化正是我国中原商周时期，莺歌岭遗址下层文化可上推至上古尧舜传说时

东渡

-223-

代。证明 3000 年前约当中原西周时，肃慎人就已存在。

而这个肃慎人，正被怀疑为其中的一支，渡过日本海进入日本。

肃慎人善弓矢，特别是使用石质镞头。1963 年对莺歌岭遗址进行发掘，出土 3000 年的石镞有 5 种形式之多，磨制精致，有三角形平底和三角形凹底、柳叶形两面磨平和平面叶形中有脊，还有长形带血槽的，这些石弩就是向中原进贡的"楛矢石弩"的部件。

设想当徐福渡过东海，率领童男童女抵达日本，然后由南向北，由西向东开始征服着日本各个土著部落，其后几个世纪，北方的一支骑马民族残部从东北亚大陆架的边缘渡海来到日本北方的北海道，这支民族开始由北向南发展延伸。因为弓矢的被发现正印证和说明了这一历史轨迹。

我们是否有理由联想到日本考古学界所认定的这个极善于使用弓箭的神秘民族，从很多迹象看，应是中国古籍中所记载的语焉不详的"肃慎人"。因为二者有着很多的重合点。

日本考古学家发现石镞，镞头使用的石头名为サヌカイト[1]，经研究，考古学家得出结论归纳为：

一、什么人制作使用的呢？这种石镞是渡来人制作的。

二、用途？不为狩猎获取野兽以果腹，为消灭日本列岛土著。1997 年神户新方遗迹出土的绳文人的骨头胸部及腿腰等均有石镞共 17 具，皆弓箭所致。当日本由绳文进入弥生时代时，曾发生过人与人之间厮杀，而此前的绳文人时代，考古发现几乎从没看到过战争痕迹。

三、属于什么时代？这种石镞与渡来人遗迹同被发现属弥生人时期。松木武彦（冈山大学助教授）说：带水稻来到日本列岛的渡来人，用此方法来得到自己要得到的东西。渡来人对做武器用的石头考虑得很细致。坂出市（香川）前香川县埋藏文化财调查中心的莲本和博说，此时在近畿地区发现的石簇是在阪出市生产制造的。渡来人他们需要这种石头，从近畿地区到四国，到处采集这种石头来制作成簇头。

四、石镞遗迹分布在日本列岛什么地方？前文"发现了杀人凶器"说日本关西的大阪山贺遗迹有渡来人部落遗迹和石镞出土。

据逼隆康《日本人从哪来的？》一书征引古籍论证，应该格外注意：

一、1823 年时就有人发现石镞遗物"在日本全国皆有出土，然北部为多"；

二、"此后，肃慎民族以外的其他民族也被发现使用石镞，在日本的东北发现了石镞的使用，在日本西南也有石镞的使用。"

这些都与被怀疑渡海至北海道手宫遗迹的这一支肃慎人有关，因为肃

慎人最善使用石质矢镞。

第一个提出肃慎人入侵日本北方的学者是江户时代大儒新井白石,根据仙台的佐久间洞岩的三个石镞,新井白石认为早期从北亚登陆日本的人类当与肃慎国入侵日本有关。新井白石是日本考古学的先行者,著有考据学专著《本朝军器考》、《本朝军器考集古图说》、《玉考》。白石主张:这些肃慎人渡海入侵虾夷地,在多贺城碑、那须国造成碑等有所记载。石镞为东北地区出土,据此白石断定为肃慎人石镞。鸟居龙藏等人则主张后来中国东北沿海一带居住的通古斯族即肃慎人之后。

《续日本后纪》的仁明天皇承和 6 年 10 月条始有石镞的文字记载。《三代实录》说出羽国出土石器为雷神所用之物。盖山丹、(鞑鞨)、渤海暇夷皆使用石镞。此后,肃慎民族以外的其他民族也被发现使用石镞。

文政六年(1823 年)长崎的乌兰塔商馆的医师佛兰茨·西——鲍鲁特,他收集日本石器,对木内石亭的《云根志》《曲玉问答》爱不释手,归国后著《日本》。他认为石镞是石器时代遗物的说法固然多凭臆测不可取,但他通过调查了解提出石镞"在日本全国皆有出土,然北部为多"的说法却是从侧面再次证实了有可能是肃慎人入侵日本北部地域的史实[2]。

再来看肃慎人活动的区域及居住地理位置,《山海经》中说"大荒之中,有山名曰不咸,有肃慎氏之国"。东晋人郭璞论证"今肃慎国去辽东 3000 里……《后汉书》所谓挹娄国是也。"

今镜泊湖南端东岩的莺歌岭遗址是中国北方肃慎人繁衍生息地。四五千年前,肃慎人也在兴凯湖周边及绥芬河境内繁衍生息。从地理位置看,古肃慎人活动的区域濒临日本海,与日本的北海道比较近。

那么,肃慎和挹娄人要想进入日本必须要渡过日本海,那一时代肃慎人和后来的挹娄人,他们的造船技术和早期航运、航海技术怎么样呢?

在我国的北方地区,最早有海上活动记载资料的就是肃慎人。秦、汉时期,肃慎人改称挹娄。汉时,挹娄人已能造小船,据《后汉书·东夷列传》记载:

"便乘船,好寇盗,邻国畏患,而卒不能服"。

那么,肃慎人的历史有过战乱吗?当然有过,在松花江流域定居的勿吉人(肃慎人的一支),一度加入了挹娄族,在长年征战中,挹娄族大伤元气,难于统治肃慎旧地各部落。5 世纪初,勿吉人取代挹娄人。公元 475 年北魏延兴五年勿吉人中的一支重返中原;北魏太和 17 年(493 年),勿吉人灭掉了称雄一时的夫余。原来挹娄族曾反对夫余国,但是推翻夫余人的统治还是由勿吉人来完成的。推翻了夫余人的战争结束后,散布于各地

的勿吉人与中原王朝交往更密切了。从史书上的记载来看，他们前后与北魏、北齐交往有 37 次之多。

1931 年至 1939 年俄国人和日本人都曾到镜泊湖地区进行过调查，江上波夫就断言，中国大陆北方骑马民族渡海到日本北部的时间基本上也在约当中国北齐前后。他还例举了同时代日本出土文物与中国大陆出土的北魏文物，堪比出其惊人的相似性。

当时的勿吉人活动范围：在高句丽以北，南界长白山，西至洮儿河源，北面和东面"不知所极"。考古学家认定，黑龙江绥滨同仁遗址，是南北朝时期的勿吉文化。这样看来，勿吉的北境，起码已达黑龙江中游一带了。从挹娄人善"捕鱼"来看，他们捕江鱼也捕海鱼，已到达日本海沿岸。

有一点似乎可以猜测的是，也许正是肃慎人的登陆，使得日本列岛从此响起了"得得"的马蹄声，进入了战马嘶鸣，干戈烽烟的历史进程。

---

[1] 有的学者提出了石镞乃神代石的神工说。德川时代学者、近江的木内石亭是石器收集家和研究家，他称石器为"神代石"。真正学说的确立是在日本幕末时期至明治维新初年，这时日本受欧美影响，开启了阿伊奴说。

[2] 佛兰茨·西——鲍鲁特，作为澳大利亚公使馆员来日，次子哈音利比·胡傲西承继了父亲的考古兴趣，在横浜于明治 12 年（1879 年）出版了英文版的《日本考古学，特别日本石器时代》，对其父的阿伊奴先住说作了补充。

以上均引自邇隆康《日本人从哪来的?》讲谈社现代新书，1971 年。

第三十章　迷失了的日本语之谜

谜团般的日本语究竟归属哪个语系……天皇家族的坟墓中，应该保存有大
量中国上古的古籍吧……在神秘的邪马台国女王卑弥呼时代汉字就已传入……
难道真是"令严不许传中国，举世无人识古文"吗……"脱亚入欧"使得日
本进入"汉字限制时代"……刘郎已恨蓬山远，更隔蓬山一万重。

徐福登岛后第一件要做的事就是割断与大陆的联系，他要让跟随他的
人世世代代都只知神武天皇，而不知秦始皇。

嬴政焚书坑儒，是在始皇 34 年～35 年，徐福第二次见始皇乃在 37
年。故，徐福深谙秦始皇的动机，他将所有带到日本来的书籍全部封存起
来，不使流播民间，并严令不许传回中国，使跟来日渐长大的童男女们对
中国基本处于全无知晓的历史割裂状态。为了与当地土著沟通，也为了割
断与大陆的历史延续痕迹，徐福更有意地将当地语言融入自己的语言中，
于是创造出了一种新的语言。

有人将日本语归属为乌拉尔——阿尔泰语系中的东突厥语族；有人主
张日语语系不明或一说属独立语系。真是这样吗？

从西伯利亚顶风冒雪远途跋涉追逐猛犸象而来的人类，日本官方史学
将这些人描述成今天日本人种的族源，但从未描述过他们的语言。他们所
操的语言我们可推想是阿伊努人的原始土著语[1]。

说阿伊努语很可能曾是日本原住民最早的语言源头，是因为：

据研究称，阿伊努语有时会和古西伯利亚语言归为一类，从东北亚过
来的早期人种，因地理对语言形成的直接作用，阿伊努语与后来东北亚其
他民族如朝鲜、契丹等，语言上会有先天的同族近亲特征，通过语言融合
及血缘交流最终形成所谓的阿尔泰语系东突厥语族，这为专家断言日本语
具有鲜明的突厥语系统，以及最后赋予了日本语阿尔泰粘着语系的特征云
云提供了充分的历史地缘依据。

日语语法结构为主—宾—动结构型。阿伊努语也是典型的主—宾—动
结构。阿伊努语：a－e－kore 我给你，语序是"我－你－给"。日本语：

东　渡
－227－

わたしはあなたにあける，也是"我－你－给"，在句法结构上二者都是名词主语宾语加动词谓语；属粘着型语言，即在词干后添加词缀可改变词意构成新词，以表示形态时态变化。阿伊努语元音只有 a、i、u、e、o，5个音，辅音（子音）系统简单，有元音和谐现象。这与日本语及朝鲜语相类，是阿尔泰语系的语法特征。明治时期日本语言学家新村出博士认为：日本语与朝鲜语很相似，如汉字所标训读法，如"三岘县"的三，又作"密"，读成みっ与日语的"三（みっ）"发音相近，七重县的"七"写成"难"，读なん，音同日语"七，なな"。（也不排除有朝鲜半岛渡海来到日本岛的人，使得日本语和朝鲜语接近起来。）

但是，这种理论仍有隙可击：

首先，古时阿依努人从相貌上，他们很有些印欧人种的特征，与今天日本主体民族典型的东亚蒙古人种相貌似乎存在着明显的差异，（今天有些阿伊努人具有亚洲蒙古人相貌是与日本和族通婚后的结果）如果人种血缘上有差异，那么，语言上就不可能一脉相承，所以，这种来自西伯利亚的操着与后来语言学家所说的阿尔泰语的民族，不可能是今天日本和族的主体。

其次，语言学家研究说朝鲜语、阿伊努语的数字读音与日本语的数字读音亦有不同（对于语种的区分，语言学界通常认为数字异同最能检测语言间是否同宗同源）。

有学者认为：无论阿伊努语还是日本语，仍属独立语言，无法归入语言系属，阿伊努语与日语有相似处，拥有共用词汇，这很可能是在徐福登岛后与阿伊努人接触导致的语汇互渗现象。

所以，阿伊努原始语言很可能奠定形成了早期日本语的基本语法结构和形态，并在今天的日语口语中留有孑遗。

或认为北方骑马民族——可能是突厥人——登陆日本也会带来阿尔泰语法体系。

在日本并没发现成熟的突厥文字，1893 年，丹麦语言学家 V．汤姆森又解读了突厥文碑铭。古代突厥文因其在外形与古代日耳曼民族使用的如尼文相似，故也有人称它为夏代突厥如尼文。这种文字的主要碑文在蒙古鄂尔浑河流域和西伯利亚叶尼塞河流域被发现，所以也有人称其为鄂尔浑——叶尼塞文。今天阿尔泰语分布，东起亚洲东北，经中国东北、华北、西北，蒙古、中亚、南西伯利亚、伏尔加河流域及土耳其，最后到近东的巴尔干半岛。但日语并不能算是阿尔泰语系，例如，有人说日本语中将日本的"日"，不能读成"RI"，以此证明日本语所属的阿尔泰语，单词起首音没有 R 音打头。但"日"在中国山东人嘴里也发成"意"，能说中国山东人说的也是阿尔泰语吗？美国威斯康星大学阿尔泰语言学者J．斯特利在《古代日语中的阿尔泰要素》一书中，及后来召开的"关于日语祖系问题的国际研讨会"上主张："同原始阿尔泰语相比，古代日语的音韵分化程度较低，因此任何试图证明日语同日语以外的语言系统具有祖系关系的做法，都几乎是徒劳的。"即他不承认日本语是阿尔泰语系。

当然，南亚黑潮之民也来到日本列岛。故有学者说日本语属于或近似马来——波利尼西亚语系。京都产业大学村山七郎1977年在京都举行的日本语言学会第75次大会上就提出日语属马来——波利尼西亚语系，间带阿尔泰——通古斯语系成分。今天研究日本语的学者指出，日语词汇中有相当数量与马来等南洋群岛语言相似，印证不少日本先民来自南太平洋诸岛和南亚次大陆，经马里亚纳群岛、马来半岛、中国台湾、琉球辗转来到日本本土。从马来岛屿而来的黑潮之民，虽被埋葬于火山灰烬之下，但他们的语言影响着后世却还是分明可见，这也就使得今天的日本语中具有了南方语言的特征。

但，美国语言学家肯尼恩·卡滋纳在《世界的语言》中提出日语是独立语系。中国社科院学者黄长著则将其归入系属不明的语言中。

其实，日本语，从一开始诞生就是一个混杂的融合体，所有关于语系划分的学说，都在这种融合的史实面前动摇破灭了。毕竟，所谓语系语族，也是在语言被使用了几千年后被语言学家们人为地理解划分的结果，没有这种理论划分语言依旧存在，就像没有马氏文通的语法归纳，中国的上古和中古汉语照样被精彩使用一样。

本人认为：

除了所谓的阿尔泰语系和马来——波利尼西亚语系外，日本语还有一个十分明显的人尽皆知的特征，那就是与汉语的特殊关系。对这种关系的深入了解，也许有助于我们怀疑并推翻已有的对日本语语系归属的种种推论。

东渡
-229-

我们来看看日本语，若说其语法是阿尔泰语系或马来——波利尼西亚语系（包括词汇），那我们找一段话来看看，除了语音我们无法还原外，其语法、词汇、文字我们都能一目了然，看它究竟属于哪种语系和语言？

巨安万侣言，夫混元既凝，气象未效，无名无为，谁知其形。然乾坤初分，参神作造化之首，阴阳斯开，二灵群品之祖，所以，出入幽显，日月彰于洗目，浮沈海水，神祇呈于涤身。故，大素杳冥，因本教而识孕，土产鸠元始绵邈，赖先圣而察生神立人之世。寔知，悬镜吐珠，而百王相续，吃剑切蛇，以万神蕃息与……

　　任何对中国古代汉语有过学习了解的读者，都会一望便知，试作一译，这是一段叫安万侣的大臣说的话，他说："那个混浊的元气刚刚凝固，气候天象尚未显出，没有名没有行动，谁知道（它）的形状呢？但是，乾（天）坤（地）最初分开时，三个神祇充当了创造的开创者，阴阳撕裂开来，两位灵异者是众人的祖先，所以，出来和隐入时都能隐去或彰显，太阳月亮也都显现在洗过的眼睛里，漂浮沉入海水中，神祇呈现出洗涤过的身体。所以，很大的朴素杳然不显，凭着根本的引领而知道于萌动，土产嶋最开始绵远飘邈，依靠先前的圣者体察生神立人的世间。实际知道，悬挂着的镜子吐出了珠宝，而众多的王继续衔接，吞吃了剑并斩了蛇，用这种方法使众多的神祇蕃衍生息呀……

　　这是《古事记》开篇的一段话。我只是把极少一些看似片假名的"ニ""レ"去掉，仅留汉字，全篇读来，影响词意和语法结构吗？除了读音我们仍按今天的中国汉语来读外，无论是词汇语法，还是句读文意，通晓畅达，与中国古代汉语有何二致呢？哪里体现出半点阿尔泰语的黏着特点？词缀变格什么云云都毫无踪影，这与中国上古、中古汉语究竟有多大的不同呢？

　　诚然，《古事记》是公元712年成书的日本典籍。《古事记》诸版本中最古写本为真福寺本古事记三贴，该版本产生于日本南北朝的广安四年或广安五年（1371～1372年）。它证明8世纪的日本语与中国汉语书面语如此相同（顺便说一句，我2000年前后在东京参观江户博物馆，惊讶地看到江户时代一些幕府大名用毛笔书法所写的文字，无论是书法风格还是语言文字，都与中国书法汉字没有太多区别，这确切地说明至少从《古事记》时代的公元712年到江户时代，日本的语法文字体系还与中国非常相近或相似。假名是后来、特别是二战后越来越多使用。但即使是假名仍能看出汉语的痕迹来，如"汽车"（車），日语假名发音近似"轱辘马"："药"（薬）发音近似"苦死哩"，"尾"（尻）发音近似"以巴"。）

　　这种古代日本语无论是江户博物馆中的馆藏文物，还是靖国神社、上野公园的石碑石柱上的碑铭，都似曾相识。

　　有人可能会辩解说：《古事记》只是用中国汉语写成，发音还是日本土著，是所谓的训读。但如果连句法都引进，那么引进者怎么会读不懂通篇的文字呢？

　　诚然，公元前2世纪前后，日本列岛的语音很可能与中国大陆的语音有着一定的甚至很大的差异，这就涉及古代口语与书面语、地域方言与时尚标准话之间的关系了。

第一，不仅是古代日本岛屿上的口语与古汉语的书面语有差异，就是古代中国大陆的各地的人，也存在着口头语与书面语之间的差异，所谓"文白异读"现象。

有学者认为书面语和口语，殷、商、西周都一致。到了战国时代文体同语体就开始不一致了（胡适《白话文字史》），汉武帝时，古文已经成为一种死文字，他举《史记·儒林列传》："臣谨案，诏书律令下者，明天人之际，通古今之义，文章尔雅，训辞深厚，恩施甚美，小吏浅闻，不能究宣，无以明布谕下。"

我以为，从汉字产生之日起，就决定了口语同书面语差异会越来越大：

西安半坡仰韶文化遗址有字符出土，距今 6000 年左右。青海东都湾马家窑文化遗址出土的陶符汉字当有 5000 年以上。山东莒县陵阳河遗址出土的陶器上发现符号，当时原始文字为距今 4000 年的大汶口文化晚期，甲骨文为 3000 年前遗物。这些刻烧于器物上的文字，繁难耗时，惜字如金，怎么可以不加提炼与口语一致呢？后来的青铜彝器，钟鼎文，及毛笔书法，书写工具贵重，刀笔珍稀，造成了甲骨文因难而略，"周诰殷盘，诘屈聱牙"。所以，如果说古代日本人的口语与汉语书面语不同的话，那么，中国大陆也存在着同样的现象。

第二，中国方言与普通话也始终存在差异，日语更是地域方言。

《诗经》中的"十五国风"就是十五个地域的方言歌俚辞，不仅日本，就是中国，典籍写法基本相同，但周秦时代齐楚燕韩赵魏秦，囿于地域关系，各国语音却千差万别不尽相同。颜之推《颜氏家训·音辞篇》证实道：

"夫九州之人，言语不同，生民以来，固常然矣。"

说明方言自古以来就有。

其实，纵观中国历史，从来就没有消除过官方标准话和方言现象，始终有所谓的汉语发展史上的分化现象和统一现象[2]。孔子徐福时代标准话是西北方言，西北曾是夏周之都文化重心。所谓"雅言"，（"夏"即是"雅"）《论语·述而篇》："子所雅言，诗、书、执礼皆雅言也。"

想象一下，孔子平时说着当时被看做是很土的山东方言，但当他教授《诗经》、《尚书》时，却改用官方西北标准发音来读。这"正反映了孔子所处时代，语言形式有雅俗之分。平居使用一种语言形式，读诗书和执礼，使用另一种语言形式，雅言正是读书音，标准音，或共同的语音系统。"（张光宇《论汉语方言的层次分析》语言学论丛·商务印书馆）

这种现象从未间断，南朝时期也有洛阳话与吴音并存的双语现象，《世说新语·雅量篇》云：

"桓公伏甲设馔，广延朝士，因此欲诛谢坦之。……谢之宽容，愈表于貌，望阶趋席，方作洛生咏。"

据刘孝标的注："安能作洛下书生咏，而少有鼻疾，语音浊，后名流多斅其咏，弗能及，手掩鼻而吟焉。"

到了宋代，中国人又以河南话为标准音，创制了《中州音韵》，成为士子作诗的参考标准。

清康熙《徽州府志·风俗》"徽人以言语去官字差远，出仕应对，既烦遣词，又复调音，往往多误，窃谓变俗之首在乎缙绅，如士大夫家训子弟诵读皆作官话，则童而习之，入官自无佶屈之苦矣。"

直到 20 世纪初年之前的常州方言还有赵元任所说的"绅谈""街谈"之别，也是双语社会的一个例子。

可见，方言与标准话，口头语言与书面读音，从古老的年代一致像平行线一样延伸而来。而汉字写成的书面语，却一直是统一的。如此说来，承认了中国大陆内的口语方言与书面语的不一致，为什么不能承认日本的口语与使用汉语书写的书面语之间的差异呢？充其量也只是个差异大小的问题。

日语书写，即使今天仍不能彻底摆脱汉字。

遍检资料，日本语言的源头及形态一如日本的文明史和日本天皇家族的源头一样，只显来踪不见去影，神龙见尾不见首。

日本列岛最早发现汉字是在什么时候呢？

是弥生时代邪马台国女王卑弥呼时代遗址中发现的汉字"货泉"。货泉是王莽新朝时制作的钱币，王莽的新朝时间很短，从公元 9 年至地皇元始四年即公元 23 年，只有 14 年的寿命，距徐福出海的公元前 219 年，只有 228 年的时间，两个世纪。但很值得怀疑的是：在王莽之前日本列岛上就已经有汉字被使用或珍藏了。为什么这么说呢？

如"句"字和バカ（参见楔篇"樱花渐欲迷人眼"中的详述），这些汉语词被带到日本，当时也不一定是汉人标准的汉语发音，也可能是操闽、黔等各地方言者。今天有研究说日本语与中国闽、黔方言甚至某些少数民族语言似有相似处，其因也许盖出于秦始皇喜欢迁移黔首。徐福见秦始皇的 28 年（公元 219 年），秦政府"乃徙黔首三万户琅玡台下。"可见，徐福带走的 3000 童男女也许就应该是这来自不同地方的 30000 户黔首中的十分之一。

不过，徐福带来的汉语，肯定与两千年前岛上土著语有着巨大差异，假如岛上有人说いらしゃいんませ，こちらさまてした，等等。这些词汇无法用汉语来表示，也很难找到与汉语词汇相对应的词意，那时日本语尚无假名，我推想很可能无论是词汇还是发音特别是语法，是以岛上土著语为主干又掺杂南洋黑潮之民的词汇，掺杂汉语读音和词汇，并用汉字标注原住民语音的一种混合形态。这就是后来所谓训读音读之分的开始，也是后来《古事记》书写为什么过多使用汉字却往往有些词意晦涩的原因。

为了尊重当地习俗，徐福他们越是礼节用语越是容纳当地方言，由于当地以越是繁冗越显尊重为语言特征，因而出现了以多音节为尊重形的与汉语迥异的日本语形态。比如："可不可以教我一些日本语？"这句话，汉语由于甲骨文钟鼎文书写吃力缓慢、繁难复杂，竹简丝帛上用刀刻、用毛笔书写除费力费时外，还要节省材料，便形成中国汉语越简练越文雅越尊重的传统："赐教"两字足矣，顶多五个字："请赐教日语"。而徐福等人由于融入了当地语言而形成的后来日本语则因为有拼音文字特征，汉字表意无法体现出当地土著语的精神，于是就形成了越冗长越具尊敬型的语言传统，成了：ちょっと日本语を教えていただけないでしょうか？

追求多音节的日语同追求简练音节风格的汉语形成鲜明的语言传统。同为外来英语的 Macdonald，日语译成マクトナルド6 个音节，而汉语则简单译为"麦当劳"三字。

为了沟通交流与土著融合，徐福及其后人便在原有汉语中融入了很多当地语。岛上语言初创时期，所有语言种类都没有当时的汉语发达，特别是不具备汉语那样成熟完善的文字书写系统。故徐福上岛后开始有意摆脱汉语汉字的同时，使汉语与土著方言混合起来。他们以中国齐鲁方言的上古汉语文字音读系统为新语言文字基础，力图创造一种与原来汉语相去日益甚远的新语言，并控制汉字的使用传播。受限制的汉字只能在皇室和华族中被小范围秘密使用。

东 渡

结果，徐福做得比秦始皇更高明更彻底，他不仅封存图书，而且还将文字一并割断，将语言变种。形成日本语中的汉字音读是方言夸大的继续，而训读则是有意使汉语与土著语结合，从而使一种携带而来的成熟语言变得面目全非。

徐福成功的愚民政策就表现在弥生时代虽然一切都已飞速进步，但唯独不见文字！

这种文字文化上真空式的封存直到公元8 世纪前后，天皇家室稳固了，才开始渐渐放开。所以到了中国宋代的欧阳修，才道出这一奥秘：

"徐福行时书未焚，逸书百篇今尚存。令严不许传中国，举世无人识古文。先王大典藏夷貊，苍波浩荡无通津。"

几百年后，列岛上忽然神奇地出现了运用极为娴熟的汉字，（尽管这些汉字篇什从文字到语法，都与中国古代汉语似曾相识）那篇什就很可能是根据徐福编纂的以真实历史为影像蓝本、被赋予神异色彩的历史开端的口头神话故事——《古事记》和《日本书纪》。

我猜想在天皇家族坟墓中，应该保存有大量中国上古的古籍。秦始皇焚书前的很多失传的古籍被徐福带到了东洋，这也是日本天皇墓不许开掘的原因之一吧？

其实，割断历史和文化谈何容易？徐福之后，一衣带水的大陆与列岛仍有交流来往，汉语仍然源源不断地传入列岛，从今天的一些日语词中，我们能看出传入的时期各有不同：

日本语中的疑问词喜欢用"何"，而"何"字是佛教文献中的"何"，系疑问代词的兴替演变，（东汉为"何"，魏晋南北朝为"云何"，唐宋为"如何"。）显然日本语中的"何"，是东汉佛教传入中土后再东传日本时的词汇。

日本语称妻为"家内"亦称奥さん。中国唐代也称妻为"内人"。唐崔令钦《教坊记》中"妓女入宜春院，谓之'内人'"，这种称谓或在唐代前后传入。

日本语称宿舍为寮，且日语该字发音与汉语相像。在中国宋代以前即有此用法。南宋临平明因寺一尼刹之大者，往来僧官，每天必呼尼之少艾者偕寝，寺中颇觉不便，于是专作一寮，贮尼之尝有违滥者以备不时之需，名曰"尼姑"。（《癸辛杂识》）

地域远隔大海，日本语与汉语必然会渐行渐远，为了更贴切地传情达意，徐福之后的日本人也开始自造"汉字"了[3]。

日本第一个原创的汉字是"圿"读まら，这个字的意思是男性性器官。据日本汉字学家推考，这个字可能是从一个简化后的字，应是一个门字旁，里边的字可能是一个"牛"或"午"字，也有说是"才"，即闭字。从使用这个字最早单词的"圿古"来看，是一位制作佛像者的名字，那也即是佛教传入日本后日本人才开始造字。

当然，汉语几乎绝大多数汉字（单纯词）都能说出它变化的来源以及造字的"六书"原理，就是造字六法的发音，也有一定含义可循。试举"鞋"字。

中国人最早对女性绣鞋的重视，起因似乎不是性，而是汉语所具有的谐音，这在唐人文言小说《霍小玉传》中可证。小说中的男主人公夜梦脱鞋，自己释梦曰："鞋者，谐也。夫妇再合，脱者，解也，既合而解，亦当永诀。"

大抵唐人尚未裹足，还没有出现对足和鞋的变态癖好，只是取谐音吉祥之意。《中华古今注》卷中记云：

凡娶妇之家，先下丝麻鞋一两，取合谐之义。鞋又与靴是音转。如此等等可见汉字的音有时是有含义的。这充分说明汉语的原创性。

而日本语中的汉字词汇，发音多不具备音义的含义，只是这样使用而已，有时不免知其然不知所以然。仍举"靴"，日语发音便没了和"谐"之谐的来源，只是くつ，与毫无词意联系的"屈掘窟"音同。

汉语声旁、意符，还是能看出表意表音特性，而日本汉字就失去了原本来时路。比如汉字的"皮"，"疲"，都发 pi 的音，因其有"皮"音，而"疒"字旁多与疾病有关，表意。而在日本语中二者却毫无关系，"皮"是かわ，"疲"是つかれた，能找到二者间的语音关系吗？

又如，"油"，"脂"，日语发音都是あぶら，但在汉语里，"油"与"脂"有明显区别。在日本语读音里，区别不出这些差异，无法看出造字的最初方法和字的确切含义。

以上这些现象说明，徐福他们带着汉语文字过去，但必须用汉字去表意土著语汇，于是出现了造字发音迥异的现象。

当然，随着汉字的渗入，日本人也开始自己解释汉字，比如："姑"字，日本人解释说因为右边有一个"古"字，所以表示老女人的意思，这可谓望字生意。"姑"字，在中国古代除指丈夫的母亲等老年女性外，也指年轻丈夫的妹妹，"古"是其发音，大家熟悉的《古诗为焦仲卿妻作》："新妇初来时，小姑始扶床"可证。可见有的日本人解释汉字词意时，还是不到家。

当然，日本人解释汉字也有解释得很好的例子。如"妥"，日本人解释说：甲骨文做上边一个手，下边一个女，意为该女生气，为了让她安静下来，一只手阻止她并让她坐下来消消气。

"娘"，女性，那边一个良，表示良母之意，所谓贤妻良母，母性必须温良善良。

"乌"，象形字，从侧面看，黑鸟，如乌鸦，看不见有无眼睛，故，"乌"那一点表示眼睛的就抹去了。

"岛"，表示鸟飞越大海需在海中的小山礁处休息，故岛是鸟在山上。与海中可依之山的本意同，这可能更多地是基于日本人岛国生活的经验。

日本人研究汉字，认为狗比猫更受欢迎，犬字旁衍生了很多的字。两犬对言，是狱。默，认为黑狗安静。成语如：犬牙交错，犬马之劳，犬齿，而"猫"，却少见成语。

日语中有一个词很有巧合的意味，单数第一人称汉字写作"私"[4]，日语读音为"わたし"，（注：这个字的意思特别适合单数第一人称，自我意识就是"私"，"私"的甲骨文写法只有右半"厶"，为女性生殖器之象形字，将"厶"公开，加两撇就是"公"，后演变为成年男性。）另外：日语渡水的"渡"字，发音变格也是わたし，难道徐福他们自称是"渡来者"？而当地土著为了免遭一死或是追赶时尚人群也自称自己为"渡来者"？于是"我"就成了"渡来者"，"渡来者"也就成了单数第一人称代词的同音字了？

日语中有一个汉字使用得最是恰到好处，那就是"和"。日本历史最早记载出现在中国史书里，称他们为"倭"，《汉书·地理志》："乐浪海中有倭人，分为百余国"。从此一直称日本为"倭"，古代的日本人也曾沿用这一称谓，自称倭，称中国为中朝。1573年~1640年在世的日本高僧释泽庵作诗就说：

富士山高甲大倭，中朝五岳亦如何？峰临东海何所似，只见渔翁雪一蓑。

明治维新，日本民族意识崛起，他们认为"倭"这个词，有贬蔑之意，于是，选取了一个发音相同，字意却相反的"和"字，"和"字具有褒意色彩，在日语里，"和"与"倭"的发音相同，皆读わ。于是日本人去"倭"换上了"和"，称自己为"和族"，为了突出褒意色彩，再加一"大"字，成了"大和"。

这就要说到日本那一时期的社会思潮。从徐福年代开始，日本列岛上有了新的语言文字，这种语言文字取得显著发展是在江户时代，此前，汉字是只属于少数身份地位很高人群的专利。汉字推广是在江户时代，归功于一种名叫寺子屋的，即私塾，兴起了"勘亭流"——在歌舞伎的招牌以及节目单上书写的一种汉字字体，还有经常可以在排名表上见到的相扑者名字的"相扑文字"。

1853年，佩里率美国海军舰队来到日本，迫使日本人接受对外贸易，从那时，日本转向西方文明，先是明治维新天皇夺回政权，恢复帝制，接着又提出"脱亚入欧"口号，在实施开国政策，文明开化浪潮风起云涌的明治时代，"汉字全废论"的叫嚷甚嚣尘上，蔚成风潮。其中废弃汉字最重要的理由是："使用汉字，那日本岂不永远也无法赶上西欧文明么？"，日本近代邮政制度的创始人前岛密就喊出了这种论调。

继而甲午海战（日本称"日清战争"）日本击败中国。1904 年至 1906 年，日本又在中国的旅顺击败俄罗斯（日本称"日露战争"）。1910 年，吞并朝鲜，随着脱亚入欧，崇洋媚外，日本一些人开始试图摆脱中国文字。由汉文学者诸桥辙次指挥编纂了 13 卷 50000 字的《大汉和词典》。1923 年大政时代，由临时国语调查会指定日常使用汉字 1962 个，与此同时，1931 年，日军侵占中国东北，建立伪满洲国，1937 年，日军大举入侵华北，开始了日本人所谓的"日华战争"。1941 年，日本发动太平洋战争。与战火硝烟挥舞屠刀同时进行着的是《大汉和辞典》仍在编纂中，该词典的编纂前后耗时 30 年，虽很多日本人创作的所谓"国字"没有收入其中，但还是成为日本权威辞书。

第二次世界大战后不久的 1946 年，日本开始颁发限定日常使用汉字范围的新规定，叫《当用汉字表》，再次减少汉字的学习使用量，规定了 1850 个字用汉字表记，由国语审议会研究，报内阁训令，用日本学者的话说："其主旨就是，规定范围内的 1850 个学用汉字表记，其他则用假名表示，其限制色彩非常浓厚。"日本进入了"汉字限制时代"。

可是由于有些词不达意用假名表记还是出现混淆现象，于是日本政府不得已，又在 1981 年推出了《常用汉字表》，在原来的基础上，又加入了 95 个汉字，达到 1945 个汉字，并对个别汉字的读音做出了规定。与第一次推出的当用汉字表不同，这个常用汉字表只是作为汉字使用标准而公布，也即是说在日常生活当中，常用汉字以外的汉字也可使用，日学者称其为汉字"限制缓和时代"，这说明日本人还是无法彻底摆脱汉字，今天，日本人的姓名，还是要用汉语书写以示郑重。

纵观日本语的书写，越到后来，汉字越少，前面我们曾举了《古事记》的一段汉字，再举《日本书记》的书影，以汉字、句法到书法，几乎与中国古文献作品毫无二致。只是后来日本语书写和语法距《古事记》《日本书记》即中国古汉语有了很大变化。

东 渡

国语审议会也从某一时期认可了汉字与假名混写的日本国语表记。这一趋势大有彻底摆脱汉语汉字，改用拼音文字之势。想到鲁迅在《门外文谈》里提倡汉语也要走拼音化道路，猜测也是他在仙台留学时受到的影响吧？

日本人想彻底摆脱汉字，可日语中原本就有许多音同义殊的同音异义字，如果仅用罗马字母或假名来表记不能解决这一问题，所以日本语言研究所的专家推测说："汉字文化的未来，应该是安稳的。"

请看，日本古文献与中国古籍差异究竟有多大呢？

可见，早期追逐猛犸象而来的西伯利亚人语言，构成了日本语的语法基础，黑潮之民丰富了词汇，徐福等人带来了汉语的音读训读及汉字书写。

日本语乃是一种融合制造的语言，是象形文字与拼音文字，东方语言与西方语言相混合并人为有意地使之从前者向后者转变的语言。是人为有意地从书写符号、到语音，都在努力使之发生快速蜕变着的语言。如："日本"，曾读"にぽん"，现在却通常改读为"にほん"。前者还与汉语之"本"发音较接近，后者则离汉语之"本"愈远了。日本语正有意地脱离着它最初原始状态，藏头露尾渐行渐远，它远去的足痕正布设着一个个愈益增多的谜团。

东渡
-238-

[1] 阿伊努语（アイヌ），又译爱奴语，无文字。曾有19种方言，现只剩两种。阿伊努语与日语颇有相似，有时它会和古西伯利亚语言归为一类。

日语的文法与朝鲜、土耳其等通古斯语族相近。但古代日本语，从语法到书写，及发音，都明显地受中国汉字的影响，假名也是汉字变来的，这也许并非是大化革新后学习汉文化的结果，而很可能是在隋唐以前就已经学习或曰沿袭过去了。这说明一支强有力能够形成日本主流社会的民族，自北方来到日本。假设当时日本岛上即使有着一种或多种土著语言，但这种汉字汉语为主的北方语法系统能够在日本列岛成为主体语言，似乎足以说明这个来自汉文明中心地带的民族占据着强有力的主导地位。

[2] 中国以农立国，百姓安土重迁，由于政治动乱，经济凋蔽，或自然灾祸等，引发人口移动，把古汉语方言散播偏远地带。分散各地的方言在各地自行发展，逐渐形成各具土风的特点。这是汉语发展史的分化现象，王权伸张，声威远播，早期的化外之境，建置，编户而统摄在政教中心的管辖之下，由于沟通臣民的需要，一种通语

就作为文教工具向四方传播，这是汉语发展史上统一的现象。张光宇《论汉语方言的层次分析》、《语言学论丛》商务印书馆 P125～153。

　　[3] 学习并利用汉字的造字六书法，日本人自制了所谓的"和制汉语""国字""和字"，如秾（まくら），表示人走累了，枕草而卧，转为疲惫。如：働（どう），表示人在劳动。俤：（おとうと），表面貌，影像。

　　[4] 单数第一人称也更多地用"仆"等，这与中国古汉语单数第一人称同，显系中国词汇的早期传入。

东渡
-239-

第三十一章　天下两"皇"，孰胜孰强？

> 一个皇帝只传了两代，一个则成为仅次于孔子家族的世界第二长久家族，子孙绵迭，荣耀辉煌。虽然两个家族都没了姓氏……日本约20万个古坟，包括124位天皇在内的896个皇室坟墓……在日本守得最紧的秘密就是祖先的坟墓……

中国的秦始皇与日本的神武天皇，都没有姓氏流传下来。秦始皇姓嬴，自子婴以后，在中国史籍中鲜见有嬴姓者，更遑论今天的中国人了。

中国的秦始皇没有姓氏流传下来，嬴姓从项羽杀子缨后始绝矣。

那么日本的天皇呢？如按照专家们的考证，追溯到第一代神武天皇，其皇室姓氏应该是"徐"，然而，从神武开始，天皇家族便没有了姓氏。

世界上唯独天皇没有姓，历代天皇都没有姓，只有名，如下：

神武天皇、绥靖天皇、安宁天皇、懿德天皇、孝昭天皇、孝安天皇、孝灵天皇、孝元天皇、开化天皇、崇神天皇、垂仁天皇、景行天皇、成务天皇、仲哀天皇、应神天皇、仁德天皇、履中天皇、反正天皇、允恭天皇、安康天皇、雄略天皇、清宁天皇、显宗天皇、仁贤天皇、武烈天皇、继体天皇、安闲天皇、宣化天皇、钦明天皇、敏达天皇、用明天皇、崇峻天皇、推古天皇……大正天皇、昭和裕仁天皇、平成明仁天皇。

所有这些天皇，都只称什么什么天皇，而从来没有姓氏。

这很奇怪，令人诧异。怎么解释天皇家族无姓的根源呢？

对于日本天皇家世的最初源头及姓氏，今天的日本人也满腹狐疑，毕竟那是他们的天皇，直接质疑实在失礼，但却可以委婉地表达出日本国民的猜测。《无面之神》（杨军译　群众出版社2000年版）是一部日本推理小说，作者名叫井泽元彦。该书描述二战时，日本侵略军感到失败末日即将来临，将日本皇室财宝偷偷埋藏在中国台湾某山中。几十年过去了，日本青年女子圣子与她的未婚夫日本古代史学者良介一起到中国台湾准备找到连同皇室财宝一起埋藏的皇室秘史，"那里面有日本皇室如何成立的记载。"经过一番与中国台湾情报当局、黑社会的激烈争斗，终于见到了那本秘史。"里面全是中国汉字和日式汉字书写的材料"，其中盒子里的是"月牙形的玉和管状的玉。"

小说在故事的最后，直白地告诉读者：天皇姓"天"，"应当是当时朝鲜半岛的伽耶王族，这在历史书上也有记载。"

虽然这部小说没说天皇就是徐福或徐福的后裔，把天皇说成是朝鲜半岛上的人，但至少公开描述了天皇不是日本原住民。井泽元彦，1954 年出生于日本名古屋市，毕业于早稻田大学法律系，作为 TBS 电视台报道局的广播记者，他的作品获第 26 届江户川乱步奖。31 岁退职，专门从事写作，开始了历史小说的创作。可见井泽元彦虽然写的是推理小说，但他对日本历史确有一定研究。因而他的《无面之神》对于天皇秘史的文学描述，也并非全都子虚乌有，空穴来风。

日本人很多姓氏是明治维新时才有的，但是日本人很早就知道了姓氏的传统。日本语中表达姓氏的词语是用汉字的"苗"，这恰恰证实了日本人姓氏的传统久远并与中华姓氏有关。苗本意为幼小植物，后为种族种属之裔波。黄帝时有一个民族称"有苗氏"，即今之苗族祖先，称苗自有此意。但黄炎之后亦称苗，比如，屈原自称"帝高阳之苗裔兮"，即指自己为高阳之后。

既然"苗字"是一种从中国史前时代而来的很古老的姓氏沿袭，那么，天皇自然知道姓氏毋须置疑。九世纪在日本编撰的《新撰姓氏录》记古代畿内地区氏族分布状况，共囊括有 1181 个氏族。其中，渡来氏族竟占 28%。

五世纪至六世纪新一代渡来人中有王辰尔家族，执政官苏我稻目奉召遣派王辰尔记录船赋，即贸易船只及贡品的管理，并赐姓"船史"。是否今天姓"船史"的日本人都是源于王姓的中国渡来人呢？王通高句丽语，可知渡来族多为贵族。日本今尚有以"渡来"为姓者。

东渡
-241-

但天皇为什么不要"苗字"呢？开始时很可能徐福出于叛秦的考虑，他要他及他的后代隐姓埋名，也许，他在临终前给他子孙的遗嘱中有严格的家训，也许，这些家训被埋在他的陵墓中，也被其后历代天皇所恪守。再后来，变为一种制度，即使是皇室想公开自己的姓氏，也会被臣属所禁止。后来的天皇，不仅在政权、人身方面失去了自由，而且连公开姓氏的自由都没有。下面征引一段日本作者壹岐一郎著《徐福渡来集团与日本古代社会》中的译文，以证实我们的推测：

"桓武天皇在新长岗京只停留了十数年后，即迁'平安京'。迁都前，天皇知道平安京姓秦的人很多，日本史学家推断说大概桓武天皇急于迁都最充分的理由并非仅仅是方向选择方面的考虑。可能他对东渡移民的情报

和技术有所期望。奈良平成京时代末期是腾远一族占支配地位，当时内讧矛盾重重，双方互不让步。天皇家族也卷入到矛盾斗争的漩涡之中。舍弃长冈京可以说是桓武天皇的自立宣言。但平安京迁都时，天皇还没有在腾原氏所作的《日本记》里明确谈论出身的自由。天皇在《续日本纪》里边说：自己的母亲高野新笠是百济王的流亚后裔，（据日本编年史记载，公元781年即位的桓武天皇的母亲就是古代朝鲜百济王国的王室成员。）像天皇没有自由一样，秦氏民也没有谈论出身的自由。《新撰姓氏系》上也没有人说：'我是从徐福那儿来的'。对徐福和扶桑的言论自由，是腾原氏的专制，武士勃兴的11世纪以后，关于徐福扶桑的发言才开始变得自由了。"

当初秦始皇与徐福斗法，绝没想到最后自己成为败北者。而徐福呢，建立了"山寨版"的王室、王国、王朝，这一建，天皇家世一代代地传了下来。虽然中经幕府专政，皇室一度形同虚设，成了傀儡，但毕竟从神武一直传到了今天的明仁，而且还将继续传下去……

日本全国各地有超过20万个古坟，大多是公元250年至538年间建成，其中数千个在大和时代已挖掘出土。而日本最大型及最重要的陵墓是包括124位天皇在内的896个皇室坟地，其中包括日本开国君王神武天皇及现代天皇裕仁。这些皇室古坟大多利用天然地形造坟，建于山顶、山腰位置。根据古坟堆土的形式，有圆坟、方坟、前方后圆坟、上圆下方坟等的区别。其中以前方后圆坟的规模最为雄伟，形状也十分优美，为日本高冢式古坟的代表。

早期皇室陵墓对于弄清天皇家族起源具有非常重要的意义，早期古坟主要以圆形、山形为主。5世纪以后是古坟的中期，此时古坟结构以前方后圆为主，这一时期，高冢林立，形象地反映着当时大和政权的兴盛和大王的权威。仁德天皇陵便是这一时期的代表。

东渡
-242-

这些早期陵墓位置也都有很明确的记载，如：神武天皇陵在畝火山之北方白梼尾上，绥靖天皇陵在冲田冈，安宁天皇陵在畝火山之美富登，懿德天皇陵在畝火山真名谷上，孝昭天皇陵在掖上博多山上，孝安天皇陵在玉手冈上……《古事记》共计有32位天皇，其中除却允恭天皇、安康天皇、清宁天皇、仁贤天皇、继体天皇、宣化天皇，6位天皇陵墓没有明确说出陵墓地点，有26位天皇御陵被非常明确地注出所在地点。

6世纪以后，随着薄葬思想和佛教的盛行，古坟规模逐渐缩小，平安时代末期开始，天皇驾崩后改为火葬，骨灰、头发、牙齿、手臂等存放在寺院的方形堂、多宝塔和石塔里。自第118代后水尾天皇后，再次改为土葬，陵墓的形状变为圆形或上圆下方。

日本对古坟的研究，除天皇坟墓外，对其他的古坟都有非常细致的研究：

比如，日本学界能很明确细致地说出分布于阿苏以北的北部九州中小古坟，而在江田船山古坟，具有百济、新罗国王档次的物品被发掘出土，并考证出墓主是九州倭国的代表，文献上的"倭王武"即江田船山。

再比如，对在关西发现的巨大石坟，也考证出古坟时代及遗物。论证出古坟属古代扶桑国，描绘出关西、有明海沿岸当时是文明较迟缓发展的地域。

又比如，对古代日本北陆的文身国、关东的大汉国（也叫远汉国），从公元前一二世纪开始到七世纪末的倭国（也就是古坟时代的"倭国"）领域的古坟也进行了研究。如对立田山古坟的主人、如筑后八女的岩户山古坟筑紫君（王）磐井的墓（《风土记逸文》），对岩户山古坟群东西 10 余座坟的年代推定等，都进行过科学细致的考证研究。

但是，对弥生时代，古代文化一直很先进的地区，如徐福登陆地域分布的皇室坟墓却一直讳莫如深。

这一点很多外国人都感觉并明确说到了：

"在日本，守得最紧的'秘密'是祖先的坟墓。未得到皇族的允许，没有人会想到去碰这些坟墓，更不用说为研究目的而挖掘这些坟墓了。"

以上这段话出自新加坡前驻日本大使李炯才之笔。他在日本工作居住了 4 年零 2 个月，接触了日本方方面面的人士，参见他写的《日本：神话与现实》（张卫、傅光明译，海南出版社，1999 年版）。

皇家古墓一直被视为神圣不可侵犯的禁地，多年来，日本考古学界一直想对天皇家族的古墓进行考古研究，但始终遭到负责日本皇宫宫内事务（也包括皇陵）的宫内厅的拒绝。拒绝的理由是"皇室古墓是神圣不可侵犯的禁地"，担心打扰已故天皇灵魂的安息，从而拒绝向包括考古学家在内的公众开放天皇陵墓。

东渡
-243-

天皇古墓中到底隐藏着什么秘密，令考古学家如此着迷神往呢？

关键的问题是宫内厅最担心的最大秘密被发现，这最大的秘密就是天皇陵中可能有日本皇室起源的证据。英国《泰晤士报》就一语中的地指出，日本政府严禁学者调查天皇皇陵，可能就是怕发掘出天皇是来自中国或朝鲜半岛的证据。

"尽管在奈良地区的考古发现使那些以纯正高贵的日本天皇后裔这一理论为精神支柱的人陷入尴尬境地，但日本人是太阳女神后裔这个神话却

依然广泛流行。墓中出土了大量高丽或类似高丽甚至中国手工艺品，这使日本非常担心棺椁打开后还会发现什么对他们更为不利的东西，因此，当局决定推迟发掘石棺，他们实在害怕日本的祖先竟然是高丽人或中国人这种说法得到证实"。

"如果日本允许发掘他们祖先的坟墓并进行研究，那么日本的历史也许就不得不重写。如果他们发现祖先实际上是中国人或高丽人，他们会怎么办？我想，这要比不顾史实而沉醉在想象和神话中好得多。[（新加坡）李炯才：《日本：神话与现实》]

日本历史对天皇祖先的记载非常模糊，只说第一位神武天皇是日本神道教"天照大神"的后裔，考古学最早可考的天皇是第十代的崇神天皇。能否推测？皇陵中除却天皇遗骸，还可能埋藏有大量一度失传了的珍贵汉文典籍？还可能埋藏有传说中的"八咫镜""天丛云剑""八坂琼曲玉"等。任何一件文物一本书一幅画作，都会透露皇室的真实身份和起源，都有可能颠覆史籍文献，颠覆一直不遗余力神化了的和民族象征的天皇。倘若有一天，天皇墓开掘，不仅能看到有关来自中国或朝鲜半岛的文物，看到秦始皇焚书坑儒前的那些中国失传了的古籍，而且可以通过现代的 DNA 检测技术，查到第一任天皇与中国徐福村是否有血脉关系，从而确认两千多年来这个古老之谜那最真实的谜底。

日本学者推测，天皇陵在日本政治与历史文化上具有相当重要的象征意义，然而对天皇墓真相的研究了解，将有可能证实日本考古学界对皇室血统起源看法的种种怀疑，进而揭开皇室家族起源历史一直被神话传说所掩盖的真相，否定日本神道教传说天皇是太阳神的儿子，发现 125 代天皇的始祖也许就是来自中国的徐福！从而彻底颠覆日本天皇"万世一系"整个文化体系，使日本国民信仰陷于彻底崩溃！

据《读卖新闻》报道，日本考古协会和其他一些学者在 2005 年曾恳求政府开放部分陵墓，为考古研究提供便利条件。经过多年交涉，日本宫内厅终于首次向包括历史学家、考古学家、动植物学家在内的部分日本著名学者开放皇陵，同意一小部分研究人员在严格遵守规定的前题下进入 11 座天皇陵墓。而且进入皇陵不得挖墓等，考察范围仅限于陵墓外室，且禁止任何挖掘工作。

虽然此举还不能真正揭开日本皇室起源之谜，但日本宫内厅开放皇陵的决定令天皇祖先血统之争的探秘再次成为公众瞩目的焦点。

看来，想接近历史真实还有一段路要走。

尾声： 他是谁？ 难道仅是古老的谶语吗？他从哪里来？1945 年，世界第一次听到了他的声音。千年古坟封存着一个千古之谜……

历史的真谛被印在纸上还是埋在地下……当一种机缘轻轻拂去那岁月的尘封，一个个沉睡的谜团终于被唤醒，它们脸上绽露着智慧的讥笑，点破玄机，将那令人惊悸的真相对着我们娓娓道来……

早稻田大学日本学者饭野气峰认为：徐福是日本神道教的真正创始人。战国时代神庙有专门供人先进行斋戒的房间，叫"齐室"，而徐福正是齐人。可知这种神社与齐国道士徐福的渊源关系。

为此，新加坡前驻日大使李炯才专门在访问日本每个县时都要调查印证神社的齐室，他总会提出同样的问题："这里有没有一个齐室，供参拜者斋戒？"穿着飘飘然白色长袍的神社侍者常常是一脸惊讶地瞪着他，回答总是"当然，是有这样一个齐室，每个到神社来参拜的人都得先在齐室斋戒。"于是李炯才也明确提出"神道教是一种原始的日本民族宗教，或许它是 2000 年前，徐福带领 3000 童男童女在日本登陆时带来的。"

从一开始，方士徐福就把自己和自己家族涂抹上一层神话的光环，进而对所有日本国民而言，都成了神的后裔，天皇是神而不是人。

东渡
-245-

1266 年，忽必烈可汗的蒙古铁骑横跨欧亚，立马高丽，扬鞭直指日本，1274 年，忽必烈可汗遣三万蒙古高丽大军组成强大舰队，由高丽港向日本的九州北部的博多湾进发。1281 年，又遣蒙古人、中国人、高丽人组成 14 万大军由中国高丽两港向日本扩张。日本人围绕博多湾筑起一道城墙，将进攻者围困近两个月，一场狂风袭来，摧毁了蒙古舰船。这更加使日本人相信，神，总是站在日本一边。日本从来不曾被异族侵入，天皇是神的后裔，天佑日本！

然而，到了 1945 年 8 月 6 号，午前 8 点 15 分，B25 型轰炸机"埃美拉·库矣"号（或译"埃诺拉·盖伊"号），飞至广岛上空 10000 米高空，伍拉伍姆原子弹投下，顷刻，爆炸中心点 7000 度高温升腾，20 万人顿时

死于非命。昭和天皇此时才知道，三种神器（天丛云剑，八坂琼曲玉，八咫镜）并不能保佑他本人和他的国家。

8月7日，铃木贯太郎以短波播送杜鲁门总统的声明。

宫中防空壕内的会议室，约15坪，距地上有10米，《终战真相》作者迫水久常感伤性地描写道：

8月15日，发表广播讲话宣告投降并接受波茨坦宣言，这是日本人第一次惊骇地听到天皇的声音。那个当代日本人感觉很陌生的来自两千多年前古老风格的声音说：

> 朕深鉴于世界之大势于帝国之现状，欲以非常之错置，收拾时局，兹告尔忠良之臣民。朕已命帝国政府通告美、英、中、苏四国，接受其联合公告。盖谋求帝国臣民之安宁，同享万邦共荣之乐，乃皇祖皇宗之遗范，亦为朕所眷眷不忘者。襄者帝国所以对美、英两国宣战，实亦出于庶几帝国之自存与东亚之安定。至若排斥他国之主权，侵犯他之领土，固非朕之本志。然交战已阅四载，纵有陆、海将士之奋战，百官有司之奋勉，一亦众庶之奉公，各自克尽最大努力，战局并未好转，世界大势亦不利于我。加之，敌新使用残虐炸弹，频杀无辜，惨害所及，实难逆料。若仍继续交战，不仅导致我民族之灭亡，亦将破坏人类之文明。如斯，朕何以保亿兆之赤子，谢皇祖皇宗之神灵乎！此朕之所以卒至饬帝国政府联合公告也。朕对于始终与帝国共为东亚解放合作之各盟邦，不得不表示遗憾之意。念及帝国臣民死于战阵，殉于职守，毙于非命者及其遗族，五内为裂。而负战伤、蒙战祸、失家业者之生计，亦朕所轸念也。唯今后帝国将受之苦难，固非寻常，朕亦深知尔等臣民之衷情。然时运之所趋，朕欲耐其难耐，忍其难忍，以为万世开太平之基。

> 朕于兹得以护持国体，信倚尔等忠良臣民之赤诚，常与尔等臣民共在。若夫为感情所激，妄滋事端，或同胞互相排挤，扰乱时局，因而失误前途，失信与世界，朕最戒之。宜念举国一家，子孙相传，确信神州之不灭，任重而道远，倾全力于将来之建设，笃守道义，坚定志操，誓期发扬国体之精华，勿后于世界之潮流。望尔等臣民善体朕意。

御名御玺

昭和20年8月14日

各国务大臣副署

投降诏书标志着天皇从千年神坛上走了下来。为此阿南将军切腹自杀，畑少校天亮时离开日本广播电台，于皇宫外广场上开枪自杀，9天后，

东渡

—246—

田中将军也自杀身亡，他以此举最后一次向天皇表示他的忠诚。日本投降后，还有许多军人自杀，日本神佑不败的神话彻底破灭了。

今天世界怎样解释天皇呢？

天皇，日本国家元首的称号，奈良时代（710～784 年）开始使用。据日本传统说法，日本天皇是公元前660年由天照大神直系后裔神武天皇开创的。三世纪时，天皇一族打败其他氏族，统一日本中部和西部地区，虽然也有一些天皇被废黜或因宫廷政变被弑，但是日本的天皇制度保持了 2000 年之久。12～19 世纪，贵族和军事集团实际上掌握了天皇的一切权力，1868 年明治维新派领袖主张重新确立天皇的直接统治。并建立一个以天皇为统一象征的中央集权国家。忠于天皇成为国民的神圣责任和爱国义务，尽管他几乎不承担任何政府职责。天皇历来带有不可侵犯的色彩。日本在第二次世界大战中失败，给了天皇崇拜和天神后裔的古老神话重重一击。第二次世界大战后，日本新宪法规定：天皇是国家的象征，没有实际政治权力。

——《不列颠百科全书》

眼中沧海儿扬尘
避世桃源得问津
戡胜南阳刘子骥
二千年后一崎人
（清·吴功然）

东渡
—247—

作者在东京皇居八重桥

这难道是最权威最符合历史真相的定论吗？历史的真谛被印在纸上还是沉眠于地下？

千年古坟封存着一个千古之谜，也不知要久久地忍耐过几世几劫，当一种必然，一种机缘轻轻拂去那岁月的荒草，掸掉那尘封的浮土，缓缓地轻轻地开启一座座千年古坟时，一道耀眼的光束直插幽暗冥深处，一个个沉睡着的谜团终于被唤醒，它们脸上绽露着智慧的讥笑，点破玄机，将那令人惊悸的真相对着我们娓娓道来……

那么远　这么近

徐　滔

2009 年年初，北京电视台举台搬入位于北京 CBD 的新大楼。在新大楼主楼的 31 层，经常会出现迥然不同的两类人。一类是穿着时尚、光鲜亮丽的俊男靓女；还有一类是灰头土脸，不修边幅的原俊男靓女。在楼道里，前者谈论的是电影、音乐、某某撞衫、某某婚变，充满文艺和八卦小调调；后者则张嘴闭嘴侦查、抓捕、某某撞车，某某又把某某告了，没事也要制造点紧张气氛。这两类人实在是太好分辨了，前者是王强老师所在的《每日文娱播报》团队，后者则是我所在的《法治进行时》团队。

从没想过这两个彼此不搭调的栏目能做邻居，而我和王强老师最经常见面的地方就是深夜的电梯间和厕所门口——31 层是北京电视台的"不夜层"，大家都是半夜编片，凌晨结束战斗的时候彼此点一下头，第二天一早再佯装精神抖擞的出去拍片。所以拿到王强老师书稿的时候，我诧异非常。一直以来我都认为自己是——至少在这一层——精神头儿最大的人，在工作之余还能攒出一本书来。没想到拙作《徐滔进行时》刚刚校对完毕，便接到王强老师的电话，《东渡》即将出版。

《东渡》，和日本有关。日本，离我好远。

这么近的邻居，写了一本书，是那么远的日本。

曾经不止一次地策划我的日本之旅，但始终没有成行。因为在我看来，日本就是樱花、富士山、小神社、下雪街道、花海的综合体。它太过梦幻，以至于我不敢轻易靠近。而看过《东渡》的书稿，我更加不会随随便便去日本了。因为我不知道这个葫芦状的国度，还隐藏着多少不为人知的秘密。也许有朝一日，我也会带着一颗探秘的心去旅行，在历史的沧桑中寻找蛛丝马迹，把今天拴在我心里的扣一个个解开。

一个做娱乐新闻栏目的人，写了一本书，与八卦无关。

我们姑且抱着娱乐的态度，一起去探访这千年之谜吧。

东渡

八面来风话《东渡》

北京读书形象大使、北京电视台主持人　春妮：

作者以记者的视角、行者的步履、学者的谨严，带领读者穿越历史时空，破解徐福千年玄机，从非洲远古大陆出发，追逐西伯利亚猛犸象猎人的足迹，乘上史前太平洋黑潮之民漂移的木舟，随俄国探险队徜徉在鄂尔浑河古道与和硕·柴达木湖畔辨识风雨侵蚀斑驳残存的碑铭。古墓马影，洞穴符咒，童男女哀婉的歌谣……

我曾亲赴济洲岛西归浦聆听徐福悠远古老的故事，而《东渡》带给我们更多更多，和我们一起走得很远很远……

香港小说学会会长、推理小说作家　郑炳南：

作者在尊重史实的基础上，聪明地放大史学研究中一些學術趣味點，採用秦始皇和徐福這兩條人物線索，輔以親赴日本考察、搜尋異國古代文明的流播史料，以通俗化、故事化的敘述手法，在讀者面前，把一個傳說中如幻似真的海市蜃樓，凝定為一幅真實浩瀚的圖像，讓你一口氣讀完後，深感回味無窮。

北京电视台主持人　徐滔：

曾经不止一次的策划我的日本之旅，但始终没有成行。因为在我看来，日本就是樱花、富士山、小神社、下雪街道、花海的综合体。它太过梦幻，以至于我不敢轻易靠近。而看过《东渡》的书稿，我更加不会随随便便的去日本了。因为我不知道这个葫芦状的国度，还隐藏着多少不为人知的秘密。也许有朝一日，我也会带着一颗探秘的心去旅行，在历史的沧桑中寻找蛛丝马迹，把今天拴在我心里的扣一个个的解开。

中央电视台主持人　赵普：

《东渡》以揭示历史真相为切入点，它真实的用意却清楚而严肃：撷取两千多年前秦始皇命徐福率童男女入海求仙药经朝鲜半岛东渡日本的传说，对中、日、韩三国仍流传着的徐福传说和遗迹推考，揭示出公元前二世纪中华文明东传的重大命题。

我一向认为：历史是有温度的，触摸历史的温度就是感知人类的魂灵。

东渡

通过勾画历史轨迹，就能还原人类的内心世界。无论是秦始皇还是徐福，他们都有人性的弱点：渴望长生、渴望成功，他们斗智斗法、愚弄和被愚弄。战争的胜负取决于成百上千甚或几十万人的浴血奋战，而两个人间的心智较量，也同样足以建立一个王朝（如徐福）和颠覆一个王朝（如赵高）。

河北省作家协会副主席、作家　谈歌：

或许，这是中国历史上第一次有据可考的海外探险。公元前219年，30艘大船满载5250人，怀揣为秦始皇求仙问药的宏愿，乘风破浪，朝太阳升起的地方进发。"石桥东望海连天，徐福空来不得仙"。而后去向何方？抵达何处？留下的，只是一桩千年悬案。

回望前尘旧影，作者驱动灵性而又富有诗意的语言，运用推理推论的历史文化散文笔法，抽丝剥茧，纤悉无遗又酣畅淋漓地剖析了徐福与始皇的命运归宿，解读了中国同日本之间源远流长的复杂关系，掀开了两千年前徐福跨海东渡背后的神秘面纱，终指匪夷所思而又入情入理的另一种真实。

大和民族由何而来？日本语中的汉字有何玄机？一衣带水的邻邦与徐福究竟何种关系？

《东渡》为您揭晓谜底。

北京电视台文化评论栏目《五星夜话》制片人　国培源：

徐福，对于大多数人就是个好玩的传说，除了哄孩子，就是茶余饭后的调侃。但有一个问题，传说如果只是为了哄孩子，为何能够流传千年？

徐福求仙，今天看来是个闹剧。但如果我们把当下的视角，转换成大秦时的眼光，我们看到的是什么？徐福，一个法师，是拥有战国思维（当时最先进文明传承力量）的人；500童男童女，这是可以繁衍一个民族（甚至一个国家）的基础人口。仅凭这两点，徐福东渡就不可小觑。如果，他们没有葬身鱼腹，那么，他们在大秦之外，无论驻足何处，都会拥有"外星人"般的优势力量。

东渡
–251–

任何传说，其实是一种文化的另一条记忆线，记载的是一棵信息树、一本启示录。能否读懂，就看后人的领悟力了。

日本广岛株式会社若竹私塾高中教师　河元宏志

当然，因为徐福传说的地域是存在的。徐福传说在日本的一些地方广为流传，导致了实际上也有特了解徐福的人。在徐福传说流传地，居住着幸存下来的徐氏子孙。传说徐福从中国携来五谷种子啦、农耕的技术啦，从那之后，移居到别的地方，有各种各样的传说，据传说有很多地方。从北方的青森县、秋田县，到南方九州的福冈县、佐贺县、宫崎县、鹿儿岛

县，还有太平洋沿岸的三重县、和歌山县，等等。这些地域有传说的徐福墓、徐福冢，等等，也有徐福神社。可惜却没有留下相关的实证。

日本吉普赛女郎乐队主唱　希侬：

我和这本书的著者王强先生相识在 2002 年，经朋友介绍，他来东京看我们的演出。

2002 年是中日邦交正常化三十周年，我们参加了几个三十周年的纪念活动。5 月，中国一级作曲家吕远先生邀请我们参加在北京主办的演唱会。我们预定演唱他的歌曲——《我们的生活充满阳光》。

演唱会的一个月前，吕远先生给了我们这首歌的乐谱。那个传真的乐谱真的难以看清，而且那时候我们没听过这首歌。在这困难的时候，我想起来了王强先生，我给他打电话。

"我希望你教我中国歌曲。请帮助我，好不好？"

但是，那时候我的汉语比现在不好得多。而且，王强先生的日语也不是好流利。但是，奇迹般地互相约定，我们在千叶县的一个车站会见了。

在车站的周边，他教我那个歌曲的旋律和发音。幸亏他的帮助，我会唱这首歌了。

因为我们改编这首歌，变成我们的摇滚风格，吕远先生很高兴对我们说："你们的改编非常好。北京的年轻人特别欢迎你们。"

王强先生回中国以后我们也互相联系。我们来中国演出的时候，总在北京和他见面。

我现在还在重温音乐带给我们的贵重友情。

希望我的歌中国人爱听，他的这本书日本人也爱看。

后　记

日本徐福碑铭有段话：

"后之视古，其犹月夜望远耶？视其有物，不能审其形，以为人则人矣，以为兽则兽矣，以为石则石矣，虽其形不可完，而其有物也，信矣，徐福之于熊野，其信然耶？"（仁井田好古《秦徐福碑文》）

徐福细节究竟还是看不甚清晰，但，徐福出海必实有其事，中国大陆来日本者必实有其人，中华文明辐射东瀛者必实有其光。

为把徐福看得更清晰，我曾从天津新港乘燕京号，沿着我猜测可能是徐福和后来遣唐使走过的航线直航神户，想象徐福也曾如我般夜航濑户内海？只是两千多年前的沿岸不似今天灯火通明。从神户登陆，我去京都奈良一带试图寻找徐福的踪迹。后又多次从北京飞抵东京，花时间在东京国会图书馆翻阅相关古籍，应友人之邀进皇居观看皇室歌舞伎，在我居住的千叶北松户和柏，与日本熟人谈论徐福。当然，他们的回应各式各样，总的感觉是：徐福曾是日本人熟悉的人物，但大多数年轻没受过更高等教育的日本人，已经有意无意地对他不甚了解、不愿了解甚至无从了解了。我知道，日本，正越来越远离那个古老的传说，专注于经济的脚步。穿越遥远蒙胧神秘的徐福迷雾，显得有几分形只影单。

不过，还是有日本人对我说起鉴真、杨贵妃，特别是徐福，说起中日历史源远流长的文化往来，一些大家共同感兴趣的古代史真相被锁在了这岛国海市蜃楼般的迷雾中，那曾是两千年里漫长璀璨美好诱人的共同话题。

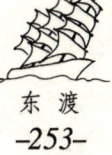

东渡
–253–

通晓白居易诗歌的福满正博曾在上野跟我聊起古代日本如何向中国学习。他说得没错，遣隋遣唐使以来，日本汉文化公开且发达，至迟公元 5 世纪，日本人把中国汉字用为日语表记，阅读谙熟汉文献诗章并用汉语写作。从 7 至 19 世纪末明治时代，日本人一直用中国文字吟汉诗。直至清中前叶，还能见到日本人与清代文人汉诗唱和往来。江户博物馆德川幕府写在绢上的精美书法、千叶柏书店里中学生教材的唐宋古文、上野纪念碑柱上的汉字碑铭，这一切都让我感触着岛国文化的源脉曾与古代中国何等融汇交织！但那伸入历史云雾的源头究竟在哪儿呢？

有人就提出怀疑说：

"昔者始皇求仙丹，所谓神山即是日本……舟楫以济当在汉魏之前，载籍有来，岂以隋唐为始？邦此唇齿，政如弟兄，既通文字，何籍舌人？"（《海东唱酬集》）

更有人提出日本之学始于徐福。（所谓："高丽之学始于箕子，日本之学始于徐福。安南之学始于汉立郡县而置刺史。"明·刘仲达《刘氏鸿书》）

早期的日本史都是汉籍记载，有关徐福的议论自然也在汉籍之中，但至相当于中国唐宋之世，日本的徐福文献、遗迹、传说便流播甚炽广为人知起来。虽对徐福文献遗迹传说的真伪争议始终存在着，即便有的日本人说这种徐福现象是日本师从中国文化的附会心理，但客观上也显示出了日本崇尚中国文化的心态。这种崇尚中国文化的心态一直延续至明治时代。

自从日本提出"脱亚入欧"，特别是甲午战争学生打败老师后，有些日本人开始不愿提及甚至否定徐福的存在和到达日本。举个典型的例子：波田须神社奉祀的神曾是徐福，但甲午战争后，日本人开始将波田须神社奉祀的徐福忽然称为"不详一座"。

"九·一八"事变后，日本侵略者铁蹄践踏了中国大好河山，大城市多已沦陷，日军气焰嚣张狂妄，很多日本言论便断言徐福根本不可能到日本，更不承认徐福就是神武天皇，而却大肆宣传"天孙下凡"、日本是神的后裔等神话，说日本各地的徐福遗迹传说是日本古代崇拜中国心理作祟，是好事者擅自附会的产物云云。

随着太平洋海战神风敢死队和神佑日本神话的破灭，特别是昭和天皇通过电波宣读日本投降昭书，公开承认他不是神而是人，使大批日本极端主义分子精神上彻底溃崩，他们在皇居前广场上剖腹自杀，恐怕不单是因为日本战败，还因为神之后裔的神话幻灭使他们精神彻底崩溃。

战后，日本学者开始用科学的史观来看待解释历史。1948年江上波夫发表了"大和朝廷骑马民族"说。率先提出，天皇家族的起源决不是"天孙下凡"，而是源于大陆北方系骑马民族的一支，公元4世纪前半叶，以天皇氏族为中心，大陆骑马民族诸氏族越过朝鲜半岛到达日本。这种说法，在二战后不久，社会上不少人仍迷信"神国日本万世一系"、"皇国史观"的氛围下，不难想象会造成怎样巨大的冲击。

继后，家永三郎新编的历史书一反把天皇神格化的"皇国史观"，摈弃了"天孙降临"的杜撰神话，对日本历史首次从石器时代写起。但却遭到文部省的审查。家永愤怒质问道：难道战前不是用谎言与神话编制的教科书，才使数千万国民和邻邦的人们惨死吗？

随着国际形势发生巨变，科学技术日益进步，特别是中国改革开放以全新姿态走向世界，神创起源在教育已很普及的岛国不得不从深信的史实退归为仅是文化传说。这样，徐福的话题就自然与史学考古学与弥生时代渡来人的讨论联系了起来。

据我不完全统计，从 1908 至 2007 年，日本有关徐福研究的文献有 277 篇之多，其中，1949 年前仅为 33 篇，占总数的 11.91%，而 1979 以后，却有 191 篇，占总数的 68.95%。早在 1915 年和歌山就成立了保护徐福遗迹委员会，1931 年成立了徐福文化遗产保护委员会，1955 年又成立了徐福协会，今天日本全国各地徐福组织据我粗略统计已达 22 个之多。祭祀活动也没有中断，例如每年 11 月 28 日和歌山人都会聚集在徐福墓前举行一次盛大的庆祝活动。这些研究组织和祭祀活动，都反映了很多日本人承认并纪念徐福为日本历史文明进步所做出的贡献。不少日本人公开承认自己与徐福有着血缘关系，1994 年 4 月，当选的日本首相羽田孜上任前，公开承认他是中国第一个皇帝秦始皇的后裔。这使包括日本在内的许多人十分震惊。他说他的祖先姓秦，在 200 年前才改为"羽田"，他是率领 3000 童男女从中国到日本的徐福的一个随员的后代。换句话说，这位首相承认自己具有秦朝血统。昭和天皇御弟三笠宫殿下也称徐福是日本的国父。

日本帝京学园短期大学教授、富士山徐福馆馆长土桥寿说得很客观，他说："把《宫下文书》和仙鹤徐福当做无稽之谈而付之一笑是很容易的，但这样就可能抹杀掉历史的珍贵信息，传说的出现，定有其缘由，理应认真对待之。"

是的，对徐福的态度实际上是日本人对待日本历史的态度，对待中华文明圈在亚洲影响的态度。对徐福态度的冷暖变化很大程度上折射出日本人不同阶段对中华文明的心态。也许，对徐福传说抱有怎样的看法并不重要，重要的是两千多年来徐福传说曾是中日文化交流的一段历史，并正日益成为中日文化交流的一座桥梁，徐福的意义乃是指向未来。这，也正是本书写作的初衷。

东 渡
-255-

真理是相对的，历史的真实难道就不能相对吗？历史只在发生中一刹那真实而准确，稍纵即逝，任凭后人怎样追忆，也沦为想象的产物。从这个意义上说，历史，在很大程度上是后来者对已逝的一种认知阐释。历史的重音不在阐释过去，而在有助于现在和未来，即使在历史身上采用推论、想象、又有何妨？历史也可以享受欣赏，如同文学音乐戏剧、美味佳肴。为此，在尊重史实的基础上，我尽可能放大史学研究中一些学术趣味点，尽可能采用秦始皇和徐福两条人物线索同时并进，着重强调通俗化故事化的叙述手法，以期引起读者阅读兴趣，至于做到没有只能听凭读者的评判。

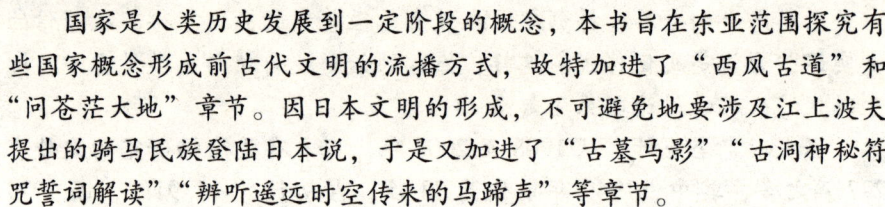

国家是人类历史发展到一定阶段的概念，本书旨在东亚范围探究有些国家概念形成前古代文明的流播方式，故特加进了"西风古道"和"问苍茫大地"章节。因日本文明的形成，不可避免地要涉及江上波夫提出的骑马民族登陆日本说，于是又加进了"古墓马影""古洞神秘符咒誓词解读""辨听遥远时空传来的马蹄声"等章节。

试图使拙著更个性化一点，我匆忙涂鸦了几十幅插图，供读者一哂吧。

另，书中所引俄文英文考古人名遗迹地名，皆译自日文，因无从核实原著，只得将假名附后，以便对照，敬希鉴谅。

拙稿始写于日本千叶县北松户市和柏市，其后又多次修改增删，自知才疏学浅，拙著错讹在所难免，还望方家不吝赐教。

承蒙群众出版社各部门支持以及责任编辑张小红女士帮助，拙稿才有幸得以付梓，在此谨向他们致以衷心的感谢。

写作过程中，承蒙赵艳荣女士卓有成效的襄助，在此表示感谢。

收集翻译日文资料方面，承蒙平野直子女士花费大量时间，在此谨向远在东瀛的她一并致谢。

王　强

2009 年 11 月于北京

东渡

图书在版编目（CIP）数据

东渡：穿越千年徐福跨海迷雾 / 王强著.—北京：群众
出版社，2010.1

ISBN 978-7-5014-4587-5

Ⅰ. 东… Ⅱ. 王… Ⅲ. 散文—作品集—中国—当代
Ⅳ. I267

中国版本图书馆 CIP 数据核字（2009）第 181095 号

东渡——穿越千年徐福跨海迷雾

著　　者 / 王　强
责任编辑 / 张小红
封面设计 / 王　子
技术设计 / 祝燕君

出版发行 / 群众出版社　电话：（010）52173000 转
社　　址 / 北京市丰台区方庄芳星园三区 15 号楼
网　　址 / www. qzcbs.com
信　　箱 / qzs@qzcbs.com
经　　销 / 新华书店
印　　刷 / 北京通天印刷有限责任公司

710×1000 毫米　16 开本　17.25 印张　278 千字　插页 1
2010 年 1 月第 1 版　　2010 年 1 月第 1 次印刷
印数：0001—5000 册

ISBN 978-7-5014-4587-5 / K·88　定价：29.00 元